前 言

20 世纪 80 年代，国家创新体系概念诞生，不仅迅速成为国际科技创新管理学界的热点研究问题，而且很快得到广泛的运用。经济合作与发展组织（OECD）、欧盟、联合国贸易和发展会议等国际组织将其作为比较不同国家科技创新政策和绩效的基本工具，许多创新型国家将其作为制订有效的科技创新政策的重要理论依据，瑞典以此概念为基础成立了专门的公共机构——瑞典国家创新局（VINNOVA）。

中国高度重视国家创新体系概念的研究和运用。2006 年发布的《国家中长期科学和技术发展规划纲要（2006—2020 年）》提出，要经过 15 年的努力，形成比较完善的中国特色国家创新体系。2012 年召开的全国科技创新大会再次强调：到 2020 年，中国要基本建成适应社会主义市场经济体制、符合科技发展规律的中国特色国家创新体系。目前，国家创新体系概念已成为中国建设创新型国家的理论基础，加快国家创新体系建设已经是中国增强自主创新能力的核心举措。

国家创新体系概念提出后，之所以能迅速引起广泛的关注、重视和运用，是因为运用系统的观点研究科技创新问题，形成新的分析视角，产生新的研究方法，得出新的研究结论，使得在国家层面对科技创新问题的研究进入系统化的新阶段。运用系统的分析方法研究国家科技创新问题，有若干特点，它既采用跨学科的视角从经济、社会、政治、组织、制度等多方面发现科技创新的主要影响因素，又从相互联系的视角分析各种科技创新影响因素及其相互关系对科技创新的影响，还从演化的视角考虑不同国家及其所处不同发展阶段科技创新特点和规律的差异。

虽然国家创新体系概念提出近 30 年，对其研究和运用越来越广泛和深入，但是国家创新体系中的主要科技创新活动及其功能和目的是什么？国家创新体系的主要影响因素有哪些？政府在国家创新体系建设中究竟应该发挥什么作用？这些基本问题远没有得到较好的回答。同时，由于不同国家及其所处发展阶段不同，国家创新体系中的主要科技创新活动及其关键影响因素很可能不同，不同的国家创新体系不可能完全相同，这种体系的多样性更增加了研究的复杂性，需要更广泛和深入地开展国家创新体系的研究。

本书结合有关国家创新体系研究的新进展，考虑我国加快国家创新体系建设的现实需要，重点回答两个方面的问题：一是国家创新体系的组成结构；二是政府在国家创新体系建设中的作用，即科技公共服务。全书共 9 章，分为四个部分。

第一部分即第 1 章，介绍基本理论和界定基本概念。首先，简单介绍了国家创新体系与科技公共服务研究的理论基础，即系统和系统分析方法以及公共产品概念和市场失灵理论。其次，在回顾国家创新体系概念的形成、发展及运用的历史和现状基础上，给出国家创新体系与科技公共服务的概念。

第二部分即第 2 ~5 章，详细讨论国家创新体系的组成结构。第一，运用系统的观点，通过分析高效开展各类科技创新活动的关键影响因素和主要参与者，建立国家创新体系的组成结构模型，剖析运用创新系统分析方法研究国家科技创新问题的特点，讨论准确理解国家创新体系需要把握的关键点。第二，考虑到国家创新体系建设的基本目的是增强自主创新能力，而企业自主创新能力是国家创新能力的主体和关键，分析企业自主创新能力的特点、构成和增强路径。第三，从创新体系的目标和目标实现的过程出发，对科技创新活动进行科学分类，分析基础研究、应用研究、技术开发、企业技术创新、公共产品技术创新和技术转移等各类科技创新活动的特点及其相互关系。第四，为加深对重要科技创新活动的理解和认识，详细讨论技术创新、技术转移、公共产品技术创新等科技创新活动的特点、过程和基本规律，研究公共产品技术创新与企业技术创新的相互联系和促进方式。第五，介绍影响各类科技创新活动开展的主要因素，即科技创新资源、服务和环境的具体内容。

第三部分即第 6 ~8 章，重点剖析政府应该提供的科技公共服务及其有效供给方式。本书首先从既要弥补国家创新体系建设中的市场失灵和系统失灵，又要科学和公正地履行政府职能的要求出发，审视政府干预国家创新体系建设的理由，形成界定科技公共服务的判别准则；其次，从科技创新活动开展、科技创新资源和环境及服务提供、促进各个要素紧密联系和相互配套等几个方面，分析科技公共服务的主要内容；最后，从努力提升科技公共服务的供给效率和效益的要求出发，研究各类科技公共服务的可能和有效供给方式，比较各种供给方式的特点。

第四部分即第 9 章和附录。通过调查和分析江苏 132 家创新型企业以及位于江苏南京的19所高校科技创新的现状，剖析我国创新体系建设的特点，了解当前我国创新体系建设和科技公共服务供给存在的问题，提出相应的对策建议。

研究国家创新体系，是一个很有意义的理论问题，更是一个极其重要的现实问题。在开展相关研究和写作本书的过程中，作者一直试图既注重其理论性，努力提升概念界定的严谨性和分析框架搭建的科学性，又特别强调理论研究与分析、解决现实问题的紧密结合，使其能为我国加快国家创新体系建设提供更好的理论支持。显然，这是一件非常困难的事情，还需要长期的探索，才能更好地解决。同时，当前国内外关于国家创新体系的研究主要集中于概念界定、分析框架构建和不同国家创新体系的比较分析等方面，“学术性和理论性”有些不够，虽然国外部分科技创新管理学界的学者认为国家创新体系的研究不应该“过分理论化”，但是更深入地研究国家创新体系中主要因素的相互影响关系，加深对国家创新体系的理解和认识，是应该加快推进的研究方向。关于国家创新体系的研究任务仍然非常艰巨。

本书的编写及其相关研究工作的开展得到国家科技支撑计划课题“产业集群金融和技术转移服务平台总体技术研究”（项目编号：2012BAH29F01）、国家软科学研究计划项目“科技公共服务问题研究”（项目编号：2007GXS1D019）、“南京科技体制综合改革问题研究”的支持；科学技术部办公厅调研室、政策法规司、江苏省科学技术厅和南京市科学技术委员会的有关领导对于本书中一些问题的研究，从概念的提出和界定、研究框架搭建和技术路线设计、实证调查和分析等方面给予很多具体指导；东南大学经济管理学院吴利华教授、张玉林教授和谢园园、王露、海江涛、缪晓伟等同学参与部分工作。在此，对各方面的大力支持和帮助表示衷心的感谢！

国家创新体系仍是一个发展中的概念，不少问题需要结合国情，充分考虑时代特征，深入研究。由于作者水平有限，书中不当之处在所难免，恳请指正！

作　者
2013年1月

目　录

第1章 绪 论

自从20世纪80年代国家创新体系概念诞生以来，国家创新体系的功能和结构以及政府的作用等一直是科技创新管理领域理论研究和实际运用的热点问题，这些问题的研究以系统和系统分析方法以及公共产品概念和市场失灵理论为基础。本章首先简单介绍系统和系统分析方法以及公共产品概念和市场失灵理论，然后讨论国家创新体系概念的缘起和发展及其在我国的运用，最后界定国家创新体系和科技公共服务的概念，为本书后续讨论奠定理论和概念基础。

1.1 系统和系统分析方法

自从熊彼特提出创新概念以来，科技创新管理学界的学者从多个不同的视角对创新问题进行了深入的研究。运用系统的观点和方法，研究一个国家创新的目的和功能及其主要影响因素，即国家创新体系，是其主要研究领域之一。讨论国家创新体系问题，首先需要简单了解系统和系统分析方法（顾培亮，2008）。

1.1.1 系统的概念

系统的概念来源于人类的长期社会实践。早在1886年，恩格斯就曾在《路德维希·费尔巴哈和德国古典哲学的终结》（恩格斯，1972）一文中指出："一个伟大的基本思想，即认为世界不是一成不变的事物的集合体，而是过程的集合体。"恩格斯在这里所讲的"过程的集合体"，已指出了系统的哲学概念。但是，系统这一概念的广泛应用以及对其含义的逐步具体化，是在20世纪40年代以后才开始发展起来的。到目前为止，人们对系统还没有一个权威性的统一定义。现就几种主要的观点介绍如下。

WEBSTER大辞典的定义是："系统是有组织的和被组织化了的整体；结合着的整体所形成的各种概念和原理的综合；由有规则的相互作用、相互依存的形式组成的诸要素集合等。”在日本的 JIS 工业标准中，系统被定义为“许多组成要素保持有机的秩序并向同一目的行动的东西”。此外，也有一些学者认为：“系统是由相互作用和相互依赖的若干组成部分按一定规律结合而成的且具有特定功能的有机整体。”

总结上述定义，可以认为，一个系统应该具有如下独立的若干判别特征：

（1）一个系统是由一些相互联系和彼此影响着的部件所组成。其中，部件及其结构是系统的基本组成成分。例如，学校和工厂等都可看做系统，学校中的教师和学生或者工厂中的各个车间可以看做系统的部件。

（2）一个系统应具有一定的用途，系统的部件及其结构的开发是为了实现该系统的目的，不同的部件及其结构类型可以实现不同的特定目的。例如，学校以培养人才为目的，工厂则以生产各种产品为目的。

（3）一个系统应具有一定的界限，以便能把系统从所处的环境中分离出来，系统通过该界限可以与外界环境发生能量、信息和物质等的交流。

上述特征可以说是所有系统必备的。因此，系统较为完备的定义可以归纳为：系统由某些相互联系的部件集合而成。这些部件既可以是具体的物质，也可以是抽象的组织。它们在系统内彼此相互影响而构成系统的特性。由这些部件集合而成的系统的运行是有一定目标的。系统中部件及其结构的变化都可能影响和改变系统的特性。系统在严格意义上是指具有自己的构成部件所没有的新特质的整体构成物。

1.1.2 系统的构成

任何一个存在的系统都必须具备三个要素，即系统的部件及其属性、系统的环境及其界限、系统的输入和输出。具有反馈的系统是一个更完备的系统。

1. 系统的部件及其属性

系统的部件可以分为结构部件、操作部件和流部件三类。结构部件是相对固定的部分。操作部件是执行过程处理的部分。流部件是物质流、能量流和信息流的交换部分，交换能力要受到结构部件和操作部件等条件的限制。

结构部件、操作部件和流部件都有不同的属性，同时又相互影响。它们的组合结构从整体上影响着系统的特征和行为。例如，电阻、电感、电容等电子元件及电源、导线、开关等部件的连接或组合，就形成了电路系统的属性。

系统是由许多部件组成的。当系统中的某个部件本身也是一个系统时，就可以称此部件为该系统的子系统。子系统的定义与上述一般系统的定义类似。例如，城市系统是由该城市的交通系统、资源系统、商业系统、市政系统、卫生系统等部件组成，而这些部件本身又各自成为一个独立的系统。因此，可以把交通系统、资源系统、商业系统、市政系统、卫生系统等统称为城市系统的子系统。

2. 系统的环境及其界限

所有系统都是在一定的外界环境条件下运行的。系统既受到环境的影响，同时也对环境施加影响。

对于物质系统来说，划分系统与环境的界限很自然地可以由基本系统结构及系统的目标来有形地确定。在一定意义上，抽象系统界限的划分和确定主要取决于分析人员或决策者。这是因为不同的决策者或分析人员可能会采取不同的界限来划分系统的环境。例如，企业未来发展的经营战略系统，或者说企业决策分析系统，对某个决策者来说，可能以该企业目前已经占领的国内市场规模作为分析的主要范围，于是就圈定该企业决策分析系统的环境属于一国的界限。但是如果换了另一位企业家，他的雄心很大，希望自己的企业在今后能扩展成为一个跨国公司，占领世界市场，这种情况下，该企业的决策分析系统必然会以世界作为环境来确定界限。

3. 系统的输入和输出

系统与环境的交互影响就产生了输入和输出。外界环境给系统一个输入，通过系统的处理和变换，必然会产生一个输出，再返回到外界环境。所以系统中的部件是输入、处理和输出活动的执行部分。也就是说，一个理想的系统在目标或要求明确之后，系统的部件就可以通过接受一系列的外界输入以及进行有效和高效率的处理之后，提供系统所期望的实现目标的输出，返回到环境。如果形象地描述输入、输出和系统的关系，把系统从环境中分离出来的界限就好似一个滤波器，通过它来调整输入与输出的关系。如果在输入、处理和输出活动之外，再加入反馈活动，则该系统就具有更为完备的系统功能。

如果系统与环境之间存在输入和输出的交互影响，或者说，系统与环境之间有着物质、能量和信息的交换，该系统就称为开放系统。如果一个系统与环境之间没有物质、能量和信息的交换，该系统就称做封闭系统。在现实世界中绝大多数系统都是开放系统，因为任何系统总是或多或少地要与包围它的环境进行某种类型的物质、能量或信息的交换。

一个系统的行为可以通过它的输出来了解，并且利用输出的信息反馈来调整输入。例如，某工厂的生产和管理活动所形成的一个物质系统，其外界环境有社会供应系统和社会商业销售系统。该工厂通过社会供应系统获得原材料、动力、资金等物质的输入，通过工厂生产和管理系统的经营活动生产出各类批量产品作为系统的输出，送交商业销售系统满足社会的需要。根据顾客的反映，销售部门把对产品类型和质量、数量等要求以信息形式反馈给工厂，希望工厂改进生产计划或产品质量等。工厂根据各方面的信息以及改变后的生产计划，向社会供应系统反馈信息，对其供应的原材料、动力等提出新的要求。这种周而复始的系统活动构成了一个输入、处理、输出和反馈的系统，形成了一个完备的系统。

1.1.3 系统的特性

通过对系统概念和构成的具体分析，可以得出对系统的一般性描述，即对系统的基本特性的描述。一般来说，系统具有整体性、相关性、结构性、动态性、目的性和环境适应性六个基本特性。

1. 整体性

系统是由各个相互联系和彼此影响的部件（或要素）结合而成的。系统是作为一个统一的整体存在的，各部件的独立机能和相互关系只能统一和协调于系统的整体之中。离开整体而存在的单个部件或若干个部件，即使这些部件具有良好的功能，也绝不能具有整体所反映出来的功能。相反，如果有若干个部件，即使功能不很完善，但是通过系统整体的综合和统一，很可能成为具有良好功能的系统。所以，部件或子系统总是寓于整体之中。

2. 相关性

系统内各部件之间存在着相互联系、相互依存、相互制约的关系。它们通过特定的关系结合在一起，形成一个具有特定性能的系统。一些复杂的大系统为了使计算简化或实现方便，往往利用相关性的特点对大系统进行解耦，即通过解耦把一个复杂的大系统分解为许多相关的子系统。大系统的“集结”简化也是以相关性特点为依据的。

3. 结构性

结构性是系统有机联系的反映。本质的联系形成系统发展和变化的规律，系统的稳定和本质的联系形成了系统的结构。当相同的部件具有不同的结构形式时，该系统就会产生不同的功能和效果。系统的层次结构和协调活动是现实世界中一些大系统所特有的结构性的反映。

4. 动态性

系统具有与空间及时间阶段有关的活动方式。系统是过程的集合体。系统在不同的参考系中为实现其目的而采取不同的运动方式。

5. 目的性

系统活动本身都具有明确的目的。系统各部件就是为实现系统的既定目标而协调于一个整体之中，并为此进行活动。系统活动的输出响应就是系统目的性的反映。

6. 环境适应性

任何一个系统都存在于一定的环境之中，都与外界环境进行着物质、能量和信息的交换。一个系统要能生存和具有活力，就必须适应外部环境的变化。或者说，能够根据外部环境给予的刺激及时调整和响应。

1.1.4 系统分析方法

系统分析是采用系统的观点和方法，用定性和定量的工具，对所研究的问题进行系统结构和系统状态的分析，提出各种可行方案和替代方案，并进行比较、评价和协调。系统分析的目的是帮助决策者对所要决策的问题逐步提高清晰度。系统分析的任务是向决策者提供系统方案和评价意见以及建立新系统的建议。

分析和评价任何一类系统问题时，都需要综合运用多学科知识和方法，而非常重要的是要建立和运用系统思考的观点和工具，从系统的整体结构出发研究和评价系统各个部分或子系统的作用及其相互关系。因此，系统分析的思考方式应是从系统整体结构出发研究各子系统间的相互关系及其动态变化过程，建立具有学习型组织功能的协调系统。在此基础上，对当前各类事件的变化做出及时评价和有远见的反应。

在系统分析过程中，对系统结构层次的认识十分重要，因为只有它才能触及系统行为背后的原因，解释“是什么造成行为变化的形态”，并进而改进行为的变化形态。系统结构影响系统行为，因此，改变系统结构，就能够改变系统行为。在这个意义上，结构的解释就具有创造性。由于人工系统中的结构还包括系统中许多影响人们做决定的因素，所以，重新设计做决策的方式等价于重新设计系统结构。对于系统行为变化模式的解释，则应打破短期反应的局限，而专注于查看较长期的趋势，至少应考虑如何在经过一段较长时间之后，能顺应变动中的趋势。

系统分析是为了帮助决策者或咨询者实现其提出的要求和目标及其可能程度的评价而开发和组织起来的一套流程和一系列分析方法的总体。系统分析是一种科学的方法，具有作为独立学科所界定的内容以及实现这些内容的方法和步骤。系统分析按照系统研究、系统设计、系统建模、模型分析、系统评价协调的程序进行（图 1-1）。

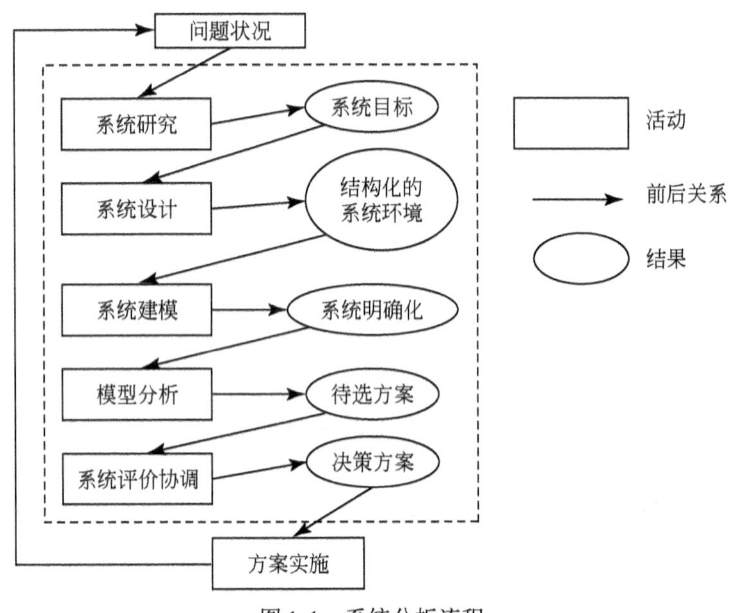

图 1-1　系统分析流程

在提出问题并进行现状分析后，系统分析的第一步就是系统研究。通过对广泛的资料进行处理获得有关信息，进而使资料所代表的意义明确化（如用数量表示），并使相关的数据与信息能因问题状况的特性而显现出某种程度的结构化。利用一些有效方法（如进行统计和检验等）进行比较和分析，以确认或发现所提出的问题的目标。系统设计是第二步。该阶段主要是处理系统的整体结构，使系统与系统环境能够实现结构化，以便进行分析处理。系统建模是第三步。该阶段是用数学公式、图表等工具描述问题，建立反映问题主要特征的模型，并处理系统问题的属性可量化部分。经过建模和量化后，一般来说，模型还需要经过必要的修改和简化工作，才有可能使用现有的分析模式或技术进行分析，即达到可操作性的要求。第四步是模型分析。通过对模型的分析和求解，形成解决问题的各种可行方案，并对方案进行排序，形成可供决策者选择的待选方案。第五步是系统评价协调。决策者对待选方案进行评价并选择。如果决策者不满意输出的结果并无法对方案做出选择，就需要做进一步的协调分析，并进行必要的反馈研究，形成新的待选方案供评价和选择，直到决策者满意为止。

1.2　公共产品与市场失灵

分析国家创新体系建设中政府应该发挥的作用，界定科技公共服务的内容，其理论基础是公共经济学中的公共产品概念和市场失灵理论，现对此作简单介绍（高培勇，2004；句华，2006）。

1.2.1　产品的分类与公共产品的概念

按照公共经济学理论，产品可以分为公共产品和私人产品，公共产品又可以分为纯公共产品和准公共产品。一般而言，公共产品（也称为公共服务）是满足社会公共需求的产品，而私人产品是满足私人个别需要的产品。

社会公共需求是相对于私人个别需求而言的。它指的是社会作为一个整体或以整个社会为单位提出的需求。社会公共需求有三个特征：一是整体性。它由所有社会成员作为一个整体共同提出，或者说大家都需要，不是由一个或一些社会成员单独或分别提出的。二是集中性。它需要由整个社会集中执行和组织。三是强制性。它只能依托政治权力、动用强制性的手段，而不能依托个人意愿、通过市场交换的行为加以实现。总之，社会公共需求实质上是不能通过市场得以满足或者通过市场解决得不到令人满意的需要。

判别某种产品究竟是公共产品还是私人产品，主要基于公共产品具有的两个本质特征：一是受益的非排他性，二是消费的非竞争性。所谓受益的非排他性，是指产品在消费过程中所产生的利益不能为某个人或某些人所专有，要将一些人排斥在消费过程之外，不让他们享受这一产品的利益是不可能的，或者说不能阻止不付费者对产品的消费，不付任何费用的人同支付费用的人一样能够享有产品带来的益处。例如，消除空气中的污染是一项能为人们带来好处的服务，它使所有人能够生活在新鲜的空气中，要让某些人不能享受到新鲜空气的好处是不可能的。

消费的非竞争性，是指一部分人对某一产品的消费不会影响另一部分人对该产品的消费，一些人从这一产品中受益不会影响其他人从这一产品中受益，受益对象之间不存在利益冲突。例如国防保护了所有公民，其费用及每一公民从中获得的好处不会因为多生一个小孩或出国一个人而发生变化。

根据上述两个特征对产品进行分类，如果某个产品既具有受益的非排他性，又具有消费的非竞争性，则属于公共产品范畴；反之，如果某种产品只向为其付款的个人或企业提供，且在消费上具有竞争性，很容易将未为其付款的个人或企业排除在受益范围之外，属于私人产品。

除私人产品和公共产品外，还有一些产品，或者可能具有消费的非竞争性，但不具有受益的非排他性；或者具有受益的非排他性，但不具有消费的非竞争性。这种既带有公共产品特性又带有私人产品特性的产品，称为准公共产品。产品的具体分类见表 1-1。

表 1-1　产品的分类

特征		排他性	
		有	无
竞争性	有	私人产品（食品、衣服、家用电器）	共同资源（海鱼场、牧场）
	无	俱乐部产品（有线电视、电话、电力）	纯公共产品（国防、治安、基础研究）

综上所述，从表 1-1 中可以看出，公共产品基本可以分为三种类型：第一类公共产品是纯公共产品，即同时具有非排他性和非竞争性，如国防、治安、环境保护、基础科学研究等。第二类公共产品的特点是消费上具有非竞争性，但是却可以较轻易地做到排他，如有线电视、电话、电力、公共桥梁等，可以通过收取门票等方式将部分人员排除在消费者之外，有人将这类物品形象地称为俱乐部产品。第三类公共产品与俱乐部产品刚好相反，即在消费上具有竞争性，但是却无法有效地排他，如公共渔场、牧场等，有学者将这类产品称为共同资源。

从受益的排他性和消费的竞争性等将公共产品和私人产品进行比较，可以发现，它们之间存在显著的区别。

（1）公共产品效用具有不可分割性，私人产品效用具有可分割性。

从效用的可分割性角度考虑，公共产品是向整个社会提供的，具有共同受益和联合消费的特征。其效用为整个社会成员所共享，而不能将其分割为若干部分，分别属于某些个人或组织使用，或者不能按照谁付款、谁收益的原则限定为之付款的个人或组织享用。例如，国防提供的国家安全保障即是对一国国内的所有人而不是个人提供的。实际上只要生活在该国境内，任何人都无法拒绝这种服务，也不可能创造一种市场将为之付款的人与拒绝付款的人区别开来。所以，国防服务是公共产品的一个典型。

相比之下，私人产品或服务的效用具有可分割性。私人产品的基本特点是可以被分割成许多能够被买卖的单位，而且其效用只对为之付款的人提供；或者说，谁付款，谁受益。如洗衣机、电冰箱等产品与国防产品不同，它可以按台出售，出售后其效用也归购买者自己或其家庭独享。

(2) 公共产品消费具有非竞争性，私人产品消费具有竞争性。

从消费的竞争性角度分析，一个人或组织对公共产品的消费和享用，不排斥、妨碍其他个人或组织同时享用，也不会因此而减少其他个人或组织享用该种公共产品的数量和质量。这就是说，增加一个消费者不会减少任何一个人对公共产品的消费量，或者增加一个消费者，其边际成本等于零。如对公共产品国防，尽管人口往往处于与年俱增的状态，但没有任何人会因此而减少其所享受的国防所提供的安全保障。

私人产品就不是如此，它在消费上具有竞争性。某个人或组织对某种一定数量的私人物品的享用，实际上就排除了其他人或组织同时享用。如某台电冰箱被某一消费者购买后，就只能归该消费者及其家庭享用，其他人和家庭不能同时享用该电冰箱提供的效用。其他人要使用电冰箱，只能另行购入，其边际成本显然不为零。

(3) 公共产品具有受益的非排他性，私人产品具有受益的排他性。

对公共产品，在技术上没有办法将拒绝为之付款的个人或组织排除在受益范围之外。或者说，任何个人都不能用拒绝付款的办法将其不喜欢的公共产品排除在享用范围之外。如国防服务，如果在一国内提供了国防服务，则要排除任何一个生活在该国的人享受国防服务是极端困难的，甚至是不可能的。

这种情况对私人产品就不会发生。私人产品只有在受益上具有排他性，人们才愿意为其付款，生产者也才会通过市场来提供。例如，一个人喜欢某种电冰箱，其他人不喜欢，那么这个人就可以通过付款得到它，其他人无需这样。如果某个人拒绝付款，而又想得到电冰箱，那么卖者可拒绝给他，这个人肯定被排除在电冰箱的受益范围之外。

(4) 部分准公共产品具有拥挤性，还有准公共产品具有价格排他性。

总体而言，纯公共产品是比较少的，更常见的是共同资源和俱乐部产品，即所谓的准公共产品。部分准公共产品具有拥挤性，即会随着消费者人数的增加而产生拥挤，从而会减少每个消费者可以从公共产品消费中获得的受益。这种产品的效用虽然被全社会成员共享，但在消费上具有一定程度的竞争性。当这种产品的消费者人数达到拥挤点后，消费者人数再增加，其边际成本不为零。例如，公路在车辆达到一定数量后，追加车辆会阻碍交通，增加发生交通事故的可能性。

还有部分准公共产品，其效益可以定价，从技术上能实现排他，具有价格的排他性。这类产品或服务的特点是：一方面，它的效用在名义上向全社会提供，即谁都可以享用；另一方面，在受益上却可以排他，即谁花钱，谁受益。像公园、学校、医院等都是如此，中央和地方政府兴建的公园，名义上整个社会成员都可以到公园游览，享受公园提供的效益。但实际上由于公园收费，只有花钱的人才可以进入公园。

1.2.2 各类产品的供给主体

按照公共经济学的观点，在市场经济体制下，私人产品应该由私人作为主体供给，纯公共产品应该由政府作为主体供给，但是部分准公共产品可以由私人作为主体供给（表 1-2）。

表 1-2 各种产品的供给主体

产品	私人产品	部分准公共产品	部分准公共产品和纯公共产品
供给主体	私人	私人	政府

部分准公共产品要能够由私人供给，需要具备以下条件：

首先，私人供给的公共产品一般应是准公共产品。由于纯公共产品一般具有规模大、成本高的特点，政府可利用其规模经济和“暴力潜能”优势来较为经济地提供。而私人提供纯公共产品不是交易成本太大就是不可能。但是，私人不能提供纯公共产品并不意味着私人不能涉足这个领域。这要把某些纯公共产品的提供和生产区分开来。如某些国防产品也可以由私人生产，但由政府进行采购。实践证明，这种公私混合的公共产品供给方式也是十分有效的。

同时，准公共产品的规模和范围一般较小，涉及的消费者数量有限，这容易使消费者根据一致性同意原则，订立契约，自主地通过市场方式来提供。由于消费者数量有限，因此达成契约的交易成本较小，从而有利于公共产品的供给。例如，社区兴建的娱乐场就是这样的例子。

其次，私人供给的公共产品消费必须存在排他性技术。纯公共产品如国防、优质的空气等，由于同时具有受益的非排他性和消费的非竞争性，因此很难解决

"搭便车"等外部性问题。共同资源产品如公共渔场、牧场等也存在这个问题。而俱乐部产品，由于存在着"选择性进入"方式即排他性技术（如公园的门票），可以有效地将"免费搭车者"排除在外，因此可以大幅度地降低私人提供产品的交易成本，从而激励私人提供某些公共产品。相反，如果缺乏某种排他性技术，则私人提供的公共产品难免会陷入"公共地悲剧"，很难由私人供给。

最后，若能让私人提供公共产品，必须有一系列制度条件来保障。其中最重要的制度安排是产权。产权是一个社会所强制实施的、选择一种经济品的、使用的权利。可以看出，产权的一个基本特点是其强制性，只有强制性的产权才能使产权所有者形成对产权的良好预期，从而有足够的激励来行使产权。因此，只有界定私人对某一公共产品的产权，并且有一系列制度安排来保护产权的行使，私人才有动力提供某一公共产品。

1.2.3 市场失灵理论

20世纪30年代以前，大部分西方国家所奉行的是亚当·斯密"看不见的手"和萨伊的经济自由主义的"萨伊第一定律"，认为市场自有办法调节社会的经济运行，使总供给和总需求达到平衡。政府在社会经济系统中只需充当"守夜人"就可以了。当然，守夜人也是有职责的。斯密认为政府应尽的职责：一是保护社会，使其不受其他独立社会的侵犯；二是尽可能保护社会上的每个人，使其不受社会上其他人的侵害和压迫；三是建立并维护某些公共事业及某些公共设施（斯密，1972）。

萨伊（1963）认为，政府的责任只在于为经济的发展创造一个安定、安全、公平和有利的环境，其具体职责：一是保护财产的所有权不受侵犯；二是制定详细周密的计划，建设和维修公共工程；三是提供公共服务，如创办学校、图书馆、博物院，主持大型的科学研究和促进科学技术知识的传播；四是防止明显有害于其他企业或公共安全的欺诈行为；五是保护消费者利益和国家的商誉。

总之，古典经济学家们为政府所开列的提供公共产品的清单，主要侧重于保持安定、安全的社会环境，制定公平的市场规则，提供公共工程和基本的公共服务等方面。尽管他们发现有些物品在市场中无法获得，需要政府出面提供，但由于对竞争市场有效性的崇信，对"看不见的手"的信赖，只把上述发现归为"例外"。

1929～1933年席卷资本主义国家的经济危机破除了有关市场经济的神话，市场失灵的风险给人们上了重要的一课。古典经济学家极端崇尚市场的观点变得似乎缺少某些说服力。人们对市场失灵的切身体会和深入认识也因此开始强化。

至此，政府提供何种公共产品问题有了系统而具有说服力的依据。市场失灵的出现，一般源于以下几个方面（句华，2006）。

1. 纯公共产品供给不足

由于纯公共产品具有非排他性，使得出于自利动机的消费者可以免费使用该产品，也就是会出现“搭便车”现象。同时，由于纯公共产品的消费没有竞争性，使得公共产品的提供者很难向单个消费者收取合理的费用。既然生产公共产品难以收回成本，更难获取利润，那么在市场中，追求利润最大化的生产者便不会自觉或主动地提供这类产品，必然造成纯公共产品的供给失灵或供给不足。

2. 外部效应的存在

外部效应是指一个经济单位的活动所产生的对其他经济单位有利或有害的影响，而受影响者没有因为受到损失而得到补偿，也没有因为得到利益而付出代价。也有人将其定义为：当一种经济交易的结果对除交易双方之外的第三者发生了影响，而其又未参与该项交易的任何决策时，即存在外部效应。

外部效应概念的关键是相互影响而又没有相应的补偿。某些个人或企业的行为影响了他人或企业，却没有为之承担应有的成本费用或没有获得应有的报酬。简言之，外部效应就是未在价格中得以反映的经济交易成本或效益。对外部效应进行分类，如果某个人或企业的行为活动使得他人或企业因此而受益，可称为正外部效应，或称做外部效益，也称为溢出效应；反之，如果某个人或企业的行为活动使得他人或企业因此而受损，则称做外部成本，也称为负外部效应。不管是正外部效应。还是负外部效应，如果不能予以纠正或抵消，其结果是依靠市场配置资源的失效，即具有外部效应的物品和服务的供给，不是过多，就是过少，不能实现具有效率的均衡。

现实生活中具有外部效应的活动随处可见。例如，教育具有正外部效应，它的直接受益者是付学费的学生，而它也能带来社会文化、道德水平、科技水平的进步和经济的发展，从而产生社会效益。具有负外部效应的例子也有很多，如工厂污水的排放，它污染了周围的环境，也对周围居民的健康造成损害，但这些居民却没有得到补偿。

外部效应的存在推翻了福利经济学第一基本定理，即具有外部效应的竞争市场不可能自动达到帕雷托最优。因为在这种情况下，私人边际率已不能正确反映现实，必须由社会边际率替代。社会边际率的计算必须考虑到经济活动的直接和间接的影响。如一种污染活动的边际成本不仅包括生产的直接边际成本，还必须包括对环境造成的边际成本。因此，外部效应的存在极大地影响着生产者和消费者的行为，由于市场价格只反映了私人的成本与收益，没有反映社会的成本与收益，生产者为追求利润最大化，很自然地就不会顾及社会的成本与收益。也就是说，如果社会不对负外部效应进行惩罚，生产者不会减少那种对社会有害的产品的生产；同样，如果社会不对正外部效应进行奖励，生产者也不会增加对社会有益的产品的生产。

比较公共产品和外部效应概念可以发现，公共产品只是外部效应现象的一个特例。

3. 垄断的存在

市场体制实现资源的有效配置，是以假设存在完全竞争的市场为前提的，任何个人或企业都无法控制市场价格，生产要素和社会资源可以在不同行业间无障碍地自由流动。但在现实世界中，企业对很多产品的价格具有不同程度的控制能力，从而形成不同程度的垄断或垄断竞争现象。这时，产品的价格和产量容易偏离社会资源最优配置的要求，以致损害效率，并可能出现供给者缺乏的局面。

4. 信息不对称或失真

实际上，无论是生产者还是消费者，都不可能掌握完全的市场信息。也就是说，供求双方对同一产品、服务所了解的程度不同。无论是何种情况，拥有信息较多的一方都会通过逆向选择和道德风险等两种途径在交易中充分利用自己的优势获取利润，从而导致市场失灵。

逆向选择是指在市场的一方无法观察到另一方的重要信息时所发生的劣币驱逐良币的现象。如在一个旧车市场上，买者一般无法分辨出车辆的真实质量，只有卖者掌握所售车辆的实际情况。因而，买者即使面对一辆好车，也会因无法确知其真实情况而不敢出高价购买，一般只肯按照该市场上旧车的平均质量出价。这样做的结果，只能是使高于市场中平均质量的旧车退出市场，市场中只有差车出售。

道德风险是指在签约之后，签约一方无法观察、监督另一方的行为，另一方就可能故意不采取谨慎行为，从而损害对方利益。例如，在保险市场中，由于保险公司无法察知投保方是否采取了有效的措施防止风险的发生，因而在赔付时常陷于被动，导致骗保事件的发生。

5. 市场本身的功能缺陷

前述有关市场失灵出现的原因，主要针对资源配置效率而言的，其实市场本身也存在着功能缺陷，或者说人类社会所追求的某些目标，市场机制并不具备能力使其达成。这些目标包括公平分配、宏观经济的稳定性及总量平衡。

按照经济学理论，完全竞争的市场可以实现帕雷托最优，但在每一个帕雷托有效配置下面，都隐含某些初始要素禀赋如财产权、技术等的分布要求。也就是说，市场竞争的结果、财富的分配取决于这些要素的初始分布。按照经济学家萨伊（1963）的理论，劳动、资本、土地是社会生产不可缺少的三要素，在生产过程中三要素各自创造收入，作为自身耗费的补偿，各自取得利润的一部分：劳动力“按能力和劳动分配”，资本拥有者“按资本分配”，土地拥有者获得“地租”。然而，这些要素的初始分配可能无法使收入、财富和福利的分配符合社会认为的公正标准。这种不公正的产生可能因为天赋要素一开始的分布就是不均衡的，也可能是由于设定这些要素价格的方法问题。竞争市场能够保证对所有人而言有一个公平的过程，但并不能自动纠正这种起点不公，并且可能使这种不公进一步扩大。因此，政府就有了介入分配领域的充分理由，以弥补市场的功能缺陷。

同时，在宏观经济领域，市场并不具备自动的调节力量和机制，使总需求和总供给达到平衡。20 世纪 30 年代以前，西方经济学家深信“供给会自动创造需求”，直至社会生产扩展到充分就业为止。30 年代爆发的经济大萧条打破了这种神话。凯恩斯（1983）的宏观经济理论则进一步分析了市场机制的这种功能缺陷。凯恩斯认为，社会需求是由消费需求和投资需求构成的，在无国家干预的条件下，私人经济自我调节，会受三大心理规律作用。一是消费倾向规律，平均消费倾向长期递减，人们普遍惜购；二是资本边际效率规律，厂商不愿加大投资使生产达到市场饱和；三是流动偏好规律，有钱人追求银行存款利息。这样必然导致消费需求不足和投资需求不足。而有效需求不足决定了产品滞销，导致资本家减少生产、投资和对劳动力的需求，最终不足以实现充分就业。

总之，纯公共产品供给不足、外部效应的存在、信息不对称或失真、垄断的存在、市场本身的功能缺陷等都会导致市场失灵，需要发挥政府的干预和调节作用。

1.3 国家创新体系与科技公共服务的概念

1.3.1 国家创新体系概念的形成和发展

1. 国家创新体系概念的形成

国家创新体系（national system of innovations）概念诞生于 20 世纪 80 年代中

期，英国、美国和丹麦等国家科技创新管理领域的学者几乎同时开始相关问题的研究。英国学者克里斯托夫·弗里曼教授在 1987 年出版的《技术政策和经济运行：来自日本的经验》（Freeman，1987）一书中明确使用了国家创新体系概念。他在 1987 年考察日本时，发现日本通产省在实现日本的技术追赶和跨越中发挥了很重要的作用。日本通产省从长远的、战略的和动态的视角出发，通过资源的优化配置，推动产业和企业技术创新，辅以组织创新和制度创新，使日本在短短几十年内迅速发展成为工业化大国。弗里曼认为，这是国家创新体系发挥作用的结果。1992 年，弗里曼对原先自己界定的国家创新体系概念进行拓展，由传统的主要关注技术创新的国家创新体系向包含更广泛的创新内容转变，形成了广义的国家创新体系概念。

美国学者理查德·纳尔逊也在 20 世纪 80 年代开始美国国家创新体系的研究。他认为，以营利为目的的企业是国家创新体系的核心，它们之间既竞争又合作。纳尔逊强调了科技发展中的不确定性，认为新技术的多元化是对付技术创新内在不确定性的唯一有效方法，事后的市场选择决定了技术创新的成败。纳尔逊在 1993 年出版的《国家创新体系：比较分析》（Nelson，1993）一书中对几个国家和地区的国家创新体系进行了比较分析，认为由于各个国家的具体情况千差万别，国家创新体系具有复杂性和多样性，没有统一的模式可言。

丹麦奥尔堡（Ålborg）大学的技术创新经济学家伦德瓦尔（Bengt- Åke Lundvall）教授早在 20 世纪 70 年代末期就开始从国家角度研究创新问题。他于 1992 年出版的《国家创新体系》（Lundvall，1992）一书从微观角度分析了国家创新体系的构成，探讨了国家创新体系存在的原因，认为生产者—用户的相互作用是一国经济发展的核心，创新就是一种生产者和用户相互作用、相互学习的过程。因此，国家创新体系的核心是学习活动，是以正反馈和再生产为特征的动态系统。

虽然弗里曼、纳尔逊和伦德瓦尔等学者共同创立了国家创新体系概念，但是当初他们对国家创新体系的理解并不完全相同，实际研究中形成了不同的学术视角。弗里曼的国家创新体系概念侧重于分析技术创新与国家经济发展之间的关系，特别强调国家专有因素对于一国经济发展的影响。他认为，国家创新体系既包括各种制度因素以及技术行为因素，也包括致力于产生公共技术和知识的大学以及相关的政府部门，其中以营利为目的的企业处于国家创新体系中的核心位置，它们相互竞争也彼此合作。简言之，弗里曼的国家创新体系的核心思想是：不论技术如何好，也不论企业家如何有进取心，如果没有必要的基础设施和网络以支持其创新活动，并鼓励新技术的扩散运用，技术创新动力就很难转化为经济发展的驱动力。弗里曼的国家创新体系中的基础设施和网络既包括政治性和制度性国家机器，也包括企业、市场和最终消费者，涉及许多方面。

纳尔逊则将技术变革及其演进特点作为研究的起点，将重点放在知识和创新的生产对于国家创新体系的影响上，把国家创新体系与高技术产业发展联系起来，并将企业、大学与国家技术政策之间的相互作用置于国家创新体系分析的核心位置。在他看来，每个国家都有自己的国家创新体系结构，国家创新体系中不同组织所发挥的作用、需要解决的问题、资助国内企业的程度以及所提供的资助是公共性的还是私人性的等各不相同。纳尔逊在 1993 年的著作中进一步将国家创新体系定义为“其相互作用决定着一国企业的创新绩效的一整套制度”，而这种企业的创新绩效又直接与一国的国际竞争力相联系。因此，国家创新体系就是一种将制度安排与一国的技术经济绩效相联系的分析框架。

伦德瓦尔有关国家创新体系的研究，强调国家创新体系植根于其生产体系之中，并认为规范和规则即制度发挥着非常重要的作用。从方法论的角度来看，他的国家创新体系概念侧重于分析国家创新体系的微观基础，即国家是如何对生产者—消费者之间的相互关系发挥作用以及这种作用如何影响一国的经济发展。在他看来，在创新过程中，用户和生产者的分离这一现象具有重要的经济理论内涵，用户—生产者之间相互作用是技术创新过程中的核心内容。国家之所以重要，一个根本原因就在于地理和文化等方面的差异是阻碍用户与生产者之间相互作用的重要因素，而国家又是作为这种相互作用的框架而存在并发挥作用的。总起来看，伦德瓦尔特别关注用户—生产者的相互作用，并认为不同的相互作用模式创造出了不同的技术能力，这种技术能力上的差异决定了国家创新体系存在差异。伦德瓦尔总结形成了三种典型的创新体系，分别是植根于研究开发体系的创新体系、植根于生产体系的创新体系以及植根于人力资源开发体系的创新体系。

虽然不同的学者对国家创新体系的研究各有侧重，形成了不同的观点，但是普遍认为：国家创新体系建设过程中各类参与者之间的联系对于促进技术进步至关重要。创新和技术进步是生产、分配和应用各种知识的各方之间相互作用、形成一整套复杂关系的结果。国家创新体系中的参与方包括企业、大学和公共研究机构等，它们之间典型的联系方式包括合作研究、人员交流、专利共享、设备购买等。

研究者还普遍认为：创新体系的分析应以一国为疆界，分析重点在于学习和创新，以及促成学习和创新的制度安排。或者说，国家创新体系就是一国疆界之内有关科学技术知识在国民经济体系中循环流转的制度安排。国家创新体系分析方法认为，正是学习和创新是长期经济增长的推动力量，而学习和创新是在一定的制度框架内进行的，完整的制度框架分析应该以国家为疆界，因此国家应该成为创新体系分析的基本单元。

2. 经济合作与发展组织对国家创新体系的研究

国家创新体系概念形成之后，由于其很快发展成为一种分析和评估一个国家科技创新政策及绩效的重要工具和框架，引起经济合作与发展组织（OECD）的高度重视。1994 年 OECD 启动国家创新体系研究项目，并于 1999 年研究形成了有关国家创新体系的研究报告（OECD, 1999），该报告指出：创新是不同主体和组织间复杂的互相作用的结果。技术变革并不以一个完美的线性方式出现，而是系统内部各要素之间互相作用和反馈的结果。这一系统的核心是企业，是企业组织生产和创新、获取外部知识的方式。外部知识的主要来源则是别的企业、研究机构、大学和中介组织。国家创新体系是由科研机构、大学、企业及政府等组成的网络，科学地推进国家创新体系建设，能够更加有效地提升创新能力以及创新的效率和效益，使科学技术与经济社会融为一体，实现协调发展。

以上述国家创新体系概念为基础，OECD 还在其研究报告中建立了国家创新体系结构模型（图 1-2），并以此模型为基础开展了一系列国家间的创新体系的比较分析，剖析了不同国家创新体系建设的特点，为相关国家的科技创新政策制定提供了有力的支持。

3. 国家创新体系概念的发展

显然，早期的国家创新体系概念强调的是国家创新体系中各参与方之间的相互作用，强调制度安排的关键性影响。然而，按照系统的观点，任何系统都应具有一定的目的和功能。国家创新体系作为一个系统，也应具有明确的功能，国家创新体系中各参与方之间的相互作用和制度安排一定是服务于一定的功能和目标的实现。因此，后来关于国家创新体系的研究，向着越来越关注国家创新体系的目的和功能演变。

国家创新体系应该包含哪些主要功能，或者说包含哪些活动和过程，不同的学者给予了不同的回答。Edquist（2004）提出，创新体系的主要功能或总体功能是促进创新的开发、扩散和应用。Bergek 等（2008）认为，国家创新体系的核心功能是新技术的开发、扩散和应用。

Galli 和 Teubal（1997）强调，应该把国家创新体系的组织结构与功能区别开来。他们提出，国家创新体系具有硬功能和软功能之分。常见的硬功能包括开展研发活动、提供科技创新服务等。典型的软功能包括信息、知识、技术的传

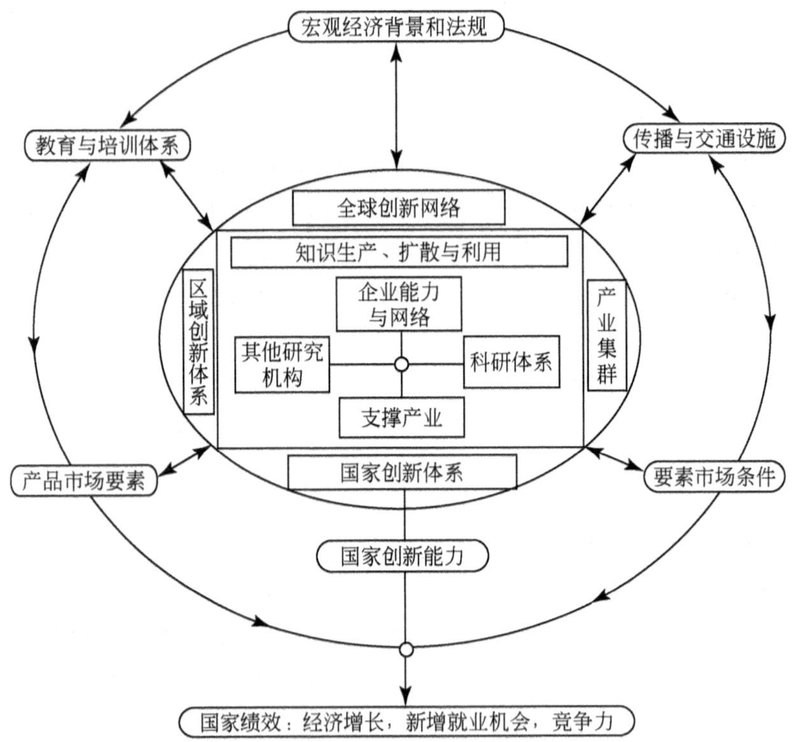

图 1-2　OECD 的国家创新体系结构模型（OECD，1999）

播，政策制定，与专利、法律、技术标准等有关的制度设计及执行，科学文化的传播，等等。Hekkert 等（2007）提出，国家创新体系的功能主要包括创业、知识开发、知识扩散、搜索指引、市场培育、资源集成等。

Liu 和 White（2001）、Edquist（2004）提出了基于“活动”（activities）的国家创新体系分析框架，从本质上看，这也属于创新体系功能论的范畴。Liu 和 White 认为，国家创新体系中存在着五种基本活动，即研究与开发、实施（生产制造）、使用（终端客户）、教育、联系（将各种互补性知识汇集起来）。这些活动与国家创新体系中的技术创造、扩散和运用等功能存在密切的联系和一定的对应关系。

Edquist（2004）、Edquist 和 Hommen（2008）提出，国家创新体系中包含十种“活动”。一是研究与开发活动，创造新知识；二是劳动者的能力培养，包括教育和培训、人力资本开发等；三是培育新产品市场；四是了解和掌握需求方对新产品的质量要求；五是创造并改变组织，使之符合创新发展新领域的需要，如培育企业家精神，促进新企业的创建，创建新的研究组织等；六是通过市场机制和其他机制建立网络，支持创新过程中不同组织间的互动学习及知识的整合运用；七是改革已有制度和建设新的制度；八是孵化活动，如为新企业的创建提供基础设施、设备、服务等；九是资助有利于知识的商业化及应用的创新过程和其他活动；十是提供与创新过程相关的咨询服务，如技术转移、商业信息、法律服务等。

目前关于国家创新体系的功能与活动的研究和分类还不太深入，需要通过深化对创新过程的认识进一步调整和优化。同时，由于各个国家的国情和所处发展阶段的不同，在一些国家创新体系中很重要的活动，在另外一些国家创新体系中可能会处于次要的位置。这些都有待深入研究。

1.3.2　国家创新体系概念在我国的发展和运用

自从国家创新体系概念提出以来，我国不少学者结合国情开展了相关概念的界定、体系结构分析和政策咨询等一系列的工作（李正风，曾国屏，2004；柳卸林，2000；冯之浚，1999；钟荣丙，2008），对支持我国制订鼓励创新的政策和进行制度设计、推进国家创新体系建设发挥了极其重要的作用。当前，加快国家创新体系建设已经成为我国增强自主创新能力、建设创新型国家的理论基础和实践抓手。

2006年我国发布的《国家中长期科学和技术发展规划纲要（2006—2020年）》（简称《纲要》）指出：国家创新体系是以政府为主导、充分发挥市场配置资源的基础性作用、各类科技创新主体紧密联系和有效互动的社会系统。《纲要》把全面推进中国特色国家创新体系建设摆到特别重要的位置，提出要经过15年的努力，形成比较完善的中国特色国家创新体系。

《纲要》还根据我国国情明确了中国特色国家创新体系的建设重点：一是建设以企业为主体、产学研结合的技术创新体系，并将其作为全面推进国家创新体系建设的突破口。二是建设科学研究与高等教育有机结合的知识创新体系。三是建设军民结合、寓军于民的国防科技创新体系。四是建设各具特色和优势的区域创新体系。五是建设社会化、网络化的科技中介服务体系。

2007年，胡锦涛在中国共产党第十七次全国代表大会工作报告中指出：提高自主创新能力，建设创新型国家。这是国家发展战略的核心，是提高综合国力的关键。要坚持走中国特色自主创新道路，把增强自主创新能力贯彻到现代化建设各个方面。

报告中还指出：加快建设国家创新体系，支持基础研究、前沿技术研究、社会公益性技术研究。加快建立以企业为主体、市场为导向、产学研相结合的技术创新体系，引导和支持创新要素向企业集聚，促进科技成果向现实生产力转化。深化科技管理体制改革，优化科技资源配置，完善鼓励技术创新和科技成果产业化的法制保障、政策体系、激励机制、市场环境。实施知识产权战略。充分利用国际科技资源。进一步营造鼓励创新的环境，培养造就世界一流科学家和科技领军人才，使创新智慧竞相迸发、创新人才大量涌现。

2012 年召开的全国科技创新大会再次强调了加快国家创新体系建设的紧迫性和重要性，明确提出 2020 年，我国要基本建成适应社会主义市场经济体制、符合科技发展规律的中国特色国家创新体系。同时，会议还明确提出了国家创新体系建设的战略重点：第一，进一步推动发展更多依靠创新驱动，坚持把科技摆在优先发展的战略位置，把科技创新作为经济发展的内生动力，激发全社会创造活力，推动科技实力、经济实力、综合国力实现新的重大跨越。第二，进一步提高自主创新能力，大力培育和发展战略性新兴产业，运用高新技术加快改造提升传统产业，加快农业科技创新，发展关系民生和社会管理创新的科学技术，推进基础前沿研究。第三，进一步深化科技体制改革，着力强化企业技术创新主体地位，提高科研院所和高等学校服务经济社会的发展能力，推动创新体系协调发展，强化科技资源开放共享，深化科技管理体制改革。第四，进一步完善人才发展机制，坚持尊重劳动、尊重知识、尊重人才、尊重创造的重大方针，统筹各类人才发展，建设一支规模宏大、结构合理、素质优良的创新人才队伍。第五，进一步优化创新环境，完善和落实促进科技成果转化应用的政策措施，促进科技和金融结合，加强知识产权创造、运用、保护、管理，在全社会进一步形成讲科学、爱科学、学科学、用科学的浓厚氛围和良好风尚。第六，进一步扩大科技开放合作，提高我国科技发展国际化水平，在更高起点上推进自主创新。

该次会议还特别强调，深化科技体制改革、加快中国特色国家创新体系建设的中心任务，是解决科技与经济结合问题，推动企业成为技术创新主体，增强企业创新能力。为此，会议提出要采取多种具体措施加快增强企业创新能力。一要支持企业建设高水平研发中心。真正的企业研发中心，是企业创新能力的源泉、企业竞争力的核心，应当具备足够能力把握创新机会，选择创新方向和技术路线，组织技术研发、产品创新、利用和转化科技成果。国家重点建设的工程技术研究中心和实验室，要优先在具备条件的行业骨干企业布局。二要以企业为主导深化产学研结合。企业直接参与市场竞争，对新技术、新产品最敏感。产学研结合，要坚持“产”为主导，即企业为主导。国家重大科技项目，凡是产业目标明确的，要由有条件的企业牵头组织实施。三要建立科技资源开放共享机制。国家投资建设的科研设施要向企业开放，作为技术研发的公共平台。国家支持的科研活动所获得的信息资料，要最大限度地向社会公开。四要创造公平开放的市场环境，使各类企业公平获得创新资源。科技型中小企业最具创新活力，要为其发展创造更有利的条件。大力支持企业开展国际科技交流合作。加强知识产权保护，建设规范的知识产权市场。

总体而言，当前国家创新体系概念已经在我国建设创新型国家的伟大进程中得到高度认同和广泛运用，加快建设中国特色的国家创新体系，已经成为我国增强自主创新能力、建设创新型国家的核心战略举措。

1.3.3　国家创新体系概念的界定

经过30年的研究和发展，目前关于国家创新体系的研究成果越来越丰富，运用成效越来越彰显，已经成为世界主要国家制定科技创新政策、设计鼓励创新的制度、推进科技体制改革的主要理论依据和分析框架。然而，即使如此，目前国际上仍然没有形成能被普遍接受的国家创新体系的概念和结构分析模型，需要继续结合国际科技发展的新形势和新要求，结合本国的国情，进一步研究国家创新体系的概念和组成结构。

根据国际上有关国家创新体系研究的新进展，结合我国建设中国特色国家创新体系的新要求，运用系统的观点和方法，从各参与方之间的相互作用和制度设计与科技活动开展和功能实现相结合的视角，我们定义：国家创新体系是由一个国家的公共和私有部门等组成的网络，通过良好的制度设计，促进各参与方之间的紧密联系和协调互动，使得各类科技创新活动高效开展，加速新知识和新技术的创造、扩散和使用，提升自主创新能力，支撑引领经济社会又好又快发展，增强国家的核心竞争力。

关于国家创新体系概念，有如下几点说明：

（1）国家创新体系建设涉及许多参与方，政府、企业、科研机构和高校、科技中介服务机构是这一体系中最重要的参与者。在所有参与者中，企业又处于国家创新体系建设中的核心位置。

（2）国家创新体系建设的主要任务是要高效开展各类科技创新活动，基本目的是创造、扩散和使用新知识与新技术，提升自主创新能力，支撑引领经济社会又好又快发展。国家创新体系建设的核心任务是增强企业的自主创新能力，使创新成为驱动经济社会又好又快发展的核心力量。

（3）由于各个国家科学技术发展基础和经济社会发展水平不同，现有的制度安排和文化传统不同，不同国家科技创新的战略重点及其对经济社会发展的支撑引领能力往往不同。因此，不同国家的创新体系往往存在显著的差异，推进国家创新体系建设应采取的主要举措也可能明显不同。

（4）国家创新体系建设不仅受到各类科技创新活动水平的影响，而且与各参与方之间的相互联系和作用密切相关，联系和合作是国家创新体系建设的重要影响因素。当前，各类科技创新活动的开展，新知识和新技术的创造、扩散及运用，离不开国家创新体系建设的各参与方之间的相互联系和合作。促进各参与方之间的交流和合作，是推进国家创新体系建设的重要举措。

（5）国家创新体系建设中的各参与方会如何表现和发挥作用，会与该国的制度、政策、文化等密切相关。国家创新体系不可能孤立存在，它与当地的政治、经济、社会和文化等环境因素紧密联系，受到这些环境因素的巨大影响。同时，在当今全球化背景下，一国的创新体系建设还受到全球经济社会和科技发展态势的直接影响，受到其他国家创新体系建设状况的影响，国家创新体系建设必须考虑国际环境的影响。

1.3.4　科技公共服务的概念

国家创新体系的概念表明，加快国家创新体系建设，要发挥企业、高校和科研院所以及科技中介服务机构等参与者的作用，由于市场失灵等问题的存在，更要发挥政府的作用。可以说，政府在国家创新体系建设中必须发挥至关重要的作用。我国2006年发布的《国家中长期科学和技术发展规划纲要（2006—2020年）》指出，国家创新体系建设既要充分发挥市场配置资源的基础性作用，更要发挥政府的主导作用。

国家创新体系建设必须发挥政府的干预和调节作用，这是毋庸置疑的，已经成为世界主要国家加强国家创新体系建设的共同选择。但是如何根据本国国情和加快国家创新体系建设的需要，科学界定政府在国家创新体系建设中的职能，明确政府应该提供的科技公共服务，有效发挥政府的干预和调节作用，确是一个高度复杂的问题。实际上，政府“应该提供什么”公共服务问题是一个古老的话题，它涉及政府与市场的功能界定，不同时期、不同国家的政府对此有着不同的回答。

明确政府应该提供的科技公共服务，首先需要界定科技公共服务的概念。借助于公共经济学理论，我们定义：科技公共服务就是以建立更有效的国家创新体系、大力提升自主创新能力、使科技能更好地支撑引领国家经济社会发展为出发点，以弥补市场和私人不能做、不愿做和做不好为原则，政府在国家创新体系建设中应该并且能够提供的科技创新产品和服务。

关于科技公共服务的定义，有如下几点说明：

（1）分析政府在国家创新体系建设中应该发挥的作用，其基本出发点是从国家的整体利益出发，以建立更加有效的国家创新体系、大力提升自主创新能力为基本出发点，以科技更有力地支撑引领经济社会发展为根本目标。因此，科技公共服务的界定，要从整个国家创新体系的有效性角度考虑政府应该发挥的作用，而不是只关注国家创新体系建设中的某个局部的问题。

（2）分析政府在国家创新体系建设中应该发挥的作用，不仅要分析政府需要做什么，而且应考虑在不违反公平竞争基本原则的情况下政府能够做什么。也就是说，要在充分尊重市场规律和最大限度地发挥市场机制作用基础上，确定国家创新体系建设中政府应该提供的科技公共服务。

（3）分析政府在国家创新体系建设中应该发挥的作用，还要充分考虑中国的特定国情和所处的时代特征，对理论上应该市场做、我国的实际情况决定了目前的市场还无法做、但是政府能够做的，应该发挥政府的作用，即要充分考虑国情，确定国家创新体系建设中政府应该提供的科技公共服务。

（4）研究政府应该提供的科技公共服务，既包括在开展科技创新活动中政府应该提供的科技创新产品和服务，也包括在进行技术创新的制度设计中政府应该发挥的作用，强调的是综合服务的观点。

1.4 本章小结

系统是由一系列相互关联的部件构成。部件可以是有形的，也可以是无形的，但它们彼此相互影响、相互作用，形成系统的特性。系统中的部件及其结构的变化都可能影响和改变系统的特性。同时，系统的运行是有一定目的的。

系统的部件及其属性、系统的环境及其界限、系统的输入和输出是任何系统必须具备的三个要素。由于组成系统诸要素的结构和功能的差异，客观世界中存在着各种类型和不同层次的系统。系统具有整体性、相关性、结构性、动态性、目的性和环境适应性等特性。

系统分析是基于系统的观点和方法，用定性和（或）定量的工具，对所研究问题的系统结构和系统状态进行分析，提出解决问题的各种可行方案和替代方案，并进行比较、评价和协调。系统分析一般包含系统研究、系统设计、系统建模、模型分析、系统评价协调等几个阶段。

从产品满足需求的对象角度，可将产品分为满足社会公共需求的公共产品和满足私人个别需求的私人产品。公共产品同时具有受益的非排他性和消费的非竞争性；私人产品则只提供给为其付款的个人或企业，且具有消费的非竞争性，且很容易将未为其付款的个人或企业排除在受益范围之外。

市场失灵的出现，一般源于纯公共产品供给不足、外部效应的存在、垄断的存在、信息不对称或信息失真、市场本身的功能缺陷等方面。

国家创新体系是一个国家的公共和私有部门等构成的网络系统。良好的制度设计保障和促进各参与方之间的紧密联系和协调互动，各类科技创新活动高效开展。进行新知识和新技术的创造、扩散和使用，提升自主创新能力，支撑引领经济社会又好又快发展，增强国家的核心竞争力。

科技公共服务就是以建立更有效的国家创新体系、大力提升自主创新能力、使科技能更好地支撑和引领国家经济社会发展为出发点，以弥补市场和私人不能做、不愿做和做不好为原则，政府在国家创新体系建设中应该并且能够提供的科技创新产品和服务。

|第 2 章| 国家创新体系的组成结构及企业自主创新能力

国家创新体系包含的因素众多，相互关系错综复杂，要准确和深刻地认识这样一个高度复杂的系统，需要运用系统分析方法，研究其详细的组成结构，分析各种组成要素的具体内容。

本章首先运用系统的观点和分析方法，构建国家创新体系的组成结构模型，讨论科学理解国家创新体系需要注意的问题。考虑到国家创新建设的核心目的是增强国家创新能力，而企业自主创新能力又是国家创新能力的主体，本章后一部分基于能力理论，讨论企业自主创新能力的内涵，研究其形成的过程和主要途径。

2.1 国家创新体系的组成结构及其系统分析方法

运用系统的观点和方法分析国家创新体系的组成结构，需要按照一定逻辑思路和分析过程进行。为此，先讨论国家创新体系组成结构的系统分析过程，然后介绍国家创新体系的组成结构模型，接着剖析创新系统分析方法的特点。

2.1.1 国家创新体系组成结构的系统分析过程

按照国家创新体系的概念，运用系统的观点和方法分析国家创新体系的详细组成结构，其分析过程和逻辑思路见图 2-1。

第一，按照系统的观点，任何系统都有一定的目的和功能。分析国家创新体系的详细组成结构，明确其目的和功能是最基本的出发点。按照国家创新体系的概念，结合我国的实际情况，国家创新体系建设的核心任务是通过促进新知识和新技术的创造、扩散和使用，增强自主创新能力，支撑引领经济社会又好又快发展。

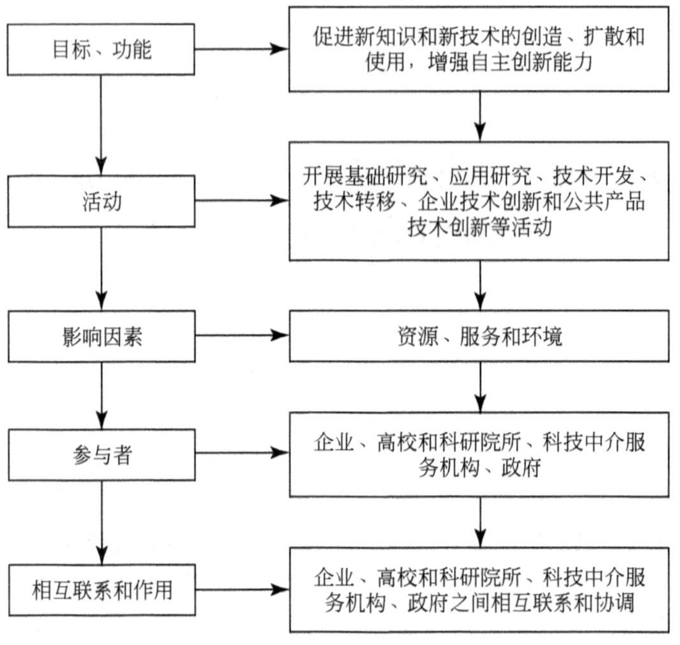

图 2-1　国家创新体系组成结构的分析过程

第二，实现国家创新体系的建设目的，促进新知识和新技术的创造、扩散和使用，必须开展多种类型的科技创新活动。这些活动中，既要有新知识和新技术的创造活动，如基础研究、应用研究和技术开发活动；也应有新知识和新技术的扩散活动，如技术转移活动；特别重要的是还需有新知识和新技术的运用活动，如企业技术创新和公共产品技术创新活动，一方面支撑引领经济又好又快发展，另一方面促进各项社会事业持续快速进步。

第三，国家创新体系建设的核心任务是要高效开展各类科技创新活动。与开展任何其他活动类似，开展科技创新活动受到诸多因素的影响。首先，按照系统的观点，高效开展各类科技创新活动，实现国家创新体系建设的目的和功能，必须有相应的输入，能够有效获得人才、资金、科技信息等各种科技创新资源。否则，开展科技创新活动就成为无源之水、无本之木。其次，需要有良好的政治、经济和社会环境，特别需要有良好的创新文化环境、公平的市场竞争环境、良好的知识产权保护环境以及有效的法规政策环境，即鼓励创新的制度环境，以促进更积极地开展科技创新活动。最后，还需要能够获得教育和培训、科技金融、科技信息、技术转移等各类科技创新服务，不断提高科技创新的效率和效益。也就是说，国家创新体系中各类科技创新活动的开展，受到科技创新资源、服务和环境等的直接影响，这些应是国家创新体系的重要组成部分。

第四，在国家创新体系建设中，各类科技创新活动的开展以及科技创新资源的供给、服务的提供和环境的营造，都需要有相应的实施主体，需要社会多方的积极参与。一般而言，国家创新体系有众多的参与者，包括政府、高校和科研院所、企业以及科技中介服务机构，它们均是不可或缺的重要角色，承担重要的职责，必须发挥重要作用。

第五，按照系统的观点，即使两个系统包含完全相同的子系统，但是如果其具有不同的结构形式，即各个子系统之间的相互联系和作用方式不同，系统的功能和效果很可能会显著不同。也就是说，系统的层次结构和协调活动直接影响系统的目的和功能的实现。因此，分析国家创新体系的详细组成结构，还必须充分考虑国家创新体系中各参与方之间的相互联系和协调情况。

按照上述分析过程和逻辑思路，可以构建国家创新体系的详细组成结构模型。当然，要能够切合实际情况，搭建科学和易于实际运用的国家创新体系的详细组成结构模型，不可能一蹴而就，需要经过很多次的循环和深入研究分析才能逐步形成。

2.1.2 国家创新体系的组成结构模型

按照图 2-1 的分析过程和逻辑思路，充分考虑我国的实际情况，可以构建比较详细的国家创新体系组成结构模型，见图 2-2。该模型分为三个层次：

第一层次描述的是国家创新体系建设的目的、功能和活动，即通过广泛和深入地开展基础研究、应用研究、技术开发、技术转移、企业技术创新和公共产品技术创新等活动，促进新知识和新技术的创造、扩散和使用，增强自主创新能力，支撑引领经济社会又好又快发展。

第二层次描述的是加快新知识和新技术的创造、扩散和使用，开展科技创新活动的主要影响因素。第一类是科技创新资源，包括人才、资金、科学仪器设备、科技文献、自然科技资源和科学数据等；第二类是科技创新环境，涉及创新文化环境、市场环境、知识产权保护环境和鼓励创新的法规政策环境等；第三类是科技创新服务，如教育和培训服务、科技金融服务、科技信息服务、技术开发服务、技术转移服务、创新创业服务和管理咨询服务等。

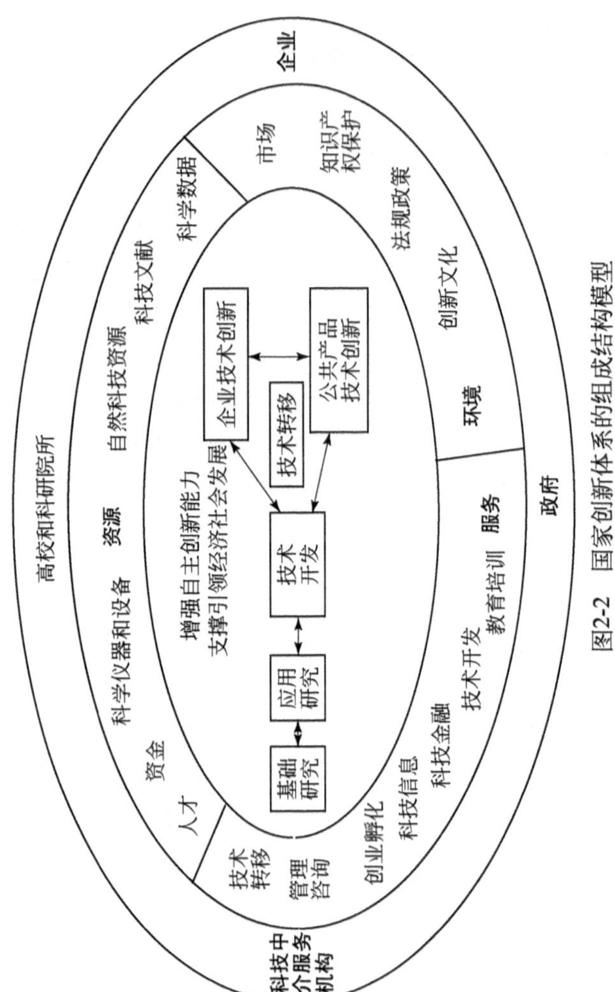

图2-2 国家创新体系的组成结构模型

第三层次描述的是其主要参与者及其相互联系。国家创新体系的参与者主要包括政府、高校和科研院所、企业以及科技中介服务机构，它们在创新体系中必须承担重要的职责。一般而言，高校既要承担人才培养的重任，又是科学研究和技术开发等的重要力量；国家支持建立的科研院所，包含从事公共产品技术创新的国有企业，也要承担科学研究、技术开发和公共产品技术创新等一系列任务；从事私人产品研发和生产的企业是私人产品技术创新的主体，也是企业技术创新的主体；科技中介服务机构必须承担技术推广、中介、信息、咨询等一系列的专业服务职能；政府部门更是在国家创新体系建设中担负着艰巨的历史使命，需要支持开展多方面的科技创新活动，需要为科技创新营造良好的环境，直接或支持市场提供各种科技创新服务和资源。

需要强调的是，在国家创新体系的建设过程中，不仅各参与方的积极参与非常重要，而且其相互联系和合作水平也对国家创新体系建设产生直接影响。因此，国家创新体系结构模型中的各方不是孤立存在的，而是相互之间应存在密切的联系。各参与方之间的相互关系是国家创新体系结构模型中非常重要的组成部分。

2.1.3 创新系统分析方法的特点

从整体和系统的观点研究国家的创新问题，分析其主要影响因素及其相互关系对国家创新的影响，形成国家创新体系的概念，构建国家创新体系的组成结构模型，形成了创新系统分析方法。这样的系统分析方法有如下几个方面的特点（Edquist，2004）：

（1）创新系统方法把学习和创新摆在核心位置。之所以如此，是因为学习和创新是产生新知识或把现有知识以新的方式组合在一起运用并产生经济社会效益的过程。这种对学习和创新的关注是区分创新系统方法与其他那些把技术变革与创新视为外生的方法的重要依据。

（2）创新系统方法采用的是整体的和跨学科的观点。它的“整体性”体现在试图包含广泛的，甚至所有的与创新有关的重要影响因素，如社会、政治、经济、文化等各种因素。其“跨学科性”体现在它吸收了其他学科的许多观点和方法，涉及经济史、经济学、社会学等多个学科。

（3）创新系统方法运用了历史和演化的观点，这使得最优化的概念不适合这一方法。创新过程随着时间的演进而发展，受到多种因素和反馈过程的影响，这可视为演进过程。因此，根本无法找到一种最优的或者理想的国家创新体系。

不同的现实创新体系之间以及现实体系与目标体系之间可以进行比较，但无法在现实和最优的创新体系之间进行比较。尽管这种对创新过程的认识比较复杂，但比其他观点更科学、更具现实性。

(4) 创新系统方法强调联系性和非线性。企业的创新通常不是孤立进行的，需要通过复杂的关系与其他组织紧密联系和相互作用，这些复杂的关系常常形成双向反馈机制。创新过程不仅仅受系统构成要素的影响，而且受这些要素之间关系的影响。这反映了创新过程的非线性特征，也是创新系统方法的最重要特征之一。

(5) 创新系统方法在重视产品和工艺创新的同时，还高度关注与此相关的服务、组织、制度等的创新。传统的创新研究主要关注产品和工艺创新，很少涉及非技术和无形的创新，如服务创新、组织创新、制度创新等。实际上，对创新的研究非常需要采用包含多种创新的综合创新概念，创新系统方法非常适用于对此的分析。

2.2 国家创新体系的系统分析

国家创新体系涉及一国的经济、社会、政治、组织、制度等许多方面，是一个非常复杂的系统。在理解和运用国家创新体系概念和组成结构模型时，需要对其有科学和准确的把握和认识。现结合一些典型国家创新体系的建设情况（Edquist，2004），进行简单讨论。

2.2.1 国家创新体系中的组织和制度及学习

1. 国家创新体系中的关键因素：组织和制度

国家创新体系包含的因素众多，其中特别关键的是两类因素，分别是组织和制度。组织是有意识建立的，具有明确的目的和正式的结构，是行为参与者或主体。① 国家创新体系中的重要组织包括企业、高校和科研院所、风险投资机构等科技中介服务机构以及政府部门。显然，在一国的创新体系中，各类创新组织健全，职责明确，分工合理，高效运转，紧密联系，合作互动，是建设高水平的国

---

① 尽管国家创新体系中除了组织之外也存在其他的主体，如个人，本书把个人作为特殊组织包含在“组织”中

家创新体系的基本条件。

制度是社会各方之间的游戏规则，是调节和规范组织之间关系的一整套的习惯和文化、政策、规范、法律和规章等的总称。从系统的观点看，国家创新体系的运行水平不仅与其组成要素密切相关，还与要素之间的相互关系紧密相连。制度规范系统中各方之间的关系，因此制度也是国家创新体系的关键因素。

目前在不同的国家创新体系中，组织和制度设计存在很大的差别。例如，不同的国家开展基础研究、应用研究和技术开发活动的主体明显不同，日本的主要承担者是研究机构和企业研究部门，美国和瑞典等国家主要是研究型大学，而德国主要是独立的公共研究机构。不同的国家创新体系在组织建构方面的差异很大。

在制度设计方面，不同国家的创新体系相关的法律、法规和规范等也存在相当大的差异。例如，不同国家的专利法就明显不同。在美国，一位发明家可以在专利授权前公开其专利，而根据欧洲各国的法律，这是不可能的。至于大学教师的专利权，在瑞典，根据所谓的“大学教师优先权”，个人可以拥有完全的专利权。然而，这在美国则行不通。在丹麦和德国，最近新的法律把专利的所有权从教师个人转移到大学，而在意大利则相反，把专利的所有权从大学转移到教师个人。

总之，组织和制度是国家创新体系中的关键因素，企业又常常被视为最重要的组织。

2. 不同国家创新体系的学习活动方式不同

按照国家创新体系的概念，增强自主创新能力是国家创新体系建设的核心目标之一。增强自主创新能力，主要涉及三个方面的活动：一是基础研究、应用研究和技术开发活动，即开展 R&D 活动，创造新知识和新技术；二是企业技术创新和公共产品技术创新活动，即开展创新活动，支撑引领经济社会发展；三是教育和培训活动，促进“人力资本”的提升，满足创新对人才的需要。从学习理论看，这三类活动都属于学习活动，但前两者属于组织学习，后者属于个人学习。

加强国家创新体系建设，增强自主创新能力，很重要的是高效开展这三种类型的学习活动。同时，这三种学习活动之间不应相互独立和孤立存在，而应紧密联系和良性互动。但是，从目前已有的研究成果看，哪些类型和层次的教育与培训对于哪些类型的创新如产品创新和工艺创新、渐进性创新与突破性创新最重要，还不是很清楚。

在不同的国家创新体系中，学习活动的组织和制度安排明显不同。根据OECD的调查和分析，在绝大多数国家中，大学是开展R&D活动最重要的机构，也有一些国家建设的国家实验室等公共研究机构在开展R&D活动上发挥很重要的作用。这些公共研究机构与大学一样开展R&D活动，只是有些侧重于开展应用性强的技术研发工作。尽管在大多数国家，大学在R&D活动中的相对重要性日益提高，但公共研究机构仍然发挥很重要的作用。这些公共研究机构可能会与大学合作，甚至被建设在大学内，也可能保持完全独立。

不同国家的R&D投入水平也有很大差异。在中低收入国家，R&D投入有限，并且大部分R&D活动是由公共组织承担。美国、日本、瑞典、瑞士、韩国等极少数富裕国家的R&D投入规模巨大，且其大多数活动由企业等私人组织承担。也有一些富裕国家的R&D投入很少，如丹麦、挪威。大多数私人组织进行的R&D活动主要是开发工作，而不是研究活动。

R&D活动和创新活动之间存在紧密的联系，相互关系非常复杂。因此，大学和公共研究机构与创新型企业间的联系对国家创新体系建设有很大影响。创新型企业常需要与大学和公共研究机构合作，制度安排对此有很大的影响。政府可以通过支持建立合作研究中心和设立各种合作研究计划减小甚至清除合作的障碍，促进创新人才在不同组织间的流动，这需要有效的制度保障。例如，瑞典的有关制度规定，大学教授除了教学和科研外，还得承担“第三种工作”，如与大学周围包括企业在内的社会互动。然而，在不同的国家创新体系中，这种“联系活动”的表现形式和程度各不相同。

早期对国家创新体系的研究，很大程度上忽视了教育和培训等学习活动的重要性。然而，教育和培训正日益被视为国家创新体系中非常重要的因素，这反映了创新人才对于创新性活动的重要性。培训和教育与提高人力资本一样，多数在大中专学校进行。教育和培训及能力提升也在企业内发生，越来越多的企业引导甚至要求员工参加培训，注意“干中学”、“用中学”，这些个人学习往往贯穿其整个职业生涯。

OECD研究分析了澳大利亚、奥地利、丹麦、英国（包括威尔士、北爱尔兰）、法国、意大利、荷兰、加拿大魁北克省、瑞士等国家和地区的职业技术教育与培训方式。这项研究指出，不同国家的职业技术教育与培训有许多区别。例如，在中学教育的高年级，关于职业技术培训与学术教育谁更重要，不同的国家有不同的看法和做法。在英联邦国家，如澳大利亚、加拿大、英国等，学术教育占绝对主导；而在欧洲大陆国家，职业技术培训则处于主导地位。

在工作后的教育培训上，不同的国家也有不同的做法。一般而言，工作后的教育培训有三种形式：在职培训、正式学徒关系和学校培训。在不同的国家，这些做法一般都存在，但是其相对重要性相当不同。例如，在德国，学徒关系是很重要的，经历学徒期的人约占相关年龄组的2/3。在瑞典、澳大利亚、法国、英国和韩国等国家，在职培训和学校培训相结合的方式占据主导地位。

可见，由于不同国家创新体系中的组织和制度设计不同，学习方式和能力提升途径也显著不同。国际上英语国家与欧洲大陆国家的创新体系就存在显著区别。然而，学者和政策制定者们对这些差异的范围和结构及其影响尚缺少好的测度方法。关于教育和培训方式对新知识和新技术的创造、扩散和使用的影响，还非常缺乏深入的研究和了解。

2.2.2 国家创新体系中各要素之间的联系方式

系统的观点表明，各要素之间的关系直接影响国家创新体系的建设水平。为更好地理解和诠释国家创新体系，需要分析科技创新活动与影响因素以及不同影响因素之间的关系类型。

首先，国家创新体系中的组织与活动之间并不存在一一对应的关系。已有的研究表明，公共研究机构、大学和企业等都可能开展 R&D 活动。同时，同一类组织往往开展多种类型的活动，如大学既开展 R&D 活动，又进行人才的教育和培训。尽管国家创新体系中活动和组织之间的关系具有多样性和灵活性，但是这种灵活性也是有限制的，如小学就不会开展基础研究活动。另外，活动和制度间也存在紧密的关系，制度可以对某一组织是否以及如何开展某项活动产生直接影响。总之，比较不同的国家创新体系，可以发现，它们各自开展的科技创新活动的类型差异比较小，但是活动的规模、效率和效益差异很大，组织及影响组织运行的制度差异也比较大。

其次，国家创新体系中各种要素之间的互动关系有多种类型。一般而言，可以分为市场型互动关系和非市场型互动关系。对互动关系进一步细分有三种类型：一是竞争关系。竞争的过程就是互动的过程，其中的主体是竞争参与者，这对创新会产生很重要的激励作用。二是交易关系。这也是互动过程，实现产品、服务和知识（包括技术知识、隐性知识）等在不同经济组织间的交易和流动。三是网络化合作关系。这是通过协作、合作和长期网络安排实现知识转移的过程。Lundvall（1992）通过对丹麦奶制品产业的创新案例进行研究发现，需要高度重视组织间的互动学习对国家创新体系建设的影响。

再次，组织与制度间的关系对国家创新体系建设也有很重要的影响。组织的运行受到制度的强烈影响，处于一整套的规则制约之中，这包括法律、规范、惯例、标准等。同时，制度也可能是新型组织建立的基础和依据，如政府推出知识产权保护法律，会导致专利管理部门等组织的建立。因此，制度和组织间呈现双向、互动的复杂关系。

有些组织还能通过制度设计来影响其他组织。例如，许多技术标准是由企业制定的，企业制定技术标准就能直接影响其他许多企业。NMT450 和 GSM 移动通信标准是北欧国家公共电话运营商提出的标准，它们是当时处于垄断地位的国有企业。NMT450 标准的开发和应用正是创新过程中用户—生产商关系重要性的一个例证。公共组织为私人设备生产商提供了技术框架，从而降低不确定性。爱立信和诺基亚等北欧的电信设备生产商从中获利不菲，对确立他们在移动通信设备生产领域的领先地位发挥了重要作用。从本质上看，NMT450 是欧洲移动通信发展的摇篮。

最后，不同的制度间也可能会有重要的关系。例如，专利法对企业间的信息交换和共享关系就带来很显著的影响。不同类型的制度可能会相互支持和强化，也可能相互冲突和削弱。

总之，国家创新体系中各要素之间的关系既非常重要，又高度复杂。目前，学术界对于以相互作用和反馈为特征的组织和制度间复杂关系的认识还是很有限的，其中一个很重要的原因就是对组织和制度等概念的界定还存在问题。

2.2.3 创新体系的边界

系统的边界是系统的核心要素之一。分析国家创新体系，明确哪些因素是系统内的，哪些因素是系统外的，是国家创新体系研究中非常关键的问题。界定国家创新体系的边界，一种很有效的方法就是识别科技创新的影响因素。

目前就创新体系来看，涉及国家创新体系、区域创新体系和产业创新体系等多种类型。但是，多方面的原因导致国家创新体系处于特别重要的位置。

首先，Nelson（1993）的多个案例研究表明，不同的国家创新体系间存在显著的差异，表现在制度设计、组织建立、R&D 投资以及绩效等许多方面。例如，尽管丹麦和瑞典这两个北欧国家在其他许多方面都很相似，但是在国家创新体系上的差异确很显著。比较不同的国家创新体系之间的差别，需要国家创新体系概念的支撑。这是国家创新体系很重要的原因之一。

其次，影响创新的大多数公共政策都是在国家层面设计和实施的。相比一些大国，对较小的国家分析其国家创新体系，实用性更强，效果更好。但一些制度，如法律和政策，主要在国家层面，即使在美国这样的大国也是如此。换句话说，国家创新体系之所以重要，很重要的原因是政策对创新非常重要，而政策的制定和落实主要在国家层面上。

虽然国家创新体系特别重要，但是基于不同的研究和运用目的还是可以对创新体系形成不同划分方法。一般而言，创新体系既可以是国家的，也可以是跨国家或地区的，还可以是产业层面上的。所有这些对创新体系的分类方法都是很有效的。一般来说，对创新体系进行不同的划分并分别研究，具有互补性，不是相互排斥，把产业或区域创新体系视为国家创新体系的一部分对研究是很有帮助的。

归纳起来，可以用三种方法来识别创新体系的边界：一是空间或地理，二是产业，三是活动。

1. 从空间或地理上界定创新体系的边界

尽管从空间或地理上界定创新体系的边界也存在一些问题，但是相比较而言最为容易。空间上的边界包括国家、区域。从地理边界上看，区域创新体系的边界识别比国家创新体系更为复杂。核心问题是应该用哪种标准来识别“区域”。

对区域创新体系而言，边界的界定不能简单机械地选择或使用区域间的行政管理边界作为创新体系的边界，尽管这样做从数据可获得性角度看是很有利的。它还应该关注创新过程，应选择“一致性”（coherence）或“内部导向”（inward orientation）程度比较高的地理区域范围。具体而言，满足“一致性”和“内部导向”，就是要满足这样几个方面的要求：一是区域内具有足够多的本土化学习外溢（组织间），可以在本区域内的组织间实现一定水平的隐性知识转移；二是本土化的熟练工人是知识携带者，具有可流动性，即区域内拥有一定水平的劳动力市场；三是区域内创新组织间的合作应该达到一定的水平，建立了一定规模的本地化合作网络，创新组织间的相互学习很大程度上发生在本区域范围内。

对国家创新体系而言，国家的边界通常就是系统的边界。然而，区域创新体系的标准与国家创新体系是否同样有效，这一问题是有争议的。换句话说，假如内在一致性和内部导向程度非常低，这个国家可能就没有理由被视为具有国家创新体系。上面也提到，创新系统方法更适用于较小的国家而非大的国家。例如，在德国，恰当的分析单位也许应该是“州”。选择在国家层面还是区域层面分析创新体系，不仅要考虑国家大小，还要考虑是否是联邦制等具体情况。

2. 从产业视角界定创新体系的边界

产业创新体系可定义为：产业内的一群企业积极开发、制造本部门的产品，并创造和利用本部门的技术。对产业创新体系的界定，一般用特定的技术或产品领域来界定其边界，但通常也需要从地理方面加以限定（假如不是全球范围的话）。然而，有时产业本身的界定也不是很清楚，例如，有些产业边界的划分在一定程度上是理论上的划分，服务于特定的研究目的，并不一定适用于产业创新体系的分析。另外，对于新产业或正在经历突破性技术变革的产业，其边界的界定尤其困难。

3. 根据活动界定创新体系的边界

在某个区域内，各类经济社会因素当然无法被视为包括在创新体系内。由此带来的问题是哪些因素应该包括其中？这可以根据活动来界定创新体系的边界。各种创新体系中，包括国家、区域和产业创新体系，核心任务都是开展科技创新活动。当然，这种界定方法比从区域和产业角度界定创新体系的边界更为复杂。

早期关于国家创新体系的研究，对创新体系中活动的关注和研究明显不足，因此无法对创新体系中应该包括什么提供明确的指导，也一直无法从活动的角度对创新体系的边界进行可操作性的界定。实际上，创新体系也可以被定义为：所有影响科技创新活动开展以及新知识和新技术的开发、扩散和使用的重要经济、社会、政治、组织、制度和其他因素。假定科技创新活动及其主要影响因素已经明确，就能够根据活动来界定创新体系的边界。这就是为什么识别创新体系中的活动是如此重要的一个原因。诚然，在实践中，并不像理论上那么容易，因为对创新体系中所有活动或创新过程的主要影响因素的研究已经越来越深入，但是从总体看，对其了解和把握还很不足，还需要持续深入研究。

总之，国家创新体系是一个非常复杂的系统，其组织和制度在系统中处于特别重要的位置。不同国家的创新体系在组织与活动、组织与制度之间的相互关系上，在学习活动方式上，可能存在很大的差别，不同国家的创新体系往往存在很大的差异。再则，目前对国家创新体系的研究还不是太深入，诸如其边界、创新活动的类型及主要影响因素等问题还需要深入研究。另外，理解和运用国家创新体系概念一定要注意系统性和科学性。

2.3 企业自主创新能力和技术能力

增强自主创新能力是加快国家创新体系建设的核心。Furman 等（2002）运用创新系统方法对国家创新能力概念进行了研究，他们定义：国家创新能力是一个国家长期发展新技术并使之商业化的能力。显然，国家创新能力的核心是企业自主创新能力。本节基于核心能力理论对企业自主创新能力相关问题进行讨论。首先简单介绍基于资源的竞争优势理论，然后讨论企业自主创新及自主创新能力的概念和内涵，最后明确其组成要素。

2.3.1 企业资源、能力和核心能力及其特点

在基于资源的竞争优势理论中，资源、能力和核心能力有着不同的定义，但是它们之间又存在紧密的联系。

1. 资源

资源是指企业可以从开放的市场上获得和控制、对任何企业而言无差异的各种要素。通过获取这些要素，并对其有效组织和利用，资源最终被转化为产品/服务。按不同的标准可以将资源分为不同的类型，常见的是将其分为两类：一类是有形资源，如厂房等实体资产及以现金或银行存款等表示的金融资产等；另一类是无形资源，如专利和商标等的知识产权资产、组织资产及商誉资产等。

2. 能力

能力是企业利用其资源达到所要实现目标的能力。能力的形成与企业活动的组织过程有关，它通过企业资源之间复杂的相互作用而形成，它是在有形或无形的过程中形成的。能力可以被抽象地看做企业产生的中间产品，它能保证企业有效地利用资源，更加适应市场，提升企业的产品或服务竞争力。

与资源不同，能力与人们在企业内收集、传递和交换信息这些活动密切相关，是建立在企业通过人力资本进行的知识开发、获取和交换基础之上。以信息形态表现出的能力就是企业的无形资产。企业的有些无形资产是不会由于企业内人员的流动而转移的，因为这些资产是基于企业的客户对该企业的产品或服务的理解，如商标就是如此。能力既可以是企业内各职能部门开发形成的，也可以是整个企业通过有效地利用企业所拥有的设备、人力和技术等各种资源而形成的。

因此，企业可以开发形成良好的售前和售后服务、新产品开发、柔性制造、快速响应市场、较短的产品开发周期等各种能力。

3. 核心能力

核心能力在战略上将本企业与别的企业区别开来，它能给企业带来在竞争对手处还没有形成的显著竞争优势。这种能力就是企业的核心能力。核心能力应具备如下特征：

（1）它是有价值的。即它能给企业提供机会/削弱来自企业外部的威胁。

（2）它是稀缺的。即拥有这种能力的企业数量少于企业所在行业内产生完全竞争所需要的企业数量。

（3）它是不完全可模仿的。之所以不完全可模仿，或者由于其开发过程必须有独特的条件，或者由于其能力和持续优势之间有模糊的关系，或者由于它自身的复杂性。

（4）它很难有等价的可替代品。即很难找到一种方法，由它去获得同样的结果。

核心能力有各种不同的形态。它们可能是物质形态的，如某种设备。它们也可能是无形的，如商标、技术等。例如，Walt Disney 公司所拥有的商标使用权使它在玩具、主题公园、影视等多个领域获得了巨大的成功。类似地，夏普（Sharp）公司拥有的大屏幕显示技术使其控制着世界范围内 70 亿美元的液晶显示（LCD）业务。核心能力还可能是隐含在企业的业务、过程和文化中的组织能力。例如，日本的汽车制造企业为加强其产品在国际市场上的竞争力，采取了多种措施，包括降低成本、精益制造、提高产品质量和加快产品开发等，由此它们把别的国家的汽车制造企业也能获得的同样的资源转化成了相对而言更高质量的产品，使其在国际市场上获得了巨大的成功。

对核心能力的评价不能孤立地进行，必须与企业所处的市场环境结合。企业在某一发展阶段的核心能力在另一阶段不一定还是核心能力；某行业的核心能力在另一行业也不一定是核心能力。例如，在个人计算机行业，过去商标是非常重要的无形资产，但目前已不是如此。认识到这一点，IBM 公司花费了巨大的代价。

企业核心能力的形成是一个资源-能力转换过程。企业从开放的市场上获得对任何企业而言无差异的资源，在其所处的环境下，利用相应的组织方法，对这些资源加以组合和利用，产生企业的能力。如果所产生的能力满足核心能力需具备的四个条件，它就成为企业具有竞争优势的源泉，它就是核心能力。由此可以看出，该转换过程是在企业所处的环境下，通过企业独特的组织方法实现的。因此，由该转换过程形成的企业核心能力是与该企业所处的环境及其组织方法密切相关的，而且，这种相关性越高，企业的这种核心能力就越独特，也就越不易被模仿。

虽然转换过程是不断发展和变化的，但它开始于企业已获得的资源，其目标是在企业所处的环境下，利用企业独特的组织方法，开发形成核心能力。显然，核心能力的形成有自己的特点。

一是组织依赖性。企业的能力是在长期的经营过程中不断地运用资源与动态的不确定环境进行互动形成的，不同的企业由于所处的经济发展环境、行业以及市场结构的不同，在不同的资源背景下各异的管理和组织领导者进行资源优化配置所采取的企业战略、管理以及执行方式不同，导致各个企业所具备的能力参差不齐。因而企业的能力具有极强的组织依赖特性。

二是路径依赖性。企业能力的增强有一定的发展轨迹，具有路径依赖性。企业的能力不可能凭空而来，通常要遵循合理的能力增长范式。企业总是基于已有的能力和资源，针对不断出现的新情况和新问题，选择新的方式和新的途径去加以解决，解决问题的过程通常也是形成新的能力的过程。企业的能力增强受到过去的能力积累、新的能力提升范式的制约，具有极强的路径依赖特征。

三是累积性。企业能力的增强，是在一定规范下沿着特定的路径经过一段时间的技术和产品的研发等学习过程形成的，企业的新技术开发等能力具有累积性。

四是目的性。企业能力增强过程是一个动态资源优化配置和自组织的过程，该过程要求企业必须以自身的生存与发展为大背景，着重以增强企业的竞争优势、提高竞争力和经济绩效为根本出发点。因此，企业能力的提升过程具有目的导向性。

五是缄默性。企业的能力体现在企业的各种有形或无形资源及其自组织的过程中，能力有显性和隐性之分，特别是企业能力中的隐性部分通常存在于企业的人力资本范畴中，所以企业能力提升过程中必须高度重视人力资源的开发，特别要重视提升核心人员和高层管理者的业务水平。

2.3.2 企业自主创新能力

1. 企业自主创新的内涵

自主创新是一个内涵和外延极其宽泛的概念，从自主创新涉及的对象角度考虑，既包括国家层面上的自主创新，也包括产业和企业层面上的自主创新；从自主创新的内容考虑，既可以是技术创新，也可以是管理创新、组织创新、体制机制创新等，其内涵非常丰富。显然，本处的企业自主创新是指企业层面上、以技术创新为核心的创新问题，企业自主创新能力是企业自主开展技术创新的能力。

目前，不少学者对企业层面上的自主技术创新进行了研究和定义。综合多个学者的研究成果，我们认为：企业自主创新是指企业作为技术创新投入的主体、技术开发组织工作的主体、风险承担的主体和收益获得的主体，组织企业内外部包括技术资源在内的各种资源要素进行技术攻关，攻克技术难关和产生技术突破，改进原有的产品/工艺，或开发新的产品/工艺，完成技术的商品化并获得利润，增强企业核心竞争能力，实现预期目标的所有活动构成的过程。

关于企业自主创新，有如下说明：

一是自主创新强调以我为主。但是，以我为主不是闭门造车，自主创新的对立面不是开放创新，自主创新不排斥开放与集成，不排斥对外的科技合作和交流。自主创新强调通过引进、合作等各种途径进行技术创新，增强自主的创新能力。

二是自主创新也不是鼓励所有工作从头做起，不排斥引进、消化、吸收、再创新，引进技术的消化吸收也是自主创新的组成部分。

三是自主创新根本目标是增强企业在国内外市场上的竞争力，提升国家的整体实力和国际竞争力。目前，在企业的国际竞争中，具有自主创新能力，拥有自己的核心技术和自主知识产权，是获得有利的竞争地位的必然要求。因此，自主创新与具有自主创新能力、形成自主知识产权和增强国际竞争力是相互一致的。

2. 企业自主创新能力的定义和特点

企业自主创新的定义表明，企业自主创新是一个非常复杂的过程。按照核心能力理论，我们定义：企业自主创新能力是企业综合利用各种技术资源及其相关的其他资源，攻克技术难题，改进原有的产品/工艺，或开发新的产品/工艺，帮助企业增强竞争力的能力。

按照该定义，企业自主创新能力有以下几个特点：

(1) 企业自主创新能力是企业总体能力中的一部分，具有一般能力所具有的特点，即自主创新能力的形成具有组织依赖性和路径依赖性、累积性、目的性和缄默性等特点，且是企业核心能力的主要来源之一。

(2) 企业自主创新能力的强弱，不能只就技术本身而言，它与其在增强企业竞争力过程中能发挥的作用密切相关，如果相比竞争对手，企业自主创新在增强企业竞争力中发挥的作用越大，其自主创新能力越强。

（3）企业要增强自主创新能力，只有技术资源是不够的。也就是说，即使某个企业具有比较丰富的技术资源，不一定就有较强的自主创新能力。因为企业的自主创新能力是企业在长期的创新过程中不断地运用内外部各种技术资源、并与动态的不确定环境进行交互过程中形成的，不同的企业即使具有同样的技术资源，由于运用资源的路径和方式不同，积累的诀窍和经验不同，导致其优化配置和运用资源的能力也会不同，其技术创新能力可能存在比较大的差别。

3. 企业自主创新能力的组成

企业自主创新过程的复杂性和目的性使得自主创新能力包含的内容比较丰富。分析企业技术创新过程，可以发现，企业自主创新能力不仅包含技术能力，而且涉及其他多种能力，具体由图 2-3 描述。

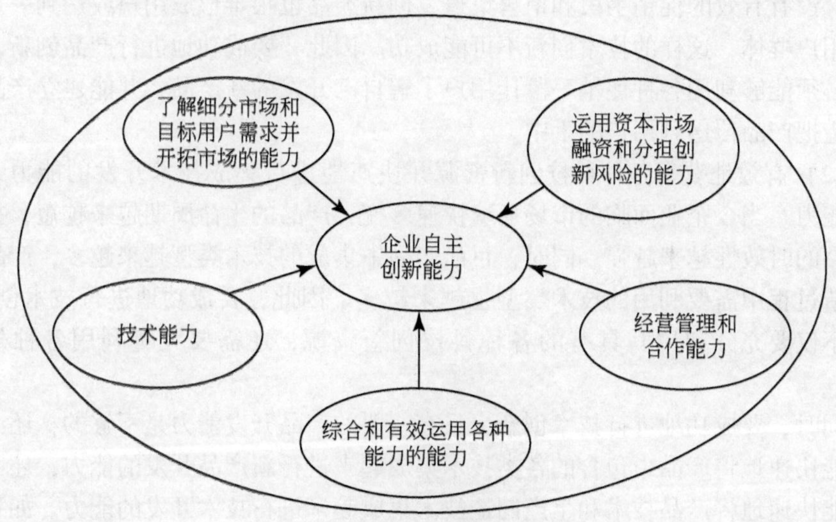

图 2-3　企业自主创新能力的组成

（1）及时和准确地了解细分市场和目标用户需求并开拓市场的能力。技术创新是以技术为手段、实现经济效益为目标的经济活动，衡量企业技术创新成功与否的唯一标准是能否产生经济效益。显然，企业要使得产品创新能够成功，产生显著的经济效益，创新产品必须是有用户需求或潜在需求的产品，同时产品的性能、质量、服务和价格还必须与目标用户和细分市场的需求相一致。如果创新产品根本不存在市场需求，或者即使有市场需求，但其性能、质量和服务达不到用户的要求，或由于技术的复杂性使得产品的成本过高从而价格过高，创新产品就很难被市场所接受，这样的技术创新不可能成功。因此任何产品的创新都应是尽可能考虑市场和用户的现实/潜在需求下的创新，在不了解市场和用户具体需求情况下进行产品创新是很难获得成功的。

同时，及时和准确地了解细分市场和目标用户的需求，可以更明确地确定技术开发过程中应当重视哪些技术特征和重点解决哪些技术问题。在任何一个细分市场上，都可能存在着多种不同的技术替代方案。有明确的细分市场，了解目标用户的具体需求，可以告诉创新产品的研发人员在技术上哪些是一定要做的，哪些是可以忽略不计的，这样可以使得研发工作更有重点和针对性，可以更好地解决技术开发过程中必然会遇到的许多相互矛盾的问题，如成本、性能和质量、技术的先进性与成熟性、功能的多样性和使用的便捷性等。

另外，即使企业开发出了适应市场需求的新产品，如果没有基本的市场开拓能力，没有有效的促销手段和销售渠道，创新产品也很难形成用户或达到一定规模的用户群体，这样的技术创新不可能成功。因此，要成功地进行产品创新，企业还必须能够利用各种促销手段让用户了解自己开发的新产品，并能建立产品销售渠道把产品传送到用户的手中。

（2）有效地获得各种科技创新资源并快速地进行集成技术开发的能力，即技术能力。当今企业面临的市场环境快速多变，产品的生命周期越来越短，技术和产品的时效性越来越强。同时，目前产品中集成的技术类型越来越多，产品生产制造过程中需要利用的技术类型也越来越多。因此，要成功地进行技术创新，企业不仅要充分利用其具有的各种科技创新资源，还需要大量利用各种外部资源。

同时，要成功地进行技术创新，只有一般的产品开发能力是不够的，还必须具有能快速地将产品中包含的各类技术集成起来进行新产品开发的能力，还必须具有能快速地将产品技术和生产制造技术集成起来进行技术开发的能力。如果技术开发速度太慢，错过了市场上稍纵即逝的机会，产品再好也不能赢得市场。如果只有单元技术，没有集成技术和能力，也很难设计出性能好、价格低、满足市场需求的产品/生产制造工艺。

（3）运用资本市场融资和分担创新风险的能力。当今的技术创新，需要的科技创新资源越来越多，投入越来越大，特别需要大量的资金投入。同时，技术创新往往既存在技术不确定性，也存在市场风险，技术创新投入的风险很大。企业要进行技术创新，仅仅依靠自有资金，所有风险都完全由自己承担，对企业而言很难承受。利用资本市场特别是风险投资等金融产品和服务，获取技术创新所需要的部分资金，利用资本市场分担技术创新的风险，已经成为企业成功进行技术创新必须具备的基本能力。

(4) 高水平的经营管理能力以及合作能力。企业开发出市场需要的新产品后，还必须能通过有效的组织管理，调动各种人力、资金和设备，以比较低的成本、按规定的交货期和强有力的质量保障体系将产品生产出来。没有高水平的经营管理能力，不能对产品的生产制造过程进行有效的组织管理，产品的质量和交货期不能得到有效的保证，成本不能得到有效的控制，再好的创新产品也不可能形成较强的市场竞争力。同时，目前企业不管是在创新产品的设计中，还是在其生产制造过程中，都必须与其他企业以及高校、科研院所进行合作，充分利用外部的各种科技资源和生产资源，与其他组织能有效合作，已经成为企业技术创新过程中必须具备的能力。

(5) 综合和有效运用上述各种能力的能力。需要强调的是，要成功地进行技术创新，只有上述一种或两种能力是不够的，必须同时具有上述各种能力。同时，上述各种能力不能孤立地存在，还必须有机地结合在一起，或者说，要成功地进行技术创新，不仅要具有及时和准确地了解市场和用户需求并开拓市场的能力，有效地获得各种科技创新资源并快速地进行集成创新的能力，运用资本市场获取资金和分担创新风险的能力，高水平的经营管理能力以及综合协调和合作能力，还必须具有综合运用上述各种能力的能力。通过综合运用上述各种能力，实现技术、资本、市场和经营管理等诸多要素的有机结合，技术的价值才可能实现。

4. 企业自主创新核心能力

企业自主创新能力是由诸多要素组成的，这些要素相互作用，可以有效地帮助企业增强竞争力。因此，企业自主创新能力是企业能力的重要组成部分。按照企业能力和核心能力的概念，企业自主创新能力也可能成为企业的核心能力，即企业自主创新核心能力。

根据核心能力的定义，如果企业形成的自主创新能力具备了企业核心能力应具备的基本特征，即是有价值的、稀缺的、不完全可模仿的和很难有等价的可替代品，则称其为企业的自主创新核心能力。

2.3.3 企业技术能力

技术能力是企业自主创新能力的关键组成部分。现对技术能力进一步分析，并将其与自主创新能力进行比较。

1. 技术能力的定义

根据企业自主创新能力的定义和组成，技术能力是企业自主创新能力中必不可少的最基本能力之一。如果一个企业没有基本的技术能力，必然无法进行自主创新，当然也无法通过自主创新增强企业的竞争能力。因此，长期以来伴随着对技术创新的研究，技术能力一直是科技创新管理研究中的重要问题之一。

有关技术能力的研究最早出现于20世纪70年代后期，当时主要是从国家层面上研究技术能力问题。较早对技术能力做出定义的是Stewart（1981），他认为技术能力是一种独立做出技术选择，改进已选择的技术和产品，并最终内生地创造新技术的能力，这一能力是驱动经济发展最重要的力量之一。此后，Fransman和King（1984）针对发展中国家企业的技术能力问题进一步研究，从技术能力的组成角度出发，定义企业技术能力包括以下几个方面：一是寻找可靠的可选择技术，并决定最合适的引进技术的能力；二是对引进技术实现从投入到产出的转换能力；三是改进以适应当地生产条件的能力；四是实现局部创新的能力；五是开发适当的R&D设备的能力；六是制定基础研究计划并进一步提高、改进技术的能力。显然，该定义主要考虑发展中国家的企业在引进技术过程中需要的技术能力，同时他认为发展中国家必须通过技术引进、消化吸收来提高其技术能力。

Desai（1984）进一步对技术能力问题进行了研究，他把技术能力定义为如下三种能力的综合：一是技术搜索能力，二是技术学习能力，三是技术创造能力。该划分将技术能力表述为搜索技术—学习技术—创造技术的链式过程。Kim（1998）认为，企业技术能力是指企业有效使用新的技术和知识改变现有技术的能力，这种能力使企业能够随着环境的变化创造新技术、开发新产品和新工艺，支持企业更好地适应环境。该定义比较好地反映了企业技术能力的动态变化过程。

程源等（2005）定义技术能力包括生产能力、吸收能力和创新能力，认为：生产能力是生产系统的效率以及产品和工艺的技术水平；吸收能力是企业获得、存储、学习和转化新知识的能力；创新能力是提高技术的能力，创新能力的大小可用技术创新对企业业绩的贡献大小来衡量。技术能力的三项构成之间具有内在的逻辑联系，三者之间形成一个循环往复、螺旋上升的技术能力增强通道。但是，该定义将企业的技术能力和技术创新能力混同在一起。

综合上述讨论，定义企业技术能力：企业通过搜索技术、学习技术和创造技术，改进原有的产品/工艺，或创造新的产品/工艺，使得企业更好地适应环境变化的能力。

根据该定义，企业技术能力有以下几个特点：

（1）从纵向角度看，企业的技术能力包括搜索技术的能力、学习技术的能力和创造技术的能力等多个方面。

（2）企业搜索技术、学习技术和创造技术不是为了技术而技术，其目的是改进原有的产品和工艺，或者是创造新的产品和工艺。也就是说，企业技术能力体现为改进原有的产品和工艺、或创造新的产品和工艺的能力。

（3）企业改进原有的产品和工艺，或创造新的产品和工艺，是为了更好地适应环境变化。这其中的环境变化包含多方面的内容，既包括适应技术环境的变化，也包括适应市场环境的变化，还包括为了适应对企业承担社会责任如环境保护和资源节约等要求的变化。评价企业的技术能力，实际上也就是评价其支持企业适应环境变化的能力。

2. 技术能力与自主创新能力的联系和区别

前述企业自主创新能力和技术能力的定义表明，它们两者之间存在紧密的联系。实际上。企业的技术能力是其自主创新能力的重要组成部分，企业技术能力直接影响企业的自主创新能力。但是，企业的自主创新能力不仅包含技术能力，而且包含其他诸多能力（图 2-3），它们之间有着明显的差别。

一是内涵和重点不同。技术能力主要反映企业在知识运用和技术开发以及缄默知识形成和积累等方面的能力。自主创新能力是企业在技术创新方面的能力，是企业的技术能力与其他多种能力，包括了解和开拓市场的能力、运用资本市场和分担风险的能力、经营管理和合作能力等紧密结合和综合运用的结果。

二是相互促进影响关系不同。技术能力是自主创新能力的重要基础，但不是技术创新能力的全部。企业技术能力强，只是为其增强自主创新能力提供了必要的条件，并不意味着技术能力强一定会导致企业的自主创新能力也强。但是企业技术能力弱，其自主创新能力不可能强。总之，增强企业的自主创新能力，必须增强企业的技术能力，但是技术能力强的企业不一定具有很强的自主创新能力。

三是涉及的范围不同。企业自主创新能力涉及企业的各个方面，包括技术的研发、资金的筹集、生产组织、市场营销等各个方面，是就企业整体而言的。而企业的技术能力主要体现的是其研究和开发及其技术成果产业化的能力。

虽然技术能力和自主创新能力的内涵、相互促进关系和涉及范围不同，但是其最终表现形式有许多一致的方面，技术能力和自主创新能力强的企业，其产品和生产工艺技术水平均应比较高。

2.4 企业自主创新能力的形成过程及增强途径

企业自主创新能力的内涵很丰富，其增强路径也比较多样。实际上，企业自主创新能力增强的过程，就是开展技术创新活动和加强技术学习的过程。讨论企业自主创新能力增强的基本途径，首先要讨论技术学习及其相关的概念。

2.4.1 技术学习及其过程

1. 技术学习的概念

技术学习是科技创新管理研究领域于20世纪90年代兴起的一个概念，目前国内外众多学者对技术学习的概念及其内涵进行了界定。Teece等（1990）认为：企业技术学习是通过持续的重复与实验发现生产技巧和诀窍，从而使得生产任务可以更好更快地完成的过程，这一过程是组织整体与员工个人共同作用的结果。Hobday（1994）认为：技术学习是企业利用内部和外部资源获得新技术的过程。Kim（2000）认为：技术学习是企业技术能力的构建和累积的过程。陈劲（1994）认为：技术学习是产业从技术引进到形成自主创新能力的过程。谢伟（1999）则认为：技术学习是形成和提高技术能力的过程。赵晓庆（2003）认为：技术学习是从企业外部知识环境搜索和获取对企业有用的知识和技术，进行消化吸收，将其纳入自己的技术轨道或重建技术轨道，从而增强组织整体技术能力的过程。Karaoz和Albeni（2005）则将技术学习定义为：企业为提高自己的竞争能力，通过各种正式和非正式的方式，如获取、使用、模仿、研究等在创新和生产过程中更好地使用技术和知识，积累和增强技术能力的过程。

分析上述典型的关于技术学习的定义可以发现，目前的各种定义往往各有侧重，有些侧重认为技术学习是积累和运用知识、技术和诀窍解决问题的过程，有些侧重认为技术学习是增强技术能力的过程。实际上，技术学习是积累和运用知识、技术和诀窍解决问题与增强技术能力相互促进的过程，这两者是有机统一的。为此定义：技术学习是企业运用内外部各种知识、技术和诀窍等解决技术创新和生产等过程中的技术问题，积累知识、技术和诀窍并增强企业技术能力的过程。

技术学习的概念包含以下几层含义：一是技术学习是运用和积累知识、技术和诀窍的过程；二是技术学习的过程也是增强其技术能力的过程；三是企业的技术学习可以充分利用内外部的各种知识、技术和诀窍，即既可以利用企业内部的各种知识、技术和诀窍学习，也可以通过合作、引进等方式进行学习；四是技术学习不仅是技术人员个人的学习过程，而且是企业组织的学习过程。

2. 技术学习过程

在关于技术学习的各种定义中均特别强调技术学习是一个过程，一般而言该过程包含如下几个阶段：

(1) 知识和技术的监测与识别。企业的管理人员与员工通过多种正式与非正式的渠道，根据产品的市场需求及其发展变化趋势分析技术市场的需求变化趋势，发觉新知识和技术以及正在消亡的技术，根据企业的需要明确未来一段时间的技术需求，识别有效的知识和技术类型及其获取方法。

(2) 外部知识和技术获取。企业通过合作技术开发、与外部技术专家进行交流、培训、技术咨询等途径获取外部知识和技术。

(3) 内部知识和技术获取。企业员工在公司内部通过开展各种活动获取缄默知识和技术。例如，通过每天的日常工作或者对已有产品、设备和生产过程的改进和提高，特别是通过内部技术研发活动的开展等获取知识和技术。

(4) 内外部知识和技术的社会化。企业员工将获取的显性与缄默知识在组织内部实现共享，常用的正式与非正式共享方式包括：培训、工作轮换、会议、讨论以及共同解决问题等，其目的是实现个体知识在组织内部的社会化，提高知识的共享和利用水平。

(5) 企业原有知识和技术的再利用。企业员工与企业将其已有的知识和技术重新利用。之所以存在再利用的问题，是因为随着企业从内外部获取的知识和技术的增加，员工个体与企业整体的知识利用能力会不断提高，从而会激活企业原有的部分知识和技术，提升对原有知识和技术的应用水平。显然，企业对知识和技术的应用水平是一个螺旋式上升的过程，这是技术学习非常重要的特点和需要高度重视的内容。

(6) 企业整体知识和技术的嵌入。在内外部知识和技术的社会化以及原有知识和技术再利用的基础之上，企业主要以有组织和可以说明的文件、程序以及制度等形式将个体的缄默知识明晰化，实现个人缄默知识向组织知识的转变。

不同企业在上述技术学习过程中的不同阶段，由于其对知识和技术的识别、获取、社会化和再利用的能力不同，导致企业在技术学习水平上存在差异，直接带来企业在技术能力上存在差距。

2.4.2 企业自主创新能力的形成过程

大量的研究结果表明，要增强企业的技术能力和自主创新能力，关键是要大量开展技术创新活动，通过长期的技术学习累积形成。运用企业能力和核心能力的形成模型，企业自主创新能力的形成过程可以用图2-4描述。企业自主创新核心能力的形成过程包括三个阶段：第一阶段是利用获得的各种科技创新资源开展技术创新活动，第二阶段是通过开展技术创新活动形成自主创新能力，第三阶段是由自主创新能力形成自主创新核心能力。

图2-4还表明，自主创新能力和自主创新核心能力的形成过程，就是不断地进行各种类型的技术学习的过程。具体而言，其学习包含这样几种类型：一是在利用科技创新资源开展技术创新活动过程中的一般学习，二是通过自主开展技术创新活动形成自主创新能力过程中的能力学习，三是从自主创新能力到自主创新核心能力过程中的战略学习。

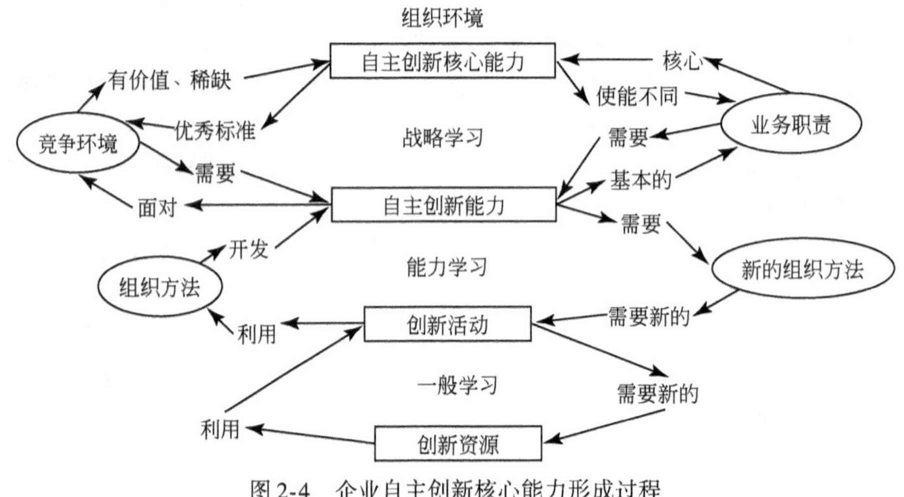

图2-4 企业自主创新核心能力形成过程

1. 一般学习

在利用科技创新资源开展技术创新活动的过程中，科技创新资源和技术创新活动之间存在相互影响和相互促进关系。一方面，在特定的组织环境和市场环境下，企业内的个人或群体学习如何获取和利用各种科技创新资源，开展技术创新活动，以形成更好的产品和工艺；另一方面，人们为寻求更好的产品和工艺，自然会去寻求新的科技创新资源，通过利用新的科技创新资源如新出现的技术开发更好的产品和工艺。这两者之间不断循环，相互促进，会使得企业利用各种科技创新资源的能力不断增强，开展技术创新活动的水平不断提高，企业能够比较有效地开展技术创新活动，由此形成一个持续的一般学习过程。

显然，该学习过程与特定的组织环境紧密联系在一起。也就是说，组织环境影响学习的过程，因而也影响学习的结果。因为技术创新活动是在组织环境中开展的，并由它决定其目的、要求和范围，一旦其离开特定的组织环境，就有可能失去价值。可以说，技术创新活动是企业科技创新资源“内部化”的第一步。

2. 能力学习

企业开展技术创新活动，不仅要能够开发出新的产品和工艺，还要使得开发的效率尽可能高，资源消耗尽可能少。因此企业的自主创新，不仅涉及技术开发本身，还需要掌握和利用先进的自主创新组织方法。显然，企业自主创新组织方法不是自然具备的，而是在不断开展技术创新活动过程中总结和提升形成的，是通过持续学习形成的，由此形成一个持续的能力学习过程。

显然，与一般学习不同，能力学习有自己的特点：一是能力学习既包含学习开展技术创新活动，也包含学习有效开展技术创新活动的组织方法；二是能力学习不仅解决“能做什么”的问题，还要解决“怎么做”的问题；三是能力学习的核心是不断总结和提升开展技术创新活动的组织方法，以更好地利用各种科技创新资源，提升自主创新能力。

能力学习能使企业为达到既定目标，持续改进其独特的利用资源的方法，不断提高自主创新能力。虽然要达到既定的目标会有多种不同的方法，如可以利用全新的技术，也可以采用新方法利用原有的资源，但目标本身是相对稳定的，是能明确加以定义的。之所以在学习过程中自主创新能力能不断提高，是由于企业中的个人和群体是所形成能力的拥有者。他们拥有的能力是在该学习过程中通过自己自发的学习形成的。由于组织环境、激励机制、权力和企业文化都影响着企业中员工自发学习的积极性和学习质量，组织环境、激励机制、权力和企业文化最终决定了不同企业学习过程的质量差异。因此，企业可以通过制定有效的激励机制，创造优良的组织环境和企业文化，激励员工更加努力学习，从而使企业不断提高其能力。

3. 战略学习

企业通过一般学习和能力学习形成自主创新能力后，通过战略学习可以识别自主创新核心能力。按照自主创新核心能力的定义，核心能力是这样一种能力，它从战略上将本企业区别于别的企业，能给企业带来在竞争对手处还没有发现的、显著的竞争优势。分析和判别某种自主创新能力是否有可能成为自主创新核心能力，要从两个方面着手，即竞争环境和企业的业务。

通过分析竞争环境可以了解为什么有一些能力具有战略作用，即它们是有价值的、稀缺的、不完全可模仿的和在战略上很难有等价的可替代品。同时，还可以了解为什么有一些核心能力经过一段时间后又转变成为一般的能力。出现这种现象，是因为：一是在特定的环境下，各个企业的核心能力决定了在该环境下什么能力最重要，因此它指明了每个企业要强有力地参与竞争应开发的能力；二是通过分析竞争环境，可以说明为什么某种或某些能力是重要的，并由此可弄清楚它或它们的作用和影响范围。此外，能力不易于被模仿，在某种程度上是由于包含在一般学习过程和能力学习过程中的学习所引起，因为竞争对手要开发类似的能力，必须通过这些学习才得以实现。

识别核心能力也与企业的业务有关。这是因为要说某种能力是核心能力，它必然是相对于企业的某项业务而言的，脱离开业务谈核心能力是不可能的。还有，核心能力也能使新接受的业务成为新的能力，即产生核心能力。所有这些相互关系形成了另一种将能力和核心能力联系起来的学习过程，称其为战略学习。

战略学习也发生在企业内，因此它也受到企业组织方法的影响。同时，战略学习的结果即核心能力也影响着企业的组织方法。相比创新活动和自主创新能力，自主创新核心能力不仅说明“能做什么”和“怎么做”，而且说明“为什么这样做”。从组织方法角度考虑，战略学习说明什么能力是核心能力和为什么它是核心能力。同时，战略学习还为寻找新的组织方法和资源指明了方向。例如，竞争环境的变化会使原有的核心能力变得没有价值，这是由于在新的条件下，该能力与新的竞争环境不再有任何关系。随着企业和它所处环境的不断变化，不断检查能力、核心能力、竞争环境、业务和组织方法之间的相互关系，是战略学习的基本任务。

企业自主创新组织方法的变化是非常缓慢的。因此，虽然有时可能由于环境的变化或企业业务的改变等原因希望其组织方法能剧烈地变化，但要做到这一点是相当困难的。还有，企业的业务往往也是渐渐演变的，不太可能发生剧烈的变化。因此，组织方法或业务的革命性变化需要全新的学习，即要了解其环境是什么。由于核心能力是组织中的一项重要内容，全新的学习意味着要学习用全新的方法去解决全新的问题。

总之，利用科技创新资源和企业组织方法开展技术创新活动，要通过三个学习过程，形成自主创新能力和核心能力。显然，各个学习过程的特点不同，发挥的作用也不同，但是都是非常重要和必不可少的。

2.4.3 企业增强自主创新能力的途径

企业自主创新能力和核心能力的形成过程表明，自主创新能力是企业根据参与竞争和完成业务的需要，运用各种先进的组织方法有效地利用各种科技创新资源开展技术创新活动的能力。企业自主创新核心能力的形成过程还告诉我们，加快提升其自主创新能力特别是核心能力，必须拥有开展技术创新活动需要的各种科技创新资源，必须大量开展技术创新活动，必须在开展技术创新活动的过程中加强学习才能实现。提升自主创新能力的核心是加强学习。

大量的研究表明，技术学习的方式可以多种多样，常见的学习方法包括（银路，2004）：干中学、用中学、从产业间竞争的溢出中学、通过培训学、通过广泛联系和交流学、通过雇佣学、通过建立联盟学、通过模仿学等。

技术学习途径的多样性导致通过技术学习和开展技术创新活动从总体上增强企业的自主创新能力，可以从多个不同的途径实现。一般而言，既可以通过增强已有企业的自主创新能力实现，也可以通过建立新的创新型企业实现。进一步地，对已有的企业，既可以通过自主开展技术创新活动和加强学习实现，也可以通过合作或引进等方式开展技术创新活动和加强学习实现。按照这样的思路细分，常见的企业自主创新能力增强途径用图 2-5 描述。

一是自主开展技术创新活动。该途径是已有的企业以我为主，通过自主开展技术创新活动，并在技术创新过程中加强学习，不断形成自己有效利用各种科技创新资源的独特方法，提升科技创新资源的利用水平，增强自主创新能力。

二是合作开展技术创新活动。该途径是已有的企业根据自己开发新产品和新工艺的需要，通过与高校和科研院所及其他企业的合作开展技术创新活动，并在合作创新过程中向合作方学习，加快形成自己有效利用各种科技创新资源的独特方法，提升创新资源的利用水平，增强自主创新能力。这种途径进一步可细分为：合作研发、并购或控股目标企业、建立合作技术联盟等。

三是引进开展技术创新活动。该途径是已有的企业引进高校、科研院所和其他企业的先进技术，组织产品的生产和销售，同时进行学习和再创新，形成和增

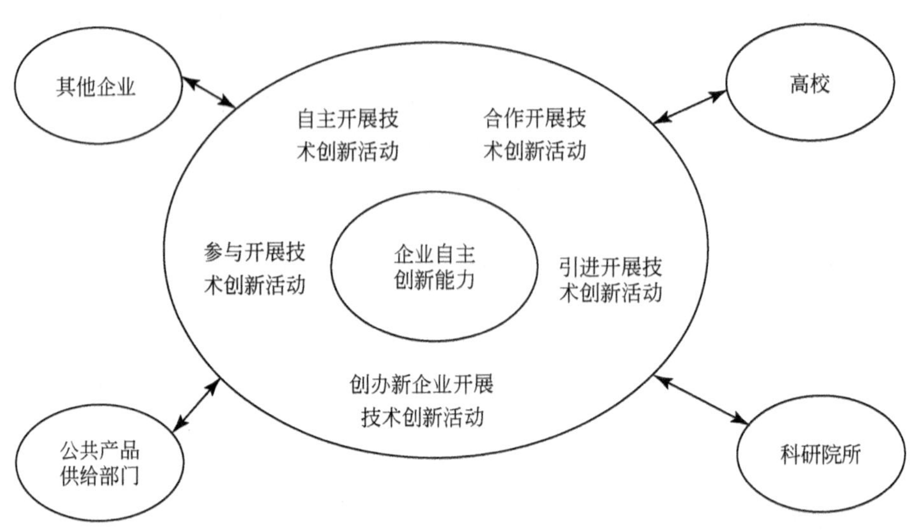

图 2-5　企业自主创新能力增强途径

强自主创新能力。按获取技术的方式分类，这种途径可细分为：技术许可、技术引进、设备采购等；按技术来源分类，这种途径可细分为：来自高校和科研院所、来自本国企业、来自国外企业等。

四是参与开展技术创新活动。该途径是已有企业通过参与其他企业的技术创新和公共产品技术创新，在参与过程中加强学习，加快形成自己有效利用各种科技创新资源的独特方法，提升创新资源的利用水平，增强自主创新能力。

五是创办新企业开展技术创新活动。该途径是高校和科研院所、甚至已有企业的研究开发人员用自己的科研成果与风险投资相结合，创办新的企业，提升产业的自主创新能力，这属于创新创业的范畴。

在上述各种增强企业自主创新能力的途径中，企业引进高校和科研院所的先进技术、产品和工艺进行成果转化，或与其合作进行研究开发和创新，或高校和科研院所的研究人员用自己的科研成果与风险投资相结合创办新的创新型企业，又可以归类为产学研合作的范畴。

总之，增强企业自主创新能力的途径比较多样，不同途径往往适用于不同的场合，发挥的作用也不完全相同，有些甚至存在比较大的差别。

2.5　本 章 小 结

运用系统的观点，按照“功能—活动—影响因素—参与者—相互联系和作用”的分析过程和逻辑思路分析国家创新体系的组成，其结构模型分为三个层次：第一层次描述的是国家创新体系建设的目的和功能，以及实现其目的和功能的科技活动，科技创新活动包括基础研究、应用研究、技术开发、技术转移、企业技术创新和公共产品技术创新；第二层次描述的是开展科技创新活动的主要影响因素，包括多种类型的科技创新资源、环境和服务；第三层次描述的是系统的主要参与者，包括政府、高校和科研院所、企业以及科技中介服务机构，它们之间紧密联系，相互合作，通过各自职责的完成，实现创新体系的总体目标。

运用系统的观点和方法研究国家创新体系，有多方面的特点：一是把创新和学习放在核心位置；二是能够采用整体和跨学科、历史和演化的观点；三是强调联系性和非线性，高度重视国家创新体系中各参与方之间的紧密联系和相互作用产生的影响；四是不仅重视产品和工艺创新，还高度关注与此相关的服务、组织、制度等的创新。

国家创新体系是包含诸多要素的复杂系统，其中，组织和制度两要素处于特别重要的位置。同时，不同国家的创新体系往往存在很大的差别，主要体现在组织与活动、组织与制度之间的相互关系上，体现在学习活动方式等方面。

加快国家创新体系建设的核心目的是要增强国家创新能力。国家创新能力是一个国家长期发展新技术并使之商业化的能力。显然，国家创新能力提升的关键是企业自主创新能力的提升。

企业自主创新是企业作为技术创新投入的主体、技术开发组织工作的主体、风险承担的主体和收益获得的主体，组织企业内外部各种科技创新资源进行技术攻关，攻克技术难关和产生技术突破，改进原有的产品/工艺，或开发新的产品/工艺，完成技术的商品化并获得利润，增强企业核心竞争能力，实现预期目标的所有活动构成的过程。

企业自主创新能力是企业综合利用各种技术资源及其相关的其他资源，攻克技术难题，改进原有的产品/工艺，或开发新的产品/工艺，帮助企业增强竞争力的能力。

企业自主创新能力的影响因素众多，包括：及时和准确地了解细分市场和目标用户需求并开拓市场的能力；有效地获得各种技术创新资源并快速地进行集成技术开发的能力，即技术能力；运用资本市场融资和分担创新风险的能力；高水平的经营管理能力以及合作能力；综合和有效运用上述各种能力的能力。其中，企业技术能力是企业通过搜索技术、学习技术和创造技术，改进原有的产品/工艺，或创造新的产品/工艺，使得企业更好地适应环境变化的能力。

企业自主创新能力增强的过程，实际上就是开展技术创新活动和加强技术学习的过程。必须大量开展技术创新活动，通过长期的技术学习累积形成，才能达到逐步增强企业的自主创新能力的目的。技术学习是企业运用内外部各种知识、技术和诀窍等解决技术创新和生产等过程中的技术问题，积累知识、技术和诀窍并增强企业技术能力的过程。

企业自主创新能力形成过程可以分解为三个阶段：第一阶段是利用各种科技创新资源开展一般学习和技术创新活动，第二阶段是开展技术创新活动和能力学习形成自主创新能力，第三阶段是通过战略学习由自主创新能力形成自主创新核心能力。

提升自主创新能力的核心是加强学习，常见的学习方法包括：干中学、用中学、从产业间竞争的溢出中学、通过培训学、通过广泛联系和交流学、通过雇佣学、通过建立联盟学、通过模仿学等。学习方法的多样性启示人们，企业可以通过开展多种类型的科技创新活动增强自主创新能力，包括：自主开展技术创新活动、合作开展技术创新活动、引进开展技术创新活动、参与开展技术创新活动和创办新企业开展技术创新活动等。

第3章 科技创新活动

国家创新体系的组成结构模型表明，高效开展各类科技创新活动，促进新知识和新技术的创造、扩散和使用，是国家创新体系建设的最核心任务。为此，需要对科技创新活动进行科学的分类，并深入理解各类科技创新活动的特点和规律，这是研究国家创新体系的主要任务之一。

本章针对传统的科技创新活动分类存在的问题，首先讨论一种新的分类方法；其次剖析各类科技创新活动之间的联系和区别；最后系统介绍两类典型的科技创新活动，即企业技术创新活动和技术转移活动。对企业技术创新活动，在系统分析其特点的基础上，着重讨论企业技术创新过程及其管理过程；对技术转移活动，重点分析技术转移与人才流动的关系，并诠释技术转移的模式及特点。

3.1 科技创新活动分类

多年来，科技创新管理学界对科技创新活动分类进行了比较广泛和深入的研究，从不同的视角形成了多种分类方法。但是，目前常见的分类方法存在多方面的问题，现介绍一种新的科技创新活动分类方法。

3.1.1 常见的科技创新活动分类

按照不同的分类标准，目前已经形成了多种不同的科技创新活动分类方法，常见的有下列几种。

1. 学术界的分类方法

目前，国内外学术界比较广泛认可和应用的一种科技创新活动分类方法是将其分为：科学研究、技术开发和技术创新。

科学研究是在好奇心的驱动下，努力发现世界上客观存在却未知的东西，旨在揭示客观事物的本质和运动规律，并用来作为人们改造世界的指南。科学研究的目的是寻找“是什么”、“为什么”、“能不能”，由此产生有关物质、生物和社会现象的新发现，这些新发现表现为知识形态。科学研究的结果是新的发现和新的知识。

技术开发是指在技术上有较大突破，并创造出与已有产品原型或方法完全不同或有很大改进的新产品原型或新的方法。技术开发是解决具体技术问题的活动，是发明世界上没有的东西，是科学的演绎、具体化、实用化，是科学理论的应用。技术开发解决“做什么”、“怎么做”、“做出来有什么用”等问题。

技术创新是指根据新的市场需求/新的技术机会产生技术新构想之后，经过应用研究、试验开发或技术集成与组合，开发新产品/新工艺并实际应用和商业化，产生经济效益的所有活动构成的过程。技术创新是以技术为手段、产生经济效益为目的的活动，技术创新的关键在于商业化，检验技术创新成功与否的基本标准是产生的经济效益。

2. 科技管理中的分类方法

从科技管理和统计等的需要出发，对科技创新活动的分类是：研究与试验发展、研究与试验发展成果应用以及技术推广与科技创新服务。其中，研究与试验发展分为基础研究、应用研究和试验发展。

1）研究与试验发展活动

研究与试验发展活动（R&D 活动），是指为增加知识的总量（包括人类、文化和社会方面的知识），以及运用这些知识去创造新的应用而进行的系统性和创造性工作。

R&D 活动进一步分为：基础研究、应用研究和试验发展。基础研究是为获得关于现象和可观察事实的基本原理及新知识而进行的实验性和理论性工作，它不以任何专门或特定的应用或使用为目的；应用研究是为获得新知识而进行的创造性的研究，它主要是针对某一特定的实际目的或目标，将理论发展成为实际运用的形式；试验发展是利用从基础研究、应用研究和实际经验中所获得的现有知识，为产生新的产品、材料和装置，建立新的工艺、系统和服务，对已产生和建立的上述各项做实质性改进而进行的系统性工作。

2）研究与试验发展成果应用活动

研究与试验发展成果应用活动（R&D 成果应用活动）是指为使试验发展阶段产生的新产品、材料和装置，建立的新工艺、系统和服务以及作实质性改进后的上述各项能够投入生产或在实际中运用并解决所存在的技术问题而进行的系统性工作。

研究与试验发展成果应用这一分类只用于自然科学、工程和技术、医学和农业科学领域，不包括建筑、邮电等方面的常规性设计工作，但包括为达到生产目的而进行的定型设计和试制以及为扩大新产品的生产规模和新工艺、新方法、新技术的应用领域而进行的适应性试验。

3）技术推广与科技创新服务活动

技术推广与科技创新服务活动是与 R&D 活动相关并有助于科学技术知识的产生、传播和应用的活动。包括：为扩大科技成果的适用范围而进行的示范推广工作；为用户提供信息和文献服务的系统性工作；为用户提供可行性报告、技术方案、建议及进行技术论证等技术咨询工作；自然、生物现象的日常观测、监测，资源的考察和勘探；有关社会、人文、经济现象的通用资料的收集，如统计、市场调查等，以及这些资料的常规分析与整理；对社会和公众的科学普及；为社会和公众提供的测试、标准化、计量、质量控制和专利服务等。

3. 经济活动中的分类方法

按照 WTO《补贴与反补贴措施协议》中对科技创新活动的分类，科技创新活动包括：基础研究、产业研究、竞争前开发活动和现有设施改造等几类。

（1）基础研究。它主要指与产业或商业目标无关的、以增加一般科学和技术知识为目的的研究。

（2）产业研究。它是以发现可能有助于开发新产品、新工艺和新服务的新知识为目的的研究，或者是以发现可能有助于改进老产品、老工艺和老的服务方式的新知识为目的的研究。

（3）竞争前开发活动。它是将产业研究成果转化为开发新产品、新工艺或新型服务所需的计划、蓝图或设计方案，或者是将产业研究成果转化为改良和改进老产品、老工艺或老式服务所需的计划、蓝图或设计方案。

（4）现有设施改造。现有设施是指已经使用了 2 年以上的设施。WTO 规定的现有设施的改造，是指企业为了适应新的法律/法规提出的对环境保护的新要求，对已经使用 2 年以上的设施进行技术改造，以满足新的法律/法规提出的环境保护要求。

3.1.2 科技创新活动分类存在的问题及其新分类

目前对科技创新活动的分类较多，各种分类各有侧重，各有特点，各有运用。不管具体的分类方法如何，这些分类对更加深刻地认识科技创新活动及其特点和规律均发挥了重要作用。

然而，目前的各种科技创新活动分类还存在一些问题，已有的各种分类方法都缺乏考虑社会产品应分为公共产品和私人产品，由此没有区分公共产品技术创新和私人产品技术创新。传统的广泛讨论的技术创新，实际上是指企业进行的私人产品技术创新，即企业技术创新，服务于经济发展活动，带动经济的快速发展。然而，当代科学技术的发展，也极大地促进了公共产品的生产和公共服务水平的提升，显著带动了社会发展水平的快速进步。由于公共产品和私人产品之间存在很大的差别，公共产品技术创新和企业技术创新之间也存在根本的不同，典型差别是前者服务于社会发展，后者支撑引领经济发展。

当今社会，随着社会的进步和科学技术的发展，社会公众对政府提供公共产品的质和量的要求都越来越高，公共产品也需要不断改进质量和更新换代。因此，与企业类似，政府部门也需要充分利用现代科学技术发展带来的机遇，不断进行公共产品技术创新，为公众提供更加稳固的国防安全保障、更优良的生活环境、更高质量的医疗卫生服务、更优质的基础设施等各类公共产品。因此，科学技术的发展和科技进步，不仅要支持企业技术创新，也需要支持公共产品技术创新。

同时，当今社会科学技术的快速发展还导致科技创新活动越来越复杂，专业化分工的特征越来越明显，分工导致开展各项科技创新活动的效率和效益的大幅提升，也引发各类科技创新活动之间的联系和技术转移变得更加困难和重要，技术转移活动已经成为科技创新活动中的重要活动之一。然而，目前的部分科技创新活动分类方法，忽略了技术转移活动，也使得已有分类方法存在一定的问题。

总之，由于现有科技创新活动分类存在问题，需要对其进行重新分类。结合已有的分类方法，充分考虑研究国家创新体系的需要，将科技创新活动分为：基础研究、应用研究、技术开发、企业技术创新、公共产品技术创新和技术转移等类型，现对各类科技创新活动的概念进行界定。

1. 基础研究

这里的基础研究，与科技管理中科技创新活动分类的基础研究相一致，也与WTO《补贴与反补贴措施协议》对科技创新活动分类中的基础研究相一致。它是为获得关于现象和可观察事实的基本原理、新知识而进行的实验性、理论性工作。

基础研究有下列特点：一是以认识现象、发现和开拓新的知识领域为目的，即通过实验分析或理论性研究对事物的结构、特征及各种关系进行分析，加深对客观事物的认识，解释现象的本质，揭示物质运动的规律，或者提出和验证各种设想、理论或定律；二是没有任何特定的应用或使用目的，在进行研究时对其成果看不出、说不清有什么用处，或虽肯定会有用途但并不确知达到应用目的的技术途径和方法；三是一般由科学家承担，他们在确定研究专题以及安排工作上有很大程度的自由；四是研究结果通常具有一般的或普遍的正确性，成果常表现为一般的原则、理论或规律，以论文的形式在科学期刊上发表或学术会议上交流。

2. 应用研究

这里的应用研究，与科技管理中科技创新活动分类的应用研究相一致，也与 WTO《补贴与反补贴措施协议》对科技创新活动分类中的产业研究基本一致。它是为了确定基础研究成果可能的用途或者是为了达到预定的目标探索应采取的新方法（原理性）或新途径。

应用研究有下列特点：一是具有特定的实际目的或应用目标，或者是为了确定基础研究成果可能的用途，或是为达到预定的目标探索应采取的新方法（原理性）或新途径；二是在围绕特定目的或目标进行研究的过程中获取新的知识，为解决实际问题提供科学依据；三是研究结果一般只影响科学技术的有限范围，并具有专门的性质，针对具体的领域、问题或情况，其成果形式以科学论文、专著、原理性模型或发明专利为主。

3. 技术开发

这里的技术开发，与科技管理中科技创新活动分类的试验发展活动相一致，也与 WTO《补贴与反补贴措施协议》对科技创新活动分类中的竞争前开发活动基本一致。它是利用从基础研究、应用研究和实际经验所获得的现有知识，为产生新的产品、材料和装置，建立新的工艺、系统和服务，对已产生和建立的上述各项做实质性改进而进行的系统性工作。

按照技术开发成果所应用领域的不同，可将技术开发分为公共技术开发、两用技术开发和私人技术开发等三类。公共技术开发是指技术开发的成果只服务于公共产品技术创新；两用技术开发是指技术开发的成果既可以为公共产品技术创新所应用，也可以为企业技术创新服务；私人技术开发是指技术开发成果仅可以应用于企业技术创新。

技术开发有下列特点：一是运用基础研究、应用研究的知识和实际经验；二是以开辟新的应用为目的，具体地说，就是为了提供新材料、新产品和装置、新工艺、新系统和新的服务，或对已有的上述各项进行实质性的改进；三是其成果形式主要是专利、专有知识、具有新产品基本特征的产品原型或具有新装置基本特征的原始样机等。

4. 公共产品技术创新

公共产品技术创新是本分类中提炼出的一类新的科技创新活动。所谓公共产品技术创新，是根据社会公共需求以及已有的知识和技术产生新的产品构想，经过应用研究、技术开发、转化和应用，开发出新产品，满足社会公共需求，产生社会效益和经济效益的所有活动构成的过程。

公共产品技术创新不是单纯的技术活动，而是技术与社会相结合的活动，它是以提供更高质量的公共产品、更好地满足社会公众的公共需求为目标，以通过技术的研发形成更好的产品和服务为手段。本质上，公共产品技术创新的核心是满足社会公众的需求，检验公共产品技术创新成功与否的基本标准是社会效益。同时，由于公共产品供给的主体是政府，公共产品技术创新的主体也应该是政府。

公共产品的新构想可能来源于社会公共需求，也可能来源于科学发现、技术发明、新技术的新应用。通过应用研究、技术开发、转化和应用等一系列的研究开发活动，将新产品构想转变为新的公共产品，供社会公众消费。公共产品技术创新强调开发出的新产品必须被社会公众接受。

5. 企业技术创新

这里的企业技术创新，与学术界对科技创新活动分类中的技术创新相一致。企业技术创新是根据市场需求以及已有的知识和技术，产生新的产品构想，经过应用研究、技术开发、转化和应用，开发出新产品，并推向市场，产生经济效益的所有活动构成的过程。

企业技术创新是围绕私人产品及其生产工艺等进行的技术创新活动，以满足私人的个别需求。由于私人产品供给的主体是企业，私人产品技术创新的主体也应该是企业。

6. 技术转移

技术转移是指制造某种产品、应用某种工艺或提供某种服务的系统知识，通过各种途径从技术供给方向技术需求方转移的过程。其中所指的系统知识既包括专利、计算机软件，也包括专有技术。技术转移不包括货物的单纯买卖或者租赁。

技术转移活动的类型比较多样，既包括高校和科研院所的新知识和新技术向企业的转移，也包括企业技术创新和公共产品技术创新之间的相互技术转移。

3.1.3 各类科技创新活动之间的联系和区别

1. 各类科技创新活动之间的联系

基础研究的目的是为了认识自然，包括认识自然界中各种现象的发生和发展，剖析自然界存在的所有物质，揭示主宰自然现象的内在规律和相互联系，大至宇宙中的日月星辰，小至组成一切物质的基本粒子，都是科学认识的对象。应用研究和技术开发侧重于利用人们对自然界的认识去向自然索取，改造自然以满足人类越来越复杂、越来越高标准生活的需要。虽然技术开发比基础研究的历史久远得多，某些技术即使在今天也还可以在一定程度上脱离基础研究而自主发展。但时至今日，技术上的重大进步总体来说是基于基础研究而取得的，科学上的每一个重大突破，不仅都将在一定时间内导致影响人类生活的新技术出现，还必定会极大地丰富人类进一步认识自然的技术手段，即新技术的发明促使人类认识自然的实验手段不断增加和提高，从而推动科学的进一步发展。

同时，技术上的重大进步又会推动人类社会能够开发出各种新的私人产品和公共产品，或者对已有的产品进行重大的改进，更好地满足人民群众日益增长的物质和文化需要。显然，各类科技创新活动之间存在着非常密切的联系。

专栏 3-1　各类科技创新活动之间的联系

在 20 世纪最伟大的科学发现中，原子核结构和 DNA 结构的发明无疑都是名列前茅的。19 世纪末放射性元素的发现表明元素是可变的；20 世纪初，用重粒子轰击破碎原子核弄清了原子核是由质子和中子构成的。这些突破影响了整个物理科学的发展。生命科学领域也有类似的情况，1953 年 DNA 分子双螺旋结构的发现和发明，改变了整个生物学的面貌，使生物学进入了崭新的分子生物学时代。但无论是原子核结构还是 DNA 分子双螺旋结构的发明，都是科学家研究自然所获得的重大认识，属于科学研究的范畴。而且在一定历史时期内，与技术并没有直接的关系。但是这两大在科学发展史上产生了划时代意义的发现，不仅分别改变了随后物理学和生物学发展的面貌，并且很快激发了技术上的突飞猛进。正因为对于原子内部结构有了深入的科学认识，才有可能利用原子核分裂所释放的巨大能量为人类活动服务，发展成为今天的核能工业。而根据对DNA作为遗传物质基础的认识，已经在农牧业上成功地培育和改良物种，在医学上有效地预防、诊断和治疗某些疑难疾病，在工业上建立全新的基因工程产业。以上这些在技术上的发展，已经对人类生活产生了巨大的影响。实际上，我们今天所享用的改变了人类生活方式的所有重要技术成果，几乎无一例外都来源于科学研究的重大突破。

2. 基础研究、应用研究和技术开发之间的区别

虽然基础研究、应用研究和技术开发之间密切相关，但它们之间有本质的差异。基础研究与应用研究的差别主要体现在：基础研究是为了认识现象，获取关于现象和事实的基本原理及新知识，而不考虑其直接的应用，没有特定的应用目的。所谓基础研究没有特定的应用目的，主要表现在进行研究时对其成果的实际应用前景不很清楚，或者虽然确知其应用前景但并不知道达到应用目标的具体方法和技术途径。

应用研究中获得的知识具有特定的应用目的。应用研究的特定应用目的不外乎以下两类：或是发展基础研究成果，确定其可能用途；或是为达到具体的或预定的目标，确定应采取的新的方法和途径。应用研究虽然也是为了获得科学技术知识，但是，这种新知识是在开辟新的应用途径的基础上获得的，是对现有知识的扩展，为解决实际问题提供科学依据，对应用具有直接影响。由此可见，基础研究与应用研究的边界在于后者获得知识具有特定的、具体的应用目的或目标，同时基础研究获取的知识必须经过应用研究才能发展为实际运用的形式。

基础研究、应用研究与技术开发之间的主要差别是：基础研究和应用研究主要是扩大科学技术知识，而技术开发则是开辟新的应用，即为获得新材料、新产品、新工艺、新系统、新服务以及对已有上述各项作实质性的改进。

虽然应用研究和技术开发所追求的最终目标是一样的，但它们的直接目的或目标却有着本质的差别。应用研究是为达到实际应用提供应用原理、技术途径和方法、原理性样机或方案，这是创造知识的过程；技术开发并不增加科学技术知识，而是利用或综合已有知识创造新的应用，它与生产活动直接有关，所提供的材料、产品装置是可以复制的原型，而不是原理性样机或方案，提供的工艺、系统和服务可以在实际中采用。

3. 技术开发与企业技术创新和公共产品技术创新的差别

技术开发是指在技术上有较大突破，并创造出与已有产品原型完全不同或有很大改进的新产品原型。技术开发仅指技术活动，只考察技术的变动性和先进性。因此，企业技术创新和公共产品技术创新与技术开发是不同的概念。技术开发可以形成具有经济效益或社会效益的技术新构想，从而构成企业技术创新和公共产品技术创新过程中的一个重要环节，从这个意义上说，企业技术创新和公共产品技术创新可以包含技术开发活动。但是技术开发也可能不具备经济效益或社会效益，终止于技术原型，这时技术开发就不能构成企业技术创新和公共产品技术创新的一个环节。

4. 技术转移与其他科技创新活动的差别

技术转移活动，是推进科学技术知识的传播、扩散和应用的过程。基础研究、应用研究、技术开发、技术创新和公共产品技术创新等科技创新活动是促进新知识和新技术、新产品和新工艺等产生的过程。显然，他们之间有明显的差别，前者是转移和传播活动，后者是创造和生产活动。

5. 技术开发、转化与应用和工业生产之间的差别

在工业领域中，技术开发、转化与应用和一般的工业生产活动之间存在显著的差别。技术开发的直接目的是技术上的创新或改进；而为使已获得的技术成果转向生产或实际使用，并仅仅应用已有技术知识进行适用于生产或实用的设计、试制、试验，属于转化与应用。如果产品、工艺、生产过程和处理方法已经确定，活动的直接目的是进入市场，为此制定生产前的计划并使生产过程或控制系统正常运行，这类工作则属于生产活动范畴。

3.2 企业技术创新

企业技术创新实现科技和经济的直接对接，支撑引领经济又好又快发展。因此，在各类科技创新活动中，企业技术创新处于特别重要的地位，下面对企业技术创新活动的特点和规律等进行分析讨论。

3.2.1 技术和企业技术创新的特点

技术是指能应用于产品和服务的开发和生产的理论和实践知识、技巧和手艺等的总和，技术和技术创新具有下列特点（Teece，1996）：

一是技术的复杂性。技术之所以成为技术，技术应用之所以能产生独特价值，很重要的是因为技术是复杂的，不是很容易就能弄懂的，不是很快就能了解和掌握的，不是很容易就能成功应用的。技术只能被极少数人深入、正确地了解和掌握，只有很少的人能开发和应用。如果技术成为广泛可获知的东西，就很难能为企业带来独特的价值。

二是技术和知识的缄默性。技术可以体现在人员、材料、认知与物理过程、工厂设备和工具中。技术的缄默性是指技术中的关键部分可能是隐性的而不是显性的，很难以操作手册、规范和程序、配方、经验规则或其他明确的方式表示和说明，如手艺和经验通常大部分都是在有关人员的头脑中但不能明确表达的，是以技术诀窍为基础的技术秘密。因此，如某种技能等隐性知识和技术是不可以用语言解释或用文字表达的，只能被演示证明是存在的，学习这种技能的唯一方法是领悟和练习。同时，隐性知识和技术是高度个人化的，有自身的特殊含义，很难规范化，也很难传递给他人。

三是技术研发的路径依赖性。企业技术研发通常是路径依赖的，具有组织性和经验性，有一定的发展轨迹。这种技术发展轨迹的体现是技术规范，企业选择解决什么样的技术问题、基于什么样的已有技术和知识、使用什么样的技术方案，往往按照一定的技术规范进行，这使得技术的发展形成一定的轨迹。与此相关，对一个特定的企业而言，新产品、新工艺开发是建筑在其已有什么样的技术基础和过去的成功经验基础之上的。

四是技术发展的不可逆性。企业技术发展表现出了明显的不可逆性。这不仅因为企业技术创新需要专门投资和形成专用资产，还因为技术发展有一定的轨迹，老的技术哪怕很有价格优势，也不可能再有竞争力。例如，机械计算器不可能再替代电子计算器。

五是企业技术创新能力的累积性。企业技术创新能力是在一定的技术规范下沿着一定的技术路径经过一段时间的技术和产品的研发及生产过程学习形成的，新技术开发能力具有累积性。也就是说，企业技术创新能力是通过一系列的研究开发实践逐步积累形成的，企业要开发什么新技术，与其曾经开发和目前拥有什么技术密切相关。

六是企业技术创新收益的非独占性。企业技术创新收益具有非独占性，即存在企业技术创新溢出问题。从溢出效应来看，企业技术创新的产出，是一个介于纯公共产品和纯私人产品之间、带有一定的公共性质的产品。企业技术创新活动的开展需要大量投资，但企业技术创新成果的信息却具有公共产品的性质。企业技术创新成果的非独占性是知识溢出的结果。从全社会来讲，这种知识溢出越多越好，越快越好；而从企业出发，则希望企业技术创新引致的知识溢出越少越好，越慢越好。为了使企业既有企业技术创新动力，又有好的社会效果，必须在两者之间保持平衡，使企业技术创新的私人收益率与社会收益率趋于一致，特别是要保护作为企业技术创新主体的企业的积极性。

七是企业技术创新的高风险性。企业技术创新是寻找、挖掘和利用技术和市场机会的过程，该过程中会有多种类型的风险，如技术风险，市场风险，由于机会主义行为带来的决策者的行为风险，由于多个企业之间缺乏交流导致他们同时开发同样的技术和市场带来的风险等。在企业技术创新面临的各种风险中，技术风险和市场风险是天然存在和无法避免的，而技术风险和市场风险交织在一起，极大地加剧了企业技术创新风险管理的难度。当今企业技术创新更多的是在市场需求拉动下进行的，采取什么样的技术解决方案和选择研发什么样的技术，是与需要开拓的市场和需要针对的用户紧密联系在一起的，技术不确定性的解决非常依赖于市场需求不确定性的解决，依赖于明确要服务的市场和用户的确定。但是，市场风险使企业很难马上明确产品要服务的市场和用户，这样市场的不确定性要加剧了技术的不确定性，形成了更大的技术风险。因此，市场风险会使企业技术创新面临更大的技术风险。

八是企业技术创新投入比较大，回报产生需要的时间比较长。相比管理创新、营销创新等而言，企业技术创新不仅要进行新产品的市场开拓和创新，还要进行新产品的技术研究和开发。大量的实践表明，技术研发一般需要比较大的投入，并且从投入到产生收益的时间比较长。要把一种新产品推向市场，需要研究开发、试验、试生产、营销等多个环节，这就产生了新产品开发产生收益比成熟产品生产带来收益要慢得多的问题。目前，新药物的研制需要的时间就很长，有些甚至需要10年才能完成。因此，致力于通过企业技术创新加快发展的企业，不仅要有长远眼光和比较强的技术研发能力，而且要有比较强的融资能力和充足的资金以及比较强的抗风险能力，企业技术创新对企业的总体实力要求很高。一个面临生存困难的企业很难有积极性开展企业技术创新活动。

案例 3-1 铱星系统的失败

美国摩托罗拉公司开发全球卫星移动通信系统——铱星系统，1990 年提出设想，1991 年开始由摩托罗拉公司筹建。它的天上部分是运行在 7 条轨道上的卫星，每条轨道上均匀分布 11 颗卫星，组成一个完整的星座，就像化学元素铱（Ir）原子核外的 77 个电子围绕其运转一样，因此被称为铱星。后来经过计算证实，6 条轨道就够了，于是，卫星总数减少到 66 颗，但仍习惯称为铱星。1997 年铱星系统投入商业运营，成为第一个覆盖全球每个角落的移动通信网络系统，其技术先进性在移动通信系统中处于领先地位，1998 年被美国《大众科学》杂志评为年度全球最佳产品之一。

当时，铱星系统与其他卫星通信系统相比有如下显著优势：一是覆盖面广。铱星能为全球任何一个地方提供通信。不像有的系统只能覆盖北美和南美的一部分、欧洲和亚洲的一部分及非洲的小部分地区，而对东南亚、澳大利亚和印度以及广大海洋无能为力。二是运行轨道低，更易于实现全球个人卫星移动通信。铱星公司的口号是把整个地球覆盖起来，让世界上任何人在任何地方、任何时间与任何人都能相互沟通。三是有完善的应急服务。四是具备强大的漫游功能。铱星不仅可以提供卫星和蜂窝网络之间的漫游，还可以进行跨协议漫游。铱星系统用户能在手机上装备不同制式的蜂窝模块，从而实现世界各地不同通信标准间的漫游。无论在哪里，用户只需要一个号码，只收到一个账单。五是提供完善的寻呼服务。

铱星系统开创了全球个人通信的新时代，被认为是现代通信的一个里程碑，使人类在地球上任何“能见到的地方”都可以相互联络。其最大特点就是通信终端手持化，个人通信全球化，实现了 5 个“任何”（5W），即任何人（whoever）在任何地点（wherever）、任何时间（whenever）与任何人（whomever）采取任何方式（whatever）进行通信。然而，如此高“技术含量”的系统却在移动通信市场上遭受冷遇，用户最多时才 5.5 万。据估算它必须发展到 50 万用户才能赢利。由于无法形成足够的用户和达到基本的市场规模，2000 年 3 月 17 日铱星系统终止提供服务，3 月 18 日铱星背负 40 多亿美元债务正式破产。

3.2.2 企业技术创新的分类

按照不同的分类标准，可以将企业技术创新分为很多不同的类型。归纳起来，目前常见的企业技术创新分类标准主要有：一是按技术的创新程度分类，二是按创新产生技术的先进性及其对市场的影响程度分类，三是按创新技术的成熟度分类，四是按创新对象分类，五是按技术变动方式分类，六是按创新对企业技术创新能力的影响分类，七是按创新产生的社会影响分类，八是按创新的实施模式分类。

1. 按技术的创新程度分类

企业技术创新是技术和市场相结合的活动。对其分类，首先可以从技术的创新程度、即研发产生技术的先进性进行分类，分为突破性创新和延续性创新。

（1）突破性创新。突破性创新是指技术上有重大突破，发明人类历史上从来没有过的全新的技术，如蒸汽机、计算机、互联网等的发明，就属于突破性创新。

（2）延续性创新。延续性创新是在现行技术基础上对已有产品和工艺进行局部改进和创新。例如，健康食品、数字自动化控制系统都是在原有技术和产品基础上逐渐改进形成的，属于延续性创新范畴。

2. 按创新产生技术的先进性及其对市场的影响程度分类

创新程度既包括技术上的新颖性，也应包括技术变化引起市场变化的情况。因此按照技术和市场的变化程度可以将技术创新分为根本性创新、渐进性创新、创造新市场的创新和融合新技术的创新。

（1）根本性创新。根本性创新是指技术上有重大突破，这种重大突破引起了市场的巨大变化，产生新的巨大市场。例如，蒸汽机、计算机、互联网等的发明和创新，引起世界出现根本变化，这种创新就是根本性创新。

（2）渐进性创新。渐进性创新是利用现有技术对已有产品和工艺进行局部改进和创新，这种技术创新仅在微观上表现为对企业自身或企业顾客而言是新异的，只引起技术或市场的微小变化。例如，对现有彩色电视机进行改进，生产出屏幕更大，操作更方便的产品等，是在原有技术和产品基础上进行创新，属于渐进性创新范畴。

（3）创造新市场的创新。创造新市场的创新是利用已有的技术开发形成新的产品，创造出新的市场。如传真机和随身听等新产品的开发虽然对市场来讲是新的，但其中的技术范式并没有变化，也就是说对世界来讲并不是全新的，只创造了新的市场。

（4）融合新技术的创新。融合新技术的创新是在原有产品中应用全新的技术，进行了重大的技术改进，产品的性能等发生了重大变化，使技术产生不连续性。如从光学显微镜到电子显微镜、计算机移动存储设备从磁盘到 U 盘等、从电子管收音机到晶体管收音机等都是如此。

3. 按创新技术的成熟度分类

按创新产生或应用技术的成熟程度，将其分为原始技术创新、中试技术创新和成熟技术创新（Link，Tassey，1987）。

（1）原始技术创新。原始技术创新中的技术刚刚产生，其技术原理和相应的解释多变，技术体系本身相当不完善，这类技术主要依靠企业内部的研究和开发活动产生，技术体系的不断完善可以使企业形成垄断性的技术优势，从而可以有效阻止新进入者的进入。这类创新者可通过持续不断进行创新，使技术的商品化过程逐步走向标准化，获得更长期的垄断利润。在该类技术创新中，领先者往往必须在其不断强化的 R&D 活动中选择多个方向，通过市场导向逐步确定其最终技术路线。

（2）中试技术创新。中试技术创新中技术体系相对成熟，主导技术路线已经出现，技术正在走向标准化。这类技术创新中的技术和知识既可以依靠内部创新资源，也可以依靠外部创新资源，内外部资源具有同等重要性。此时，一般企业的中心战略是通过技术许可和模仿等跟踪主导型的技术路线，而谁能在这种跟进中最终取得竞争优势，不仅取决于学习能力的强弱，而且取决于原有知识和技术的积累。

（3）成熟技术创新。成熟技术创新主要以标准化的专用设备或成套设备体现，也是对迟进入者最适宜引进的一种固化的知识形态。在这类技术创新中，对原先不具备此类技术的跟随者而言，由于自身 R&D 投入较少，此时通过外部获取技术是最省力的。但是，仍然需要解决引进技术和企业整体技术基础的系统集成问题，同时由于标准化的技术往往引进成本较高，也面临技术选择中的机会成本问题。

4. 按创新对象分类

按创新对象的不同，可以将企业技术创新分为产品创新和工艺创新。

（1）产品创新。产品创新是指对产品技术进行的创新，为用户提供新的或改进的产品/服务。产品创新包括：①产生全新产品的根本性创新。例如，美国贝尔公司发明并生产电话，开辟了机器对讲的新时代；德州仪器首先推出了集成电路，把人类推向了微电子时代；②对现有产品进行改造，即渐进性产品创新。

例如，在黑白电视机基础上发展彩色电视机，由收音机发展组合音响，等等。广义的产品包含服务，因此产品创新也包括服务创新。

（2）工艺创新。工艺创新是指对现有的生产（服务）过程技术进行创新，用更少的投入得到更多的产出（包括产品和服务）。工艺创新既包括在技术较大变化基础上采用全新工艺的根本性创新，如炼钢用的氧气顶吹转炉、钢铁生产中的连铸系统等；也包括对现有工艺技术进行改进的渐进性创新，如对现存产品生产工艺的某些方面进行改进，采取一些措施提高生产效率等。

5. 按技术变动方式分类

技术变动方式有两类：一类是结构性变动，另一类是模式性变动。结构性变动是指产品或工艺技术要素结构或联结方式的变动，如通信技术中从有线电话到无线电话就属于结构性变动。模式性变动是指技术原理的变动，如从模拟通信技术到数字通信技术就是模式性变动。按技术变动方式不同，可以将技术创新分为四种类型。

（1）局部性创新。局部性创新是针对现有产品的元件作细微的改变，强化并补充现有产品的功能，而产品架构及元件的连接方式则不作改变。例如，电话铃声中增加音乐的种类就是如此。

（2）结构性创新。结构性创新是重新设计产品的结构以及元件之间的连接方式，而对产品的元件以及核心设计基本上不作改变，这种创新是现存系统的重新配置，把现存成分以新的方式连接起来。例如，无绳电话的创新在一定程度上改变了通信联结方式，但原理并未发生变化。又如，电风扇从大吊扇到便携式的改进，也是如此。

（3）模式性创新。模式性创新是针对现有产品的几种元件或核心设计作根本性的创新变革。对产品结构和产品之间的联结方式不作改变，新的元件可以同时相容于新的产品结构中。例如数字电话的发明，改变了拨号盘的核心设计，但整个电话的结构并未改变。

（4）全面性创新。全面性创新是创造出新的核心设计概念，同时对所需的元件、结构及其中的连接方式都进行变革，此类创新力求产生全新的产品。

6. 按创新对企业技术创新能力的影响分类

按创新对企业技术创新能力的影响分类，分为能力增强型创新和能力破坏型创新。

（1）能力增强型创新。如果企业的技术创新是建立在其现有的知识和技术基础之上，属于能力增强型创新。如英特尔公司的每一代微处理器，286、386、486、奔腾、奔腾Ⅱ、奔腾Ⅲ、奔腾Ⅳ等，都是建立在前一代技术基础之上。因此，每一代新微处理器的创新都补充和增强了英特尔现有的技术和创新能力，使之更有价值。

(2) 能力破坏型创新。如果企业的技术创新不是建立在其现有的技术基础之上或者使现有技术失去价值，这被称为能力破坏型创新。如从 17 世纪到 20 世纪 70 年代，工程师广泛使用计算尺计算桥梁的结构性能、飞机的航程和油耗等。20 世纪 50 ~ 60 年代，美国著名的计算尺生产商 Keuffel & Esser 公司还每月生产 50 万支计算尺。但是，70 年代初价格低廉的计算器的出现，使得计算尺很快被淘汰，成为收藏家和博物馆的展览品。Keuffel & Esser 公司由于没有生产计算器需要的电子元器件技术，1976 年退出市场。计算器技术的出现对 Keuffel & Esser 公司和计算尺行业而言是一种能力破坏型创新。

7. 按创新产生的社会影响分类

按创新对社会造成的影响程度分类，包括一般创新、重大创新、技术体系变革、技术-经济范式变更等四类。

(1) 一般创新。一般创新是指在现有技术基础上对产品和生产工艺进行的小的改革和创新。某一个一般创新不一定会带来很大的影响，经常导致被人们忽视。但由于其广泛存在和大量发生，对社会的总体影响实际上非常大，如集装箱的发明和推广使用就是如此。

(2) 重大创新。重大创新是指在技术原理上有重大突破的技术创新。这类技术创新常伴有产品和过程的创新，并带动市场和组织等的创新，由此导致在一段时间内产业结构的变化，如尼龙的发明就是如此。

(3) 技术体系变革。技术体系变革是指某种技术创新导致一系列关联技术的创新，出现创新群。创新群的出现会影响和带动多个产业的发展，并可能导致新兴产业的出现，如石化合成材料群的出现就属于该范畴。

(4) 技术-经济范式变更。技术-经济范式变更是指伴随着许多根本性创新群，又包含着许多技术系统的变更，它几乎影响到整个经济部门，甚至影响到人类生产与生活的方式，如蒸汽机技术革命、电力技术革命、信息技术革命都是如此。

8. 按创新的实施模式分类

按创新实施模式和路径分类，技术创新主要分为：独立创新、合作创新和引进再创新。

（1）独立创新。独立创新是指一个创新主体，通过独立自主地进行技术开发，研制产品、改进工艺等进行创新。

（2）合作创新。合作创新是多个创新主体之间按照优势互补的原则分工合作，进行创新，创新收益共同分享。产学研合作属于典型的合作创新范畴。

（3）引进再创新。引进再创新是创新主体通过引进国际和国内先进企业的先进技术，通过消化吸收，转化为自身技术和知识储备，然后结合企业自身特点进行开发创新。

3.2.3 企业技术创新过程及管理过程

企业技术创新是一个复杂过程，从不同的角度出发，该过程可以用多种不同的模型进行描述，如技术推动或需求拉动的线性模型、交互模型、综合模型和第五代模型等。现以产品创新的交互模型为例（图 3-1），简单说明企业技术创新过程。

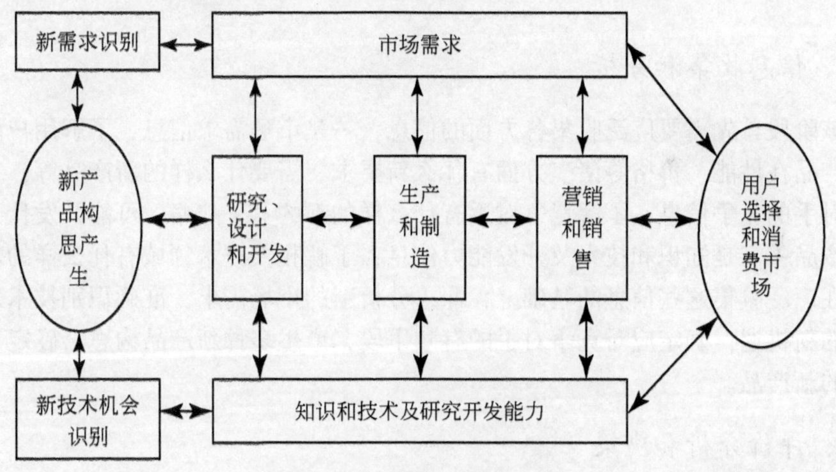

图 3-1 企业技术创新过程

首先，企业通过对市场需求的分析，初步了解市场对产品的新需求，并结合目前的技术发展状况以及自身的创新和生产能力，形成产品的新构想。然后不断考虑市场需求的新变化，进行新产品的研究、设计和开发，并形成新产品原型。接着在不断考虑市场需求新变化的同时生产和制造新产品，并进行营销和销售，将其推向市场，产生经济效益。该过程不断重复进行，企业不断改进和开发新产品，保持和形成持续竞争优势。

企业技术创新是一个具有高度的不确定性、充满风险和非常复杂的过程。要成功地进行企业技术创新，必须加强对创新过程的科学管理。企业技术创新的管理决策过程可以用图 3-2 描述，它包含了信息收集和分析、评价分析和决策、研究开发和生产过程管理以及经济效益评价等几个阶段。

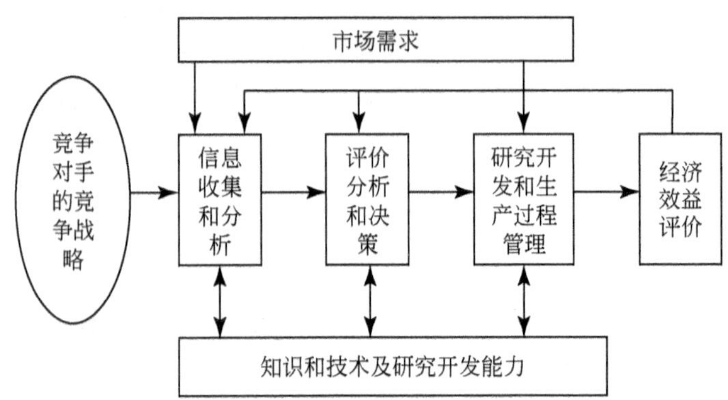

图 3-2　企业技术创新的管理决策过程

1. 信息收集和分析

该阶段首先需要广泛收集各方面的信息，一是市场需求信息，了解用户对其原有产品在性能、价格等诸多方面有什么新要求、需要什么样的新产品等；二是竞争对手的竞争信息，了解竞争对手有什么样的新的竞争战略，可能开发什么样的新产品；三是知识和技术及开发能力信息，了解相关技术领域有什么样的新进展。在广泛收集这些信息的基础上，深入分析新的市场需求，准确识别技术发展带来的新机遇，确定应对竞争对手的有效手段，产生多种新产品构思，确定可能开发的新产品。

2. 评价分析和决策

该阶段是对第一阶段形成的各种新产品构思，从市场需求大小、技术开发的难度及成功的可能性、相比竞争对手可能形成的竞争优势、在研究开发和生产过程中需要的投入规模、可能产生利润等多个方面进行综合比较评价和分析，以经济效益最大化为核心目标，确定优先开发的新产品，并确定具体的新产品研究开发方案和生产计划。

3. 研究开发和生产过程管理

该阶段是对需要研究开发和生产的新产品，组织各方面的资源和力量，通过有效的组织管理，以比较低的成本、比较快的速度和比较好的质量，进行研究开发和生产。一般而言，不同类型的产品其研发生产过程也有所不同。按照生产管理理论，产品可以分为：项目型、单件小批型、成批生产型、流水线型和大量生产型等。对项目型和单件小批型，往往是研究开发和生产同步进行，对成批生产、流水线型或大量生产型，往往是先研究开发，再组织生产。从管理角度看，该阶段涉及资金、人力资源、质量、信息等管理问题，特别需要解决技术及技术风险的管理问题。

4. 经济效益评价

经济效益评价主要是评价开发和生产出的新产品在市场上是如何满足消费者和用户的需求？赢得了多大的市场？产生了多大的经济效益？对企业而言，新产品研究开发和生产，产生比较好的经济效益，是保证企业生存和发展、赢得竞争优势的必要条件。如果企业大量投入研究开发形成的新产品没有产生一定的利润，给企业带来比较大的损失，很可能导致企业再无能力投资进行产品生产和销售，迫使企业破产和倒闭。铱星系统就是这样的典型案例。

3.3 技术转移

加强国家创新体系建设，不仅要重视加快产生各种新知识和新技术，而且要加强新知识和新技术的转移扩散和推广运用。技术转移活动成为科技创新中一类非常重要的活动。由于知识有隐性和显性之分，技术转移非常复杂，往往需要与人才的流动紧密联系。本节以高校向企业的技术转移问题为代表，首先分析技术转移与人才流动的关系，然后介绍典型的技术转移方式和特点。

3.3.1 技术转移及其与人才流动的关系

从技术转移的定义可以看出，技术是技术转移活动中从供给方向需求方转移的要素，技术的复杂性导致技术转移也非常复杂。首先，从表现形式上看，与商品转移和交易只涉及物品流动不同，技术转移既可以是单纯的技术转移，也可能是由于人才的流动导致的技术转移。其次，技术是知识的一部分，知识具有显性知识和隐性知识之分，隐性知识的转移更需要通过人才的流动实现。为此，需要把技术转移和科技人才流动综合起来分析，需要分析显性知识和隐性知识的特点。

1. 隐性知识和显性知识

知识是经过人的思维整理过的信息、数据、形象、意象、价值标准以及社会的其他符号化产物，不仅包括科学技术知识，还包括人文社会科学知识，商业活动、日常生活和工作中的经验和知识，人们获取、运用和创造知识的知识，以及面临问题作出判断和提出解决方法的知识。

由前述技术的概念可知，技术是系统性的知识，是知识的子集，是人类智慧的结晶，是人类在生产、生活、科学实验或社会活动中所创造、总结出来的系统知识，不仅包括原理、结构、计算、设计等理论知识，而且包括具体操作实施过程中管理、服务、决策的技能、经验与方法，是一套完整的、系统的知识体系。由于技术是知识的一部分，直接导致技术也可以分为显性的可以复制的技术和隐性的无法复制的技术两类。

显性知识是指经过人的整理和组织后，可以编码化和度量，并以文字、公式、计算机程序等表现出来，还可以通过正式的、系统化的方式（如出版物、计算机网络等）加以传播，便于其他人学习和掌握的知识。由于科学技术的发展，表达显性知识的方式越来越多，除文字、公式、计算机程序等之外，还有语言、数据、图形、图像视频等；其传播载体也越来越多，除出版物、计算机网络等之外，还有图纸、光盘、U 盘等。

隐性知识又称隐含经验类知识，是与人结合在一起的经验性知识，很难编码化、文字化或公式化，在本质上只能以人为载体，因此难以通过常规的方法收集到它，也难以通过常规载体和工具进行传播。隐性知识往往是个人或组织经过长期积累形成和拥有的知识，通常不易用言语表达，难以传播甚至无法传播给别人。例如，技术高超的厨师或艺术家，很难将自己的技术和技巧表达出来从而将其传播给别人或与别人共享。

将显性知识和隐性知识比较，结果见表 3-1 和图 3-3。显然，显性知识和隐性知识存在很大的差别，但是又存在紧密的联系（张润彤，蓝天，2005）。从图 3-3 中可以看出（王众托，2004），写得出来的知识只是说得出来的知识的一部分，说得出来的知识只是觉察到的知识的一部分。在说得出来的知识之外，人们所觉察到的知识就是隐性知识。但是实际上，人们还具备一些连自己都还没有觉察到的不可言传的知识，在特定的场合下却能发挥重要作用。

表 3-1　显性知识和隐性知识比较

	显性知识	隐性知识
根本区别	客观的	主观的
具体特点	可以用图文记录和传播 理性的 顺序的 思维的 数字的 理论的	难以用图文记录和传播 经验的 即时的 身体的 模拟的 实践的

资料来源：张润彤和蓝天（2005）

图 3-3　显性知识和隐性知识之间的关系（王众托，2004）

隐性知识来源于个人在生活实践过程中通过形体动作或感官接受而获得的感觉和体验，如人们学会骑自行车和游泳就得靠自身的实践，过去手工作坊中师傅带徒弟进行像打铁、绣花等劳动，徒弟也是在实际劳动中观察、模仿、体验，获得技艺。另外一些是人们在处理实际问题的过程中，通过直觉和感悟而获得的，如处理突发事件时当机立断的知识。这类知识具有很强的个人特性，包括人的价值观和眼界，很难甚至不能通过语言表达和传递。隐性知识在人类获得显性知识的过程中发挥极其重要的作用，隐性知识的一部分经过转化能够独立表达和传授，就成为显性知识。但是在由隐性知识向显性知识转化的过程中，一些富有个性的因素就遗失掉了。还有一些隐性知识是不能转化的，只有掌握这些知识的人才能亲自使用。

总之，把两种知识进行对比分析，主要有三个方面的结论：一是显性知识是可以用语言文字表达的，而隐性知识不能；二是显性知识可以传播和共享，可以为许多人共有，而隐性知识只能为个人获得和持有，很难甚至无法共享；三是显性知识是由隐性知识转化而来的。

2. 技术转移和人才流动之间的关系

把知识划分为显性知识和隐性知识，突破了过去人们对知识的认识，对还未经系统化处理的经验类知识给予了承认，是对知识认知的一大进步。目前一般认为，显性知识的产生和传播对当代企业技术创新越来越重要，正式研发投入的不断增加、科学论文的增多以及专利申请的迅速上升均证明了这一点。实际上，教育规模、特别是高等教育规模的不断扩大和科技人员职位的增多，事实上是由知识的日益显性化驱动的。知识的显性化直接导致知识和技术越来越丰富，是科学技术发展的重要表现形式。

同时，大量的研究还表明，显性知识只是“冰山的尖端”，隐性知识则是隐藏在水面以下的大部分，比显性知识更难发觉，却是社会财富的主要来源。知识管理中的一个重要观点就是：隐性知识比显性知识更完善，更能创造价值，隐性知识的挖掘和利用能力成为个人和组织成功的关键。

之所以隐性知识和技术无法被编撰成文，无法口头清晰表达，直接导致无法传播和共享，主要可能有两个方面的原因。一是因为拥有技能者本人也没有充分认识其成功的所有“秘密”，即自己都不了解自己掌握了什么样的隐性知识和技术；二是因为语言和文字还没有发展到能允许其做出明晰的表达。

企业技术创新中隐性知识非常重要。因为创新需要学习，需要借鉴和吸收以往的经验。隐性知识往往通过把创造某种新事物所需要的信息与对时间、空间、文化和社会的背景理解相结合，迸发出导致科技进步的火花。例如，有学者明确指出，科学家在重组 DNA 方法领域的微薄知识还不足以让他们参与生物技术创新的首次大爆炸——“当知识表现为一位有天赋和想象力的科学家不断创新和确定研究前沿，并把新的研究方法应用于最有前途的领域时，他所掌握的知识的生产力将大大提高。”

总之，要支持企业成功和高效地进行技术创新，不仅需要有关的显性知识，还必须拥有、甚至更需要拥有相关的隐性知识，两者缺一不可。显然，要使得高校向企业实现有效的技术转移支持企业技术创新，必须同时实现显性知识和隐性知识的转移。然而，与显性知识不同，隐性知识是存在于拥有其知识的特定人员身上，是个人持有，无法被编撰成文，无法口头清晰表达，其转移和共享非常困难。要实现隐性知识的转移，成功地进行企业技术创新，唯一有效的方法是拥有该隐性知识的人向企业流动。因此，实现高效的技术转移，不仅人才流动本身就是一种非常重要的方式，而且其他技术转移方式最好伴随着相关人员的流动，实现新技术和拥有该技术的人同时向企业流动。特别需要强调的是，很难有其他方式能够替代人才流动方式（OECD，2008）。

3.3.2 技术转移典型方式

技术转移的涉及面非常广泛，国家创新体系中的各类参与方之间都可能存在技术转移活动。目前，最广泛存在的技术转移活动应该是高校和科研院所科技创新产生的新知识和新技术向企业的转移，现以高校向企业的技术转移为典型代表，讨论各种典型和具体的技术转移方式。

高校的技术向企业转移，既可以通过技术转移、也可以通过人才流动实现；既有正式方式，也有非正式方式。按照技术转移方式和途径及其特点不同，可以将其分为多种不同的类型，常见的包括：高校科技人员创办新企业、高校科技人员加盟原有企业、高校已有科技成果转化、高校科技人员服务于企业的技术开发需求、企业采用非正式方式利用高校研发技术信息和高校帮助企业培养人才等。

1. 高校科技人员创办新企业

这是指一旦高校的研发工作实现了比较大甚至重大原理性、原创性技术突破，开发出新产品/新工艺，研发人员带着自己开发的新产品/新工艺，在风险投资公司及相关企业等多方的支持下，创办新企业，共建创新实体，将科技成果转化为现实生产力。

对这类技术转移方式进一步分类，又可以分为这样几种类型：一是高校教师离开学校，与学校完全脱离正式关系，带着自己的成果创办新企业。二是高校教师带着自己的成果创办新企业，但是其保留学校的身份，并履行在学校的岗位职责。三是高校教师带着自己的成果创办新企业，在创办新企业的过程中可以保留学校身份一定的时间，但不履行自己在学校的工作职责。创办新企业并发展一段时间后，既可以完全脱离与学校的正式关系，也可以返回学校工作岗位继续工作。四是高校学生毕业后带着自己在学校学习和开展科研工作掌握的新知识和新技术创办新企业。

2. 高校科技人员加盟已有企业

这是指高校科技人员带着自己在高校工作和学习掌握的新知识、研发的新技术、形成的技术开发和创新能力加盟已有企业，支持企业开展技术开发和技术创新活动，实现新知识和新技术向企业和产业的转移。

对这类技术转移方式进一步细分，又可以分为这样几种具体类型：一是高校教师离开学校，与学校完全脱离正式关系，正式加盟企业工作。二是高校教师保留学校的身份，离开学校的工作岗位专职服务于企业一段时间，支持技术开发和企业技术创新。在这种方式中，既包括高校教师自己与企业联系，学校同意后专门服务于企业一段时间，也包括在政府推动下由学校派出人员，如科技特派员。三是高校教师在履行学校岗位职责的同时，到企业兼职。四是高校毕业生毕业后到企业工作。

3. 高校已有科技成果转让给企业

这是指高校和科研院所研发人员研发形成的新技术、新产品/新工艺等科技成果，通过专利许可或技术转让等技术交易方式转移到企业，由企业作为主体进行产业化和市场开发，将科技成果转化为现实生产力。这类模式的创新驱动力主要是技术推动，它充分利用高校和科研院所已开发出的科技成果，实现新知识和新技术向企业和产业的转移。

技术转让是指一方当事人将技术成果的所有权或使用权转让给另一方，另一方支付合同约定的价款。某项技术要能够实现技术转让，必须具备这样几个特征：一是该技术是一个相对完整的技术方案；二是该技术是现有的技术方案；三是该技术必须是已经权利化的技术成果。所谓权利化，包括取得专利权、专利申请权、专利实施权及技术秘密成果权等权利。技术转让常见的形式包括专利权转让、专利申请权转让、专利实施许可和技术秘密转让等。

技术许可也可以称为技术使用权转让，是指转让方（许可方）将其所有的技术许可受让方（被许可方）在约定的范围内实施。常见的技术许可方式有：一是独占许可。它是指许可方许可对方在约定的某一地区内和合同有效期间，对许可项下的技术享有独自占有和使用权。在这种技术许可方式下，尽管技术产权属于许可方，但是任何第三者或许可方都不得在该许可证有效期内，在该地区内使用该项技术制造或销售产品。这种技术许可方式可使受让方以技术产品垄断市场，故售价较高。二是排他许可。这种方式又称独家许可，是指被许可方合同约定的某地区和合同有效期内，对许可项下的技术享有独占的使用权，许可方在合同期间不再允许任何第三者拥有使用权，但许可方自已仍可在该地区使用该项技术制造或销售产品。由于被许可方通过该种技术许可方式所获得的该技术的使用权利比独占许可证要小，因此其技术使用报酬比独占许可低。三是普通许可。该许可方式除了允许合同双方在约定地区内，对许可项下的技术享有使用权外，许可方还有权将该技术使用权再卖给第三者。该许可方式的价格一般要比前两种低。四是可转让的许可。不同于前三种，购证人可以将许可项下的技术使用权或商标使用权再转让给第三人。其再转让的前提是经原售证人的同意。被转让的第三人亦称分售许可人。五是交换许可。该方式是双方可以按价值相等的技术，交叉取得双方的技术使用权。

4. 高校科技人员服务于企业的技术开发和服务需求

这类方式是企业首先根据增强竞争力的需要及其自身具备的技术创新能力提出技术开发和服务需求，确定需要利用的外部技术和服务及技术创新能力，然后寻找拥有相关技术和服务及技术创新能力的高校，帮助企业开发需要的新技术、新产品/新工艺，提供其需要的服务，增强其技术创新能力。

对这类技术转移方式，按照技术创新过程中企业与高校发挥的作用不同，又可以细分为联合开发、委托开发、技术咨询和技术服务等几种形式。所谓联合开发，是企业与高校在技术创新过程中组成联合开发小组，共同进行新技术的开发和应用；委托开发是企业提出明确的技术创新需求后直接委托给高校进行开发。

联合开发与委托开发有显著的区别。首先是当事人之间权利义务关系不同。联合开发当事人之间的权利义务是平行的，即当事人都承担类似的义务，又都有权请求和监督另一方履行相应的义务。委托开发当事人之间的权利义务是相对的，即委托人的主要义务也就是研究开发人的主要权利，研究开发人的主要义务即委托人所享有的权利。其次是当事人进行研究开发工作的方式不同。联合开发的当事人共同参加研究开发工作，合作各方既可以共同进行全部的研究开发工作，也可以按合同约定进行分工，分别承担不同阶段或不同部分的研究开发工作。委托开发则是一方进行物质投资和经费投入，另一方从事研究开发。再次是合同当事人签约目的不同。联合开发当事人之间的权利义务关系是共同的，各方的目的是一致的，通过研究开发取得的成果是共有的，可以是共同共有，也可以是按份共有。对委托开发，委托人提供投资供另一方研究开发，其目的是为获得研究开发成果，用于其生产领域，获取经济效益。研究开发人从事研究开发工作的目的是为了获取报酬。委托开发的成果所有权依合同的约定在当事人之间进行不同程度的分享。最后是合同当事人分担风险的原则不同。联合开发研究开发过程中出现的风险通常由各方当事人共同承担；委托开发的风险一般由委托人承担，也可依合同约定由双方分担。

技术服务是指受托方应委托方的要求，针对某一特定技术课题，运用所掌握的专业技术技能、经验、信息、情报等向委托方提供知识性的服务。技术咨询，是指受托方应委托方的要求，针对解决重大技术课题或特定的技术项目，运用所掌握的理论知识、实践知识和信息，通过调查研究，运用科学的方法和先进手段，进行分析、评价、预测，为委托方提供建议或者几种可供选择的方案。

技术服务与技术咨询具有多方面的相同点。一是技术服务与技术咨询都是解决技术问题；二是技术服务与咨询所用的知识都是普通知识；三是技术服务与技术咨询机构是完全独立的；四是技术服务与技术咨询机构同委托方的关系是买卖关系。

技术服务与技术咨询是相互联系的，难以严格区分，但是它们之间存在着很大差别，在适用范围、机构责任、适用知识范围、成果形式、需要的时间等方面都显著不同。常见的技术服务方式有：培训；设备的测试、分析和验收技术服务；设计服务；代理雇主起草、拟定技术文件、商业文件，如草拟公司章程、合同、招标书等技术服务；代理雇主进行贸易谈判、法律诉讼、财务审计等技术服务；计算机技术应用服务，如计算机系统软件编制和辅助设计等智力密集型服务；特定项目的信息加工、分析和检索。常见的技术咨询方式有：提供技术资料、项目或项目咨询、可行性研究、技术评估、企业管理咨询、政策咨询等。

5. 企业以非正式方式利用高校研发技术信息

高校科技人员研发产生大量的科研成果，这些科研成果以多种形式表达和发布，如在学术期刊上发表论文、在学术会议上宣读、申请专利和申报各类科技成果奖励等。高校科技人员研发形成的科研成果之所以要发布，有多方面的原因。一是对基础研究成果，由于其主要是在国家财政资金的支持下研发形成的，是对人类社会客观规律的研究和描述，具有公共产品特征，这些成果以论文的形式发表后可以被他人引用，既能充分发挥科研成果的作用，又能促进新的科研成果产生；二是对技术开发成果，由于具有重要的经济价值，高校科技人员对这些成果申请专利，保护其已有研发成果不受到侵犯，可以保护科技人员研发的积极性，产生更多的科技成果。

实际上，不管科研成果以什么样的形式发布，都有大量的研究信息公开。这种情况下，企业科技人员就可以不需要与高校科技人员签订正式协议、形成正式的合作和委托关系，而是采取其他非正式和合法的途径获取这些研究信息。常见的以非正式方式利用高校研发技术信息的方式包括：一是企业科技人员通过查阅高校科技人员在学术期刊上发表的学术论文获取高校研发技术信息；二是企业科技人员参加高校科技人员组织或参与的学术会议，通过面对面的学术交流获取高校研发技术信息；三是企业科技人员通过查阅高校科技人员申请和授权专利、申报和获得的科技成果奖励等获取高校研发技术信息；四是企业科技人员与高校科技人员之间建立良好的私人关系，在日常的非正式私人交流中获取高校研发技术信息。

6. 高校帮助企业培养人才

高校不仅开展科研工作，更重要的使命是培养人才。支持高校技术向企业转移，还可以把技术转移和帮助企业培养人才结合起来。通过发挥高校的人才培养功能，既使企业自己人才的技术创新能力提升，又使其获得了高校的研发技术信息和技术，增进了高校科技人员和企业科技人员之间的联系和相互了解。

高校可以通过请进来、走出去等多种方式帮助企业培养自己的人才。一是高校通过设立企业科技人员高校访问学者计划，支持企业技术人员到高校访问进修；二是高校举办各种形式的培训班，帮助企业培养科技人才；三是鼓励企业科技人员在职攻读硕士甚至博士学位；四是鼓励企业的高层次科技创新人才到高校以兼任客座教授等方式兼职。

3.3.3 各种技术转移方式的特点

高校向企业的技术转移和人才流动方式多样，各种方式的特点各不相同。为更好地运用各种技术转移和人才流动方式，需要对各种方式的特点进行比较分析。从高校帮助企业提升自主创新能力的视角出发，比较各种技术转移和人才流动方式的特点，主要从为什么转移、转移了什么和转移的条件等几个方面进行。具体而言，分析为什么转移，主要从需求拉动还是技术推动两个方面进行；比较转移了什么，主要从显性技术转移程度、隐性技术转移程度、支持人才向企业集聚和帮助企业培养人才等几个方面进行；分析转移的条件，主要分析需要企业具备的技术吸纳能力、风险承担能力和技术的成熟度。比较结果分为三个层次，分别是“好”、“中”、“差”或“强”、“一般”、“弱”，分别用“++”、“+”和“空白”表示，具体比较结果见表 3-2。

高校科技人员创办新企业，其技术转移的驱动力主要是技术推动，由此对市场需求的针对性比较差。这类技术转移方式不仅能使显性技术和隐性技术同时向企业有效转移，而且还特别有利于人才向企业和产业集聚。但是，相比较而言，教师离校创办企业承担的风险比较大，对技术的成熟度也有一定的要求。

表 3-2　各种技术转移和人才流动方式的特点

方式		驱动力和针对性			转移内容				转移条件		
		需求拉动	技术推动	市场需求针对性	显性技术转移	隐性技术转移	人才向企业集聚	培养企业人才	技术吸纳能力	风险承担能力	技术成熟度
高校科技人员创办新企业	教师离校创办企业		++		++	++	++			++	+
	教师在岗创办企业		++		++	+					+
	教师保留身份创办企业		++		++	++	+				+
	高校毕业生创办企业		++		++	+	+			+	+
高校科技人员加盟已有企业	教师离校加盟企业	+	+	++	++	++	++	+			
	教师保留身份到企业工作一定时间	+	+	++	++	+	+	+			
	教师在岗并在企业兼职	+	+	++	++	+		+			
	高校毕业生到企业工作	++		++	++	+	+				
已有成果转让给企业	技术许可		++		++				++	+	++
	技术转让		++		++				++	+	++
高校科技人员服务于企业的技术开发和服务需求	联合开发	++		++	++	++		++	+	+	
	委托开发	++		++	++	+			+	+	
	技术咨询	++		++	+	+		+	+		
	技术服务	++		++	+	+		+	+		
企业以非正式方式利用高校研发技术信息	阅读学术论文	+	+	+	+				++		
	参加学术会议	+	+	+	+				++		
	了解专利和成果等的申报情况	+	+	+	+				++		

续表

方式		驱动力和针对性			转移内容			转移条件			
		需求拉动	技术推动	市场需求针对性	显性技术转移	隐性技术转移	人才向企业集聚	培养企业人才	技术吸纳能力	风险承担能力	技术成熟度
高校帮助企业培养人才	企业人员到高校访问	+	+	+	++	+		++	+		
	高校举办培训班	+	+	+	++			+	+		
	企业人员到高校兼职	+	+	+	++	+		++	+		

注："++"、"+"、"空白" 分别表示 "好"、"中"、"差" 或 "强"、"一般"、"弱"

高校科技人员加盟原有企业，既可能是高校科技人员掌握了先进的可转化应用的技术带来的结果，也可能是企业为了有效开展技术创新活动形成的需求拉动的结果，还可能两者兼而有之，因此其对市场需求的针对性一般。与高校科技人员创办新企业一样，这种方式能使显性技术和隐性技术同时向企业有效转移，而且还特别有利于人才向企业和产业集聚，并可以发挥人才到企业后的传帮带作用，帮助企业培养人才。在这种技术转移方式下，高校科技人员加盟原有企业承担的风险比较小，但是要有效发挥这些人的作用，企业必须积极开展技术创新活动，具备一定的技术创新能力和技术吸纳能力。

对已有成果转化而言，其技术转移的主要驱动力是技术推动，由此对市场需求的针对性比较差。这类技术转移方式主要能把显性技术转移到企业，但很难把隐性技术转移到企业，也不支持人才向企业集聚和帮助企业培养人才。同时，企业承担的技术创新风险比较大，需要具备的技术吸纳能力比较强，特别是对技术的成熟度要求还非常高。

高校服务于企业技术创新需求是一类非常常见的技术转移方式，这类方式的主要驱动力是需求拉动，由此这类技术转移方式对市场需求的针对性比较好。它不仅能使显性技术向企业有效转移，而且隐性技术向企业转移的效果也比较好，特别是联合开发还能帮助企业培养人才。这样企业不仅获得了其需要的技术，还培养了自己的人才，增强了自己的技术创新能力。同时，由于这种方式要求企业能提出技术创新需求，要求其具备一定的技术创新能力和技术吸纳能力。

企业以非正式方式利用高校研发技术信息，其主要驱动力既可能是需求拉动，也可能是技术推动，还可能是需求拉动和技术推动共同作用的结果，它向企业转移的主要是显性技术信息，无法转移隐性技术或其信息。显然，要使用这种方式实现技术转移，企业承担的风险很小，但必须具有很强的技术信息利用能力，也即具备较强的自主创新能力和技术吸纳能力。目前从发达国家的情况看（Cohen et al.，2002），由于这些国家的企业自身的研发能力和技术吸收能力非常强，技术信息，哪怕是不完整的技术信息的利用能力也非常强。因此，在高校技术向企业转移的各种方式中，非正式方式发挥非常重要的作用，是一种极其重要的技术转移方式。

高校帮助企业培养人才，这类技术转移方式的主要驱动力既可能是需求拉动，也可能是技术推动，还可能是需求拉动和技术推动共同作用的结果。这种方式不仅向企业转移了技术信息甚至技术，更重要的是帮助企业培养了自己的人才，增强了企业的自主创新能力。同时，在这种技术转移方式下，企业需要具备一定的技术创新能力和吸纳能力，但是其承担的风险比较小。

综合上述比较分析结果，可以得出下列结论。

1. 技术转移不仅要注意转移显性技术，更要转移隐性技术

技术的基本特点之一是技术分为显性技术和隐性技术。虽然各项技术中隐性和显性部分所占比例各不相同，但是任何一项技术都既有显性部分，也有隐性部分。要实现高校技术向企业切实有效的转移，使得先进技术能在企业得到良好应用，只转移显性部分是很难实现的，必须转移隐性部分。

2. 最有效的技术转移方式是技术转移和人才流动同时发生

技术是知识的一部分，也有隐性和显性之分。技术转移过程中，要有效实现隐性知识的转移，成功地进行技术创新，唯一有效的方法是拥有该隐性知识的人向企业流动。因此，不仅人才流动本身就是一种非常重要的技术转移方式，而且其他技术转移方式最好伴随着拥有隐性知识的人才的流动，实现新技术和拥有该技术的人才同时向企业转移。

3. 各种技术转移方式的特点差异较大，不同类别的企业应该采用不同的技术转移模式

高校向企业技术转移的方式多样，企业针对某项技术选择具体的技术转移方式时，必须结合需要转移技术的特点和自身的技术创新能力，选择合适和高效的技术转移方式。显然，在各种技术转移方式中，高校科技人员创办新企业或加盟原有企业、服务于企业技术创新需求、帮助企业培养人才等方式，不仅能更好地

将显性技术和隐性技术都转移到企业，而且能支持人才向企业集聚，帮助企业培养人才，对支持企业技术创新发挥的作用更大。

4. 技术转移不仅可以基于高校已有的科技成果，还可以建立在高校形成的技术研发能力基础之上

在各种技术转移方式中，技术许可和技术转让是把高校已经研发形成的技术转移到企业，这类技术转移方式是基于高校已有的科技成果。而高校科技人员服务于企业的技术创新需求，是企业提出技术开发需求后，高校利用具备的研发能力，针对企业特定的需求研发其需要的技术，运用这类技术转移方式，不是主要考虑高校科技人员已经具有的技术，而是着重考虑其具备的研发能力，是建立在高校已经形成的研发能力基础之上。同时，这类技术转移方式不仅使企业获得了显性技术和隐性技术，还帮助企业培养了人才，增强了企业的自主创新能力。因此，支持高校和企业开展技术转移活动，不仅要支持企业利用高校已有的科技成果，更要鼓励利用其具有的技术开发能力服务于自己的技术创新需求。同时，企业不仅要关注获得其需要的技术，还要注意培养自己的人才和增强自主创新能力。

5. 科技成果转化率不能反映高校技术转移水平

高校向企业技术转移的方式多样，既有科技成果转化方式，也有服务于企业的技术创新需求方式，还有帮助企业培养人才方式，科技成果转化只是各种技术转移方式中的一类。因此，高校向企业技术转移并不等同于科技成果转化，高校科技成果转化率并不完全反映高校技术转移的水平，不能作为衡量高校技术转移水平的主要指标，需要形成新的技术转移评价指标体系和方法。

科学地评价高校的技术转移水平，不能主要考虑供应方即高校和科研院所有多少成果并得到转化，更应从需求方企业的角度考虑，分析企业开展技术转移活动的广度和深度。一方面分析创新型企业中积极开展技术转移的企业所占的比例，即技术转移的广度；另一方面分析在开展技术转移的企业中，有多少企业与高校建立长期合作关系，企业把多少研发投入用于技术转移，企业技术转移形成的科技和经济产出在其总产出中占有的比重等，即技术转移的深度。

6. 即使高校科技成果转化率不高，政府仍应大力支持其开展技术开发活动

首先，采用服务于企业技术创新需求等技术转移方式，虽然企业较少直接利

用高校已开发出的科技成果，但是直接和大量利用了高校开发已有成果过程中形成的技术开发能力。如果高校不大量开展技术开发活动，就无法形成技术开发能力，企业自然不可能利用其技术开发能力。可以说，高校开发出的一部分成果虽然没有直接转化，但是开发这些成果过程中形成的技术开发能力得到了比较有效的应用。其次，企业技术创新需要大量的创新型人才，高校承担着培养创新型人才的历史使命。要让高校培养出具有较强技术开发能力的创新型人才，教师必须具有很强的技术开发能力，这也要求必须支持高校开展技术开发活动。最后，企业开展技术创新活动，主要关注近期能产生效益的技术，一般企业往往很难关注长远和战略性的技术以及需要大量研发投入的关键技术，高校可以弥补企业这方面的不足，在政府的支持下大量开展战略技术和关键技术的研究，为长远发展提供战略技术支撑。

3.4 本章小结

按照不同的分类标准，已经形成了多种不同的科技创新活动分类方法。但是，已有的各种科技创新活动分类还存在一些问题，往往都没有考虑到社会产品应分为公共产品和私人产品，由此没有区分公共产品技术创新和企业技术创新。结合已有的分类方法，充分考虑研究国家创新体系的需要，将科技创新活动细分为基础研究、应用研究、技术开发、企业技术创新、公共产品技术创新和技术转移等六种类型。

公共产品技术创新是根据社会公共需求以及已有的知识和技术产生新的产品构想，经过应用研究、技术开发、转化和应用，开发出新产品，满足社会公共需求，产生社会效益和经济效益的所有活动构成的过程。

技术和企业技术创新有多方面的特性。技术具有复杂性、缄默性、研发的路径依赖性、发展的不可逆性等特性；企业技术创新具有能力的累积性、收益的非独占性、高风险性以及投入大而回报周期长等特性。

从不同的视角出发可以对企业技术创新进行不同的分类，常见的分类方法有：按技术创新程度分类；按创新产生技术的先进性及其对市场的影响程度分类；按创新技术的成熟度分类；按创新对象分类；按技术变动方式分类；按创新对企业技术创新能力的影响分类；按创新产生的社会影响分类；按创新实施模式分类等。

一般而言，企业技术创新过程包括新产品构思产生、研究和设计及开发、生产和制造、营销和销售、用户选择和消费等几个阶段。企业技术创新的管理决策过程包括信息收集和分析、评价和决策、研究开发和生产管理以及经济效益评价等几个阶段。

知识具有显性知识和隐性知识之分，隐性知识转移往往需要通过掌握该知识的人才流动才能实现。因此，实现高效的技术转移，不仅人才流动本身就是一种非常重要的方式，而且其他技术转移方式最好伴随着相关人员的流动。

目前的技术转移方式非常多样，常见的有：高校科技人员创办新企业、高校科技人员加盟原有企业、高校已有科技成果转化、高校科技人员服务于企业的技术开发需求、企业采用非正式方式利用高校研发技术信息和高校帮助企业培养人才等。

从实现技术转移的条件和内容等角度比较分析可以发现，各种技术转移方式的特点差异较大，不同类别的企业应该采用不同的技术转移模式。一般而言，高校科技人员创办新企业或加盟原有企业、高校科技人员服务于企业技术创新需求、高校科技人员帮助企业培养人才等技术转移方式，不仅能更好地将显性技术和隐性技术都转移到企业，而且能支持人才向企业集聚，帮助企业培养人才，增强企业的自主创新能力，对支持企业技术创新发挥的作用更大。

第 4 章 公共产品技术创新及其与企业技术创新的关系

加快国家创新体系建设，不仅要大力推进企业技术创新，而且要积极开展公共产品技术创新，满足人民群众日益增长的公共服务需求。同时，公共产品技术创新在国家创新体系中并不是孤立存在的，不仅与技术开发存在密切的联系，而且可以与企业技术创新形成紧密联系和相互促进的关系。为深入理解国家创新体系，需要对公共产品技术创新的特点和规律以及其与企业技术创新之间的关系等进行系统的诠释。

本章通过对典型案例的剖析，首先研究公共产品技术创新过程和管理决策过程及其特点，其次比较公共产品技术创新和企业技术创新之间的差别，最后讨论公共产品技术创新与企业技术创新之间的相互联系和促进方式，剖析企业参与公共产品技术创新对增强其技术创新能力可以发挥的作用。

4.1 公共产品技术创新过程及特点

世界上任何一个主权国家都要围绕国防安全、社会发展、基础设施建设等社会公共需求不断改进和提高公共产品的供给能力和水平，需要不断地进行公共产品技术创新，美国的“曼哈顿”计划、欧洲的“尤里卡”计划等都属于公共产品技术创新的范畴。中国也成功地实施了一系列重大的公共产品技术创新工程，如“两弹一星”、载人航天工程、三峡工程、青藏铁路等。由于公共产品的供给主体、消费方式等与私人产品显著不同，导致公共产品技术创新过程与企业技术创新过程有显著的差异。现通过典型案例剖析，分析公共产品技术创新的过程和特点。

4.1.1 公共产品技术创新典型案例——“两弹一星”

新中国成立以来，我国在国防、大型公共基础设施、医疗卫生等许多领域进行了大量的公共产品技术创新，取得了辉煌的成就，引起国内外广泛关注，产生巨大影响，“两弹一星”[①] 的研制就是其中的典型代表之一。

20 世纪五六十年代，新中国百废待兴，面对严峻的国际形势，为了打破大国的核讹诈、核垄断，尽快增强国防实力，保卫和平，党中央和毛泽东同志审时度势，高瞻远瞩，集思广益，运筹帷幄，果断决定研制“两弹一星”，重点突破国防尖端技术。1956 年 10 月 8 日，中国第一个导弹研究机构——国防部第五研究院诞生。自此以后的 50 多年内，我国开发出了一系列的运载火箭、人造地球卫星、原子弹和氢弹、导弹武器系统等，取得了举世瞩目的辉煌成就。“两弹一星”事业的发展，不仅使我国的国防实力发生了质的飞跃，而且广泛带动了我国科技事业的发展，造就了一支能吃苦、能攻关、能创新、能协作的科技队伍，极大地增强了全国人民开拓前进、奋发图强的信心和力量。邓小平同志深刻地指出：“如果六十年代以来中国没有原子弹、氢弹，没有发射卫星，中国就不能叫有重要影响的大国，就没有现在这样的国际地位。”

分析和总结“两弹一星”取得巨大成功的原因（科学技术部办公厅调研室，2004），可以发现其特别重要的经验是在这样几个方面：

（1）超前和准确地把握了国家政治、军事、经济、科技发展的重大战略需求，英明决策。20 世纪 50 年代，新中国刚刚成立之初，百废待兴，经济非常困难，科技基础非常薄弱，党中央和毛泽东主席、周恩来总理等老一辈无产阶级革命家高瞻远瞩，从国家和民族的长远政治、军事、经济、科技战略目标出发，适时地做出了中国发展“两弹一星”的英明决策，这是取得“两弹一星”辉煌成就的基础和前提。

（2）实施集中统一领导。党中央、国务院、中央军委一直十分重视、关心和支持“两弹一星”的创建和发展，并实施了集中统一的领导。1962 年 12 月 14 日，中央成立了周恩来总理兼任主任的中央专门委员会，负责领导“两弹一星”事业，并对重大问题做出决策。1989 年 3 月 10 日，国务院、中央军委成立了国家航天领导小组，1989 年 10 月 8 日，国务院、中央军委成立了国务院、中央军委专门委员会。这些机构保证从国家层面上对“两弹一星”和中国航天实施集中统一领导、指挥和决策。

（3）制定了适合中国国情、正确的发展方针政策和战略规划。早在中国第一个导弹研究机构创建初期，毛泽东主席、周恩来总理等就亲自为国防部第五研

---

① “两弹一星”指我国在一穷二白的条件下，独立研制成功原子弹、氢弹和人造地球卫星的壮举

究院制定了“自力更生为主，力争外援和利用资本主义国家已有的科学成果”的方针。在制定发展战略和规划中，力求先进性、可行性、预测性、前瞻性的统一，并切实做到“有限目标，突出重点”。50 多年的实践证明，正是由于制定了正确的方针政策和战略规划，保证了“两弹一星”能够取得巨大的成功。

（4）按照系统工程的原理实施科学管理。实行设计师系统、行政指挥系统两条指挥线的管理；设立型号总体设计部；遵循科研纪律、严格执行研制程序，型号研制实行分阶段管理；贯彻基本型原则，走系列化、通用化、模块化的型号发展道路；对型号研制、预先研制、技术改造等做出统筹兼顾、协调发展；严格抓好规划、计划，加强指挥调度，实现计划网络图的指挥调度办法和组织管理模式，实现了系统管理和科学管理。

（5）实行严格的质量管理、控制和监督。在“两弹一星”开始实施不久，周恩来总理就对其质量工作提出了“严肃认真，周到细致，稳妥可靠，万无一失”的 16 字方针。坚持质量第一，视质量为生死攸关的大事，成为“两弹一星”研制过程中永恒的主题。经过 50 多年的不断实践，已经总结出了一整套行之有效的保证质量的措施与办法。

（6）注重科研生产队伍的建设。人是发展“两弹一星”最重要的因素。在“两弹一星”发展过程中，始终坚持以人为本，注重科研生产队伍的建设，形成了一支以中老年科技专家为学科和专业技术带头人、以中青年科技骨干为中坚、以年青科技人员为后备军，理论基础扎实、实践经验丰富、专业技术与学科配套齐全的高素质的科技创新队伍。

4.1.2 公共产品技术创新过程及管理决策过程

通过对“两弹一星”这样的典型公共产品技术创新案例进行分析、归纳和总结可以发现，一般而言，公共产品技术创新过程可以用图 4-1 描述，这是一个不断循环往复的过程。首先，政府有关部门，从国防安全、经济和社会发展、科技进步国家的战略需要和（或）社会公众的需求等出发，基于已有的技术基础和研究开发能力，识别新的社会公共需求和新的技术机会，形成新的产品构思，确定需要开发的新产品及其技术开发方案，并进行新产品的研究、设计和开发。其次，在有关政府部门的主导下进行产品的生产和制造，将公共产品提供给社会公众使用和消费。最后，根据社会公众提出的新需求，结合科学技术的新发展及其具备的研究开发能力，再形成新的产品构思，进行新的产品的研究、设计和开发，该过程不断循环往复和重复进行，不断改进政府的公共服务水平。

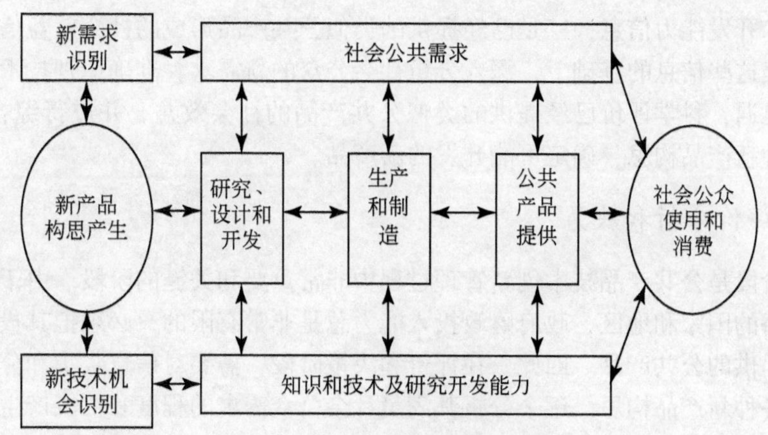

图 4-1　公共产品技术创新过程

我国过去进行的“两弹一星”、“载人飞船”等公共产品技术创新是一个非常复杂的过程，由于其技术的高度复杂性，该过程中存在大量的不确定性因素，导致公共产品技术创新也面临着失败的危险。为提升创新的成功率，需要加强对公共产品技术创新过程的管理，创新组织管理能力是保证能成功地进行公共产品技术创新的核心能力之一。因此，伴随公共产品技术创新过程的是公共产品技术创新的管理决策过程（图 4-2），该过程包含信息收集和分析、评价分析和决策、研究开发和生产过程管理、效益评价等几个阶段。

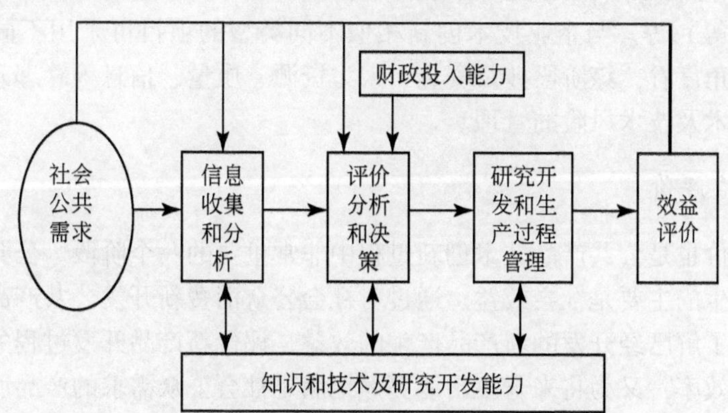

图 4-2　公共产品技术创新管理决策过程

1. 信息收集和分析

信息收集包括多方面的内容：一是社会公共需求信息，二是已有的知识、技术和技术开发能力信息，三是已经提供的类似公共产品形成的社会效益信息。在广泛收集这些信息的基础上，深入分析社会公众的新需求，准确识别技术发展带来的新机遇，科学评价已经提供的类似公共产品的社会效益，并进行综合分析，产生多种新产品构思，确定可能开发的新产品。

2. 评价分析和决策

该阶段是公共产品技术创新管理过程中非常重要和关键的阶段。由于即使在非常富裕的国家和地区，政府财政投入能力总是非常有限的，必须把其投入最迫切需要提供的公共产品。因此，在评价和决策阶段，需要对信息收集和分析阶段形成的各种新产品构思，逐个分析其满足社会公众需求的程度和可能产生的社会效益、技术开发的风险和成功的可能性等。在此基础上，充分考虑政府财政投入能力，对各种新产品构思充分论证和比较分析，确定需要研究开发的新产品。

3. 研究开发和生产过程管理

该阶段是公共产品技术创新过程中非常重要的阶段，它需要能有效调动相关各种资源，高效组织和利用，并能成功地研究开发和生产出需要的产品。依据生产管理理论，一般而言，多数公共产品属于按订单组织研究开发和生产。同时，按照产品生产工艺过程类型分类，公共产品又可以分为项目型（如神舟载人飞船等）、单件小批型（如运载火箭等）、成批生产型（如战斗机等）和大量生产型（如枪支等）等。与企业技术创新相似不同类型的项目可采用不同的组织方式，从管理角度看，该阶段涉及资金、人力资源、质量、信息等管理问题，特别需要重视技术及技术风险的管理。

4. 效益评价

效益评价也是公共产品技术创新过程中非常重要的一个阶段。公共产品的特点决定其产生的主要是社会效益。通过对社会公众消费新开发公共产品效益的评价，既可以了解已经开发的新产品产生的效益，评价新产品开发过程的组织管理水平和开发效率，又为将来开发出能更好地满足社会公众需求的产品服务。

4.1.3 公共产品技术创新的特点

分析公共产品技术创新及其管理和决策过程，可以发现一系列特点：

(1) 公共产品技术创新一般不存在市场风险。公共产品技术创新是在政府有关部门的组织下，在需求相对明确和稳定的环境下，按照政府提出的明确订单要求进行研究开发和生产。政府是公共产品的主要购买者，公共产品技术创新有需求上的保证，一般不存在生产出的产品销售不了的可能，即一般不存在市场风险。

(2) 政府财政投入能力是公共产品技术创新规模和水平的核心影响因素。社会公众对公共产品有巨大的需求，受多种因素的影响，政府的公共产品供给能力总是有限的，公共产品的总需求总是大于供给。在这种情况下，政府部门只能在综合考虑需求程度、投入要求和能力、技术风险等各种因素的基础上对公共产品技术创新做出选择。在这些因素中，因为技术问题在一定程度上可以通过增加投入得到解决，因此，制约公共产品技术创新的核心因素是政府的投入保障能力。

(3) 公共产品技术创新面临较大的技术风险。公共产品技术创新是一个通过应用研究、技术开发、转化和应用开发出新产品的复杂过程。在该过程中，为开发出新的公共产品，或者需要开发新的技术，或者需要将已有的技术进行新的应用。由于技术的复杂性，存在着新技术开发或者已有技术的新应用无法成功等各种失败的可能，面临着比较大的技术风险，加强技术风险管理是公共产品技术创新管理的核心问题之一。

(4) 公共产品技术创新的经济核算主要是成本。国防、环境保护等公共产品技术创新产生的主要是社会效益，目前从定量角度科学和准确地评价社会效益还非常困难。因此，公共产品技术创新的经济核算很难做投入产出效益分析，很难将其设计为效益中心，只能将其设计为成本中心，财务目标是将成本控制在预算范围之内，开发出数量尽可能多、质量尽可能高、满足社会公众需求的新的公共产品。

分析公共产品技术创新管理和决策过程，可以发现，要提升公共产品技术创新的成功率和产生的效益，必须重点解决好这样几个决策和管理问题：

(1) 深入了解社会公共需求和科学地进行公共产品技术创新决策。深入了解和把握社会公共需求，科学地抉择进行哪些公共产品技术创新，是保证公共产品技术创新能取得比较好的、长远的社会效益的必要条件。“两弹一星”就是这方面的典型代表。

要对公共产品技术创新需求做出科学和正确的决策，首先要能有超前的战略眼光，高瞻远瞩，审时度势，准确把握全球未来政治、经济、军事和科技的重大发展趋势，从长远和战略的高度准确地把握社会公共需求；其次要充分考虑已有的技术基础；接着通过充分调查和分析，广泛听取意见，科学形成多种新产品构想，并进行科学的评价、分析和决策，确定需要开发的产品。在此基础上，制定比较详细的、新的公共产品研究开发计划。

（2）对研究开发计划要进行充分论证，保证研究开发计划的科学性、可行性和先进性。公共产品技术创新面临着比较大的技术风险，制定科学、先进、可行的研究开发计划和研究开发方案，是保障公共产品技术创新成功的有效和有力举措。要制定科学、先进、可行的研究开发计划和研究开发方案，关键是要对其进行充分、科学的论证。

由于许多公共产品技术创新是一个多目标、多因素的复杂巨系统，要做到研究开发计划和方案的论证结果和决策更科学，一是要有严格的制度化论证程序，二是要采用科学的论证方法，三是要充分保障学术民主，四是要作出正确的战略决策。科学的论证制度是减少决策失误的基本保障。

（3）政府在公共产品技术创新投入上提供必要的保障。公共产品技术创新需要人才、资金、设备、政策、制度等多个方面的保障，没有创新投入上的保障，公共产品技术创新就不可能进行。公共产品技术创新的供给主体是政府，通过公共产品技术创新，为社会大众提供新的公共产品，这是政府义不容辞的责任和义务。要成功地进行公共产品技术创新，政府必须提供必要的资金、人力等各方面投入上的保障。

然而，政府要提供公共产品技术创新投入上的保障，并不意味着所有公共产品的创新都由政府来完成。现实世界中的种种范例证明，私人可以通过市场方式参与某些公共产品技术创新，提供某些公共产品。因此政府在公共产品技术创新上的投入，不仅体现在资金、人才等资源的投入上，而且体现在制度设计、政策保障等许多方面。

（4）加强公共产品技术创新过程的组织和科学管理。许多公共产品如“两弹一星”等的技术创新，一般具有技术密集、系统复杂、综合性强等特点。大量的实践经验表明。没有严格的科学管理，不注重质量管理，很难取得成功。坚持科学管理，始终抓住质量和效益，是“两弹一星”取得巨大成功的重要经验。

公共产品技术创新过程的组织和管理，就是采用适宜的组织形式和运行机制，根据社会公众对公共产品的需求及公共产品技术创新的客观规律，科学而高效地组织好创新过程中每个环节的运行。公共产品技术创新过程涉及多个管理环节。首先，根据公共产品技术创新的要求和复杂性，确定其组织管理的方式、主要政府管理部门和管理机构，确定创新的管理主体；其次，选择创新任务的承担单位，进行产品研究开发的总体方案设计和论证，进行多方案的比较和分析，确定优选的设计方案；最后，按照科学的流程和方法对开发过程进行严格管理，直到完成创新产品的生产和使用消费。

4.2 公共产品技术创新与企业技术创新的比较

4.2.1 企业技术创新过程及其管理过程的特点

1. 企业技术创新的特点

通过大量的典型案例剖析可以发现，企业技术创新有这样以下几个特点：

（1）企业技术创新既有技术风险，也存在市场风险。企业技术创新开发新产品，由于技术的复杂性，无论是新技术开发还是已有技术的新应用都存在失败的可能，面临着比较大的技术风险。而且即使新产品创新成功并投入市场，仍有可能不被市场和用户接受，因此还存在市场风险。由于目前用户的需求快速多变，企业竞争对手也在通过不断推出新产品争取竞争优势，很可能导致企业开发和生产出的新产品不被用户接受。因此，企业技术创新不仅面临比较大的技术风险，还面临比较大的市场风险。

（2）企业技术创新过程是一个需要随时根据市场环境和竞争环境的变化调整研究开发方案的动态过程。当今企业面临市场的特点是快速多变，要准确了解和预测市场变化情况几乎是不可能的。企业在进行新产品构思评价分析和决策、研究开发方案设计等过程中，是在不完全、不准确的信息下进行的，需要随时根据获得的新的更加准确的信息调整决策方案以及研究开发方案。因此，企业技术创新过程，是一个需要随时根据市场环境和竞争环境的变化调整研究开发方案的动态过程，具有动态调整研究开发方案和路径的能力，以不断适应环境的变化，是成功地进行企业技术创新必须解决的问题。

（3）企业内不同产品创新之间具有比较强的创新投入关联性，能持续地进行产品创新是企业技术创新能力的重要体现。企业在产品创新过程中，当前产品创新的资金投入实际上来自于之前企业创新和生产经营产生的利润，企业的技术及其技术创新能力来源于之前的技术和技术创新能力积累。因此，如果之前的产品创新失败，造成了比较大的损失，不仅直接影响企业继续创新的信心和积极性，还直接导致企业的创新投入能力受到影响，严重时甚至能导致企业破产和倒闭。因此，企业内不同产品创新之间具有比较大的关联性，某个产品创新失败不仅会影响该产品本身可能产生的效益，还可能影响企业后续能否进行创新和进行什么样的创新，能持续地成功进行创新是企业技术创新能力的重要体现。

（4）企业技术创新的目的是产生经济效益。企业技术创新的基本动机是赢得市场，获取利润，产生经济效益。如果准确预见到某种产品很难带来利润，企业就不会进行该产品的创新。因此企业技术创新评价的是经济效益。

2. 企业技术创新管理决策过程的特点

企业技术创新过程及其特点表明，其成功创新面临许多挑战和困难，需要解决非常复杂的管理决策问题。

（1）企业面临的创新环境非常复杂并快速多变，要全面和准确地收集有关企业创新环境方面的信息、预测未来发展趋势是极其困难的。按照一般的战略规划理论，要制定有效的企业技术创新战略，需要在广泛收集用户的需求、竞争对手的竞争战略和策略、技术发展状况和发展趋势等多方面信息的基础上，通过对外部环境进行综合比较分析，把握其发展机遇和面临的挑战。

然而，当今企业面临创新环境的重要特点是快速多变。首先是消费者和用户的需求快速多变，越来越希望能以低价格、高质量获得各种创新性的、个性化的产品和服务。同时竞争对手的竞争战略和策略也在不断变化。还有科学技术也在不断快速发展，各种新的技术不断涌现。在这种非常复杂和快速多变的环境下，要全面和准确地收集有关企业创新环境方面的信息是非常困难的，由此很难比较准确地预测未来环境的发展和变化趋势进行战略规划与决策。

（2）新产品构思的评价分析和决策是一个风险型的动态决策问题，有效解决该问题面临比较大的困难。由于企业面临的市场环境、竞争环境和技术环境都快速多变，新产品构思评价分析和决策是非常复杂，具体体现在如下几个方面：一是由于私人产品市场需求具有高度的不确定性，竞争对手的竞争策略也具有高度的不确定性，该决策问题是一个典型的风险决策问题（徐南荣，仲伟俊，2002）；二是由于消费者和用户的需求很难被准确表示和预测，同时用户需求快速多变，需求信息很难被全面和准确地获得，这是一个在信息不完备和不准确的情况下进行的决策问题；三是即使能获得准确的市场需求信息，一旦依据这些信息经过一定的时间开发出新产品后，很可能市场需求已经发生了变化，开发出的新产品很难在市场上被用户选择和接受，该决策问题是一个决策过程中需要不断补充和更新各种信息，随时随着环境的变化调整决策方案的动态决策问题；四是由于竞争对手的竞争策略快速多变，他们也在不断地开发新产品以赢得竞争优势，这样即使本企业能开发出新产品，但如果开发新产品的速度没有竞争对手好，或者所开发新产品的性能、价格等没有竞争对手强，也可能导致企业的新产品很难赢得市场和竞争优势，这样该决策问题实际上是一个动态博弈问题。

上述因素导致新产品构思的评价分析和决策问题是一个涉及多方面因素、具有高度风险性的动态决策问题。如果不能对该决策问题进行科学的决策，导致开发的新产品与市场需求不一致，就像铱星系统那样，即使技术上很先进，也不会被市场接受，形成巨大的市场风险。

(3) 应基于渐进主义（笛德等，2004）战略制定企业的技术创新战略。依据战略规划理论，包括创新战略在内的各种战略的制定存在两种基本思路，一种是理性主义战略制定方法，另一种是渐进主义战略制定方法。

理性主义战略制定包括了解和分析环境、选择和确定行动方案、执行行动方案等几个阶段。这种战略方法的典型代表是优势-劣势-机会-威胁（SWOT）分析方法，即根据外部机会和威胁，分析企业的优势和劣势，制定战略方案。这种方法有助于企业把握竞争环境的发展趋势，为不断变化的未来做好准备。这种方法把长期发展和近期的工作有效结合，确保发展目标和行动能保持一致。

应用理性主义战略制定方法需要具备一定的条件，主要是要能准确了解企业所处的外部环境，并且能预测外部环境可能的发展趋势。然而，当今企业面临环境的基本特点就是非常复杂和快速多变，要全面而准确地了解外部环境已经非常困难，更别说预测未来。因此，在制定企业技术创新战略时，更适合采用基于渐进主义的战略制定方法。

渐进主义者认为，由于环境的高度复杂性和不确定性，企业不可能完全了解所处的环境及其未来发展趋势、自身的优势和劣势。因此，企业必须注意不断收集各种信息，并随时根据新的信息和变化调整战略。渐进主义的战略制定过程是：首先朝着既定的目标采取谨慎的措施，其次衡量和评价各项措施的效果，最后调整目标（如果必要），并确定下一项措施。该过程不断重复进行，直至达到希望的目标。

4.2.2 公共产品技术创新与企业技术创新的差别

将公共产品技术创新和企业技术创新进行比较分析可以发现，它们的创新过程及管理决策过程所包含的阶段是基本一致的。但是具体分析每个阶段所面临问题的特点，可以发现其差别是比较大的，公共产品技术创新和企业技术创新之间存在显著的差别（表 4-1）。

(1) 公共产品技术创新是为满足社会公共需求产生社会效益服务的，企业技术创新是为满足私人个别需求产生经济效益服务的。

表 4-1　公共产品技术创新和企业技术创新的差别

比较内容	公共产品技术创新	企业技术创新
需求对象	社会公共需求	私人个别需求
产生效益	社会效益	经济效益
投资主体	政府	企业
经济核算	成本中心	利润中心
面临风险	技术风险	技术风险和市场风险
不同产品创新之间的关联性	技术关联	技术关联和创新投入关联
持续创新	难度小	难度大
战略管理	理性主义战略	渐进主义战略

公共产品技术创新是为了更好地满足社会公众的需求，如国防技术的创新让社会公众有更强的安全感，道路等基础设施的建设让社会公众的出行更顺畅，因此公共产品技术创新投入主要产生的是社会效益，这种投资的回报往往是间接的，许多情况下很难计算其投资回报率。

企业技术创新主要满足私人的个别需求，企业通过为私人需求提供产品产生经济效益，这种经济效益应直接反映在企业的利润上，相对而言创新投资的回报率是比较容易计算和评价的。

（2）公共产品技术创新投入的主体是政府，企业技术创新投入的主体是企业。

公共产品技术创新是根据社会公众不断提升的对公共产品和服务的需求，开发新产品，以更好地满足社会公众的需求，改进政府的服务水平。显然，公共产品和服务提供的主体是政府，公共产品技术创新投入的主体必然是政府。私人产品是企业为满足私人的个别需求，向市场提供产品，并从中获得利润。企业是私人产品利润获得的主体，自然是企业技术创新投入的主体。

投资主体的不同导致创新失败带来的结果完全不同。公共产品技术创新失败，导致投资不能收回，其损失实际上是由社会公众共同承担，一般而言参与公共产品技术创新的个人和单位由此带来的损失比较小。然而，企业技术创新投资的主体是企业，一旦创新失败，所有损失都要由企业来承担。如果损失太大，有可能直接导致企业破产和倒闭，企业技术创新面临更大的挑战。

（3）公共产品技术创新设计为成本中心，企业技术创新设计为利润中心。

公共产品技术创新主要产生的是社会效益，其经济价值或者很难体现，或者有经济价值，但也是潜在的，直接评价其经济效益是很困难的。因此，公共产品技术创新通常被设计为成本中心，财务目标是将成本控制在预算范围之内，开发出数量尽可能多、质量尽可能高、满足社会公众需求的新的公共产品。

企业技术创新是经济活动，通常被设计为利润中心，具有自己的损益表。在企业技术创新过程中，人们总是希望能够将那些已经充分发展、成熟了的技术加以商业化开发，这样可以大大减少新技术开发中的研究开发费用。同时，如果大量应用还不成熟的技术，在将其应用之前还需要进一步研究，不仅大大增加了成本，而且技术的不成熟还会带来更大的风险，容易错过市场机会。

(4) 公共产品技术创新主要面临技术风险，企业技术创新既存在技术风险，又存在市场风险。

公共产品技术创新是根据比较明确的社会公共需求，在政府财政资金投入下进行的创新活动。公共产品技术创新实际上属于定单式生产方式，政府预先进行创新投入，创新成功后也归政府所有，由政府提供给公众使用和消费。显然，公共产品技术创新一般不存在创新形成的产品没有用户的问题，即不存在市场风险，只存在技术风险，即能否在规定的时间和预算范围内开发出新产品。

与公共产品技术创新不同，企业技术创新既存在市场风险，也存在技术风险。大量的企业技术创新案例表明，即使企业克服了技术风险，开发出了技术性能很好的产品，也可能由于市场风险导致创新产品不能产生预期的经济效益，给企业带来巨大的损失。铱星系统的失败就是这方面的典型代表。

由于公共产品技术创新主要面临的是技术风险，创新过程中的技术管理是其管理的核心内容。而企业技术创新既面临技术风险，又面临市场风险，因此在其管理决策过程中不仅要做好技术管理，又要做好市场管理，更要把技术管理和市场管理有效结合起来。

(5) 公共产品技术创新之间主要存在技术上的关联性，企业技术创新之间既存在技术上的关联性，又存在创新投入上的关联性。

所谓创新之间的关联性，是指在此之前创新成功与否对后续创新的影响。对公共产品技术创新而言，之前创新不管是成功还是失败，其技术和技术能力的积累对后续类似的创新都会有积极的作用，它们之间存在技术上的关联性。但从创新投入的角度看，公共产品技术创新属于政府应该履行的职能，其投入一般要列入政府的财政预算。因此，在一定的时期内，即使某个或某些公共产品技术创新失败，政府在公共产品技术创新上的投入一般不会有大的变化。如果政府认定必须完成某些创新，它会一直投资直到实现为止。这说明即使上一轮公共产品技术创新投入失败，也一般不会明显影响政府在下一轮公共产品技术创新上的投入，只有可能影响其投入的领域和方向。公共产品技术创新投入上的关联性很小，投入具有稳定性。

对企业技术创新而言，之前创新成功的经验和失败的教训，特别是其技术和技术能力的积累对后续的创新会发挥非常重要的作用，因为创新能力是路径依赖的，需要通过不断的创新实践才能累积形成。因此，企业技术创新之间存在明显的技术关联性。

同时，从创新投入上分析，企业上一轮创新投入的投资回报情况直接影响其下一轮可能的创新投入。如果企业上一轮创新投入产生了比较好的效益，带来了比较大的利润，自然会不断增加其创新投入，以图获得更大的回报。反之，如果上一轮投资回报非常低，甚至完全失败，很可能导致企业没有积极性，甚至无力再进行新的创新投入，严重时会导致企业破产和倒闭。因此，企业技术创新之间在创新投入上存在比较强的关联性，直接影响其投入规模和稳定性。

（6）公共产品持续创新的难度小，企业持续创新的难度大。

与企业技术创新不同，公共产品技术创新主要面临技术风险，创新成功的可能性大。同时不同产品创新投入上的关联性很小，这些都导致实现公共产品持续创新的可能性大。

然而，企业技术创新不仅面临技术风险，更面临很大的市场风险，其创新成功的难度大，可能性低。一旦企业内某个或某些创新失败，由于企业技术创新投入上的关联性，会直接影响企业后续的创新投入，导致企业持续创新的难度非常大，面临更大的困难。

（7）公共产品技术创新可以采用理性主义战略管理方法，企业技术创新需要采用渐进主义战略管理方法。

由于社会公共需求的变化相对比较平稳，公共产品的供给几乎没有竞争，公共产品技术创新是在比较稳定的环境下进行的。因此，在公共产品技术创新过程中，可以对社会公共需求进行比较全面和深入的分析，由此可以基于理性主义战略管理方法对公共产品技术创新进行战略管理。

企业技术创新面临的环境非常复杂并且快速多变，更需要采用渐进主义战略管理方法。在企业技术创新过程中，需要随时根据用户需求和竞争对手竞争策略等的变化，调整产品创新的目标和研究开发方案，应把企业技术创新作为一个动态博弈过程来对待和管理。

总之，由于公共产品技术创新和企业技术创新面对的需求对象、产生的效益、投入的主体和存在的风险等显著不同，导致其创新过程及其创新管理决策过程中各个阶段的主要任务和面临的困难有明显的差别，公共产品持续创新的难度小，企业持续创新的难度大。因此，“两弹一星”、“载人飞船”等公共产品技术创新的成功经验、创新模式和组织管理方式等，很难直接移植和应用于企业技术创新，需要积极探索迅速提升企业技术创新能力的有效模式和组织管理方法。

4.2.3 企业技术创新的核心难题

企业技术创新与公共产品技术创新的比较结果表明，它们之间存在本质上的差别，企业技术创新过程中存在一些在公共产品技术创新中不存在或者即使存在但不严重的问题。相比公共产品技术创新，企业技术创新面临更大的困难，需要重点解决好如下几个问题。

1. 风险管理问题

比较分析结果表明，公共产品技术创新主要存在技术风险，企业技术创新不仅面临技术风险，而且存在比较大的市场风险。特别是企业技术创新过程中技术风险和市场风险交织在一起极大地加剧了其风险管理的难度。

当今企业技术创新更多的是在市场需求拉动下进行的，采取什么样的技术解决方案和选择研究开发什么样的技术，是与需要开拓的市场和需要针对用户的需求紧密联系在一起的。因此，技术风险管理和技术不确定性的解决依赖于明确要服务的市场和用户。但是，市场风险的存在导致企业很难马上明确产品要服务的市场和用户，由此采用什么样的技术解决方案和重点解决什么样的技术问题具有更大的不确定性，形成了更大的技术风险，市场风险导致企业技术创新面临更大的技术风险。

在风险管理问题上，相比公共产品技术创新，企业技术创新不仅增加了市场风险，而且技术风险也显著增加，导致企业技术创新的成功难度更大。根据英国学者（笛德等，2004）对企业技术创新的研究，在将初始的新产品构思变成市场上成功的产品过程中，失败的比例是非常高的。大量的实证调查和研究发现，大多数企业技术创新设想（创意）都不能够转变成新产品。一般认为，仅有1/700的创新设想最终能获得成功。许多项目要么不能成为技术上可行的产品；要么即使技术上可行，但不能被市场接受。据一项对研发成果和专利的综合调查和分析发现，3000个初始的创新设想中，仅仅有1个能够最终在商业上获得成功（Stevens，Burley，1997）。医药产业也有类似的结论，10000个化合物中仅仅有1个能够成为新药，而且从发现到上市要经过12年的时间，总耗资约3.5亿美元。因此，企业技术创新过程常常被人们认为是一个隧道，开始时有许多有发展潜力的新创意，但到最后能够成功的却寥寥无几（图4-3）（Schilling，2005）。

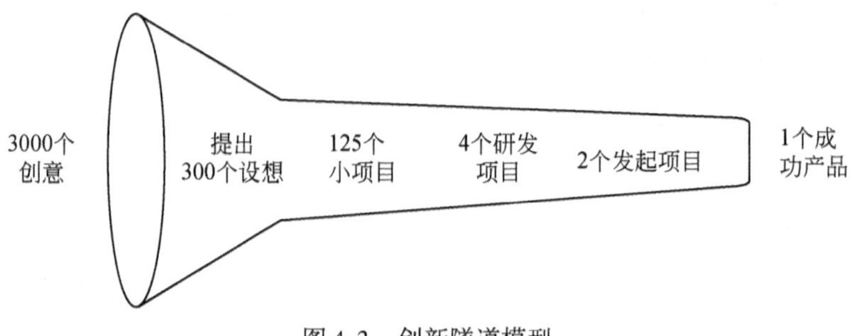

图 4-3　创新隧道模型

创新隧道模型表明，企业技术创新是一项高风险、高投入、非常复杂的工作。因此，加强风险管理特别是市场风险管理是企业技术创新必须面对的难题之一。

2. 创新关联性和持续创新问题

公共产品技术创新的主体是政府，同一技术领域内不同的公共产品技术创新之间存在技术关联性，但很少存在创新投入关联性，某个或少数公共产品技术创新失败一般不会太多的影响在同一技术领域中其他公共产品技术创新上的投入。

但对企业技术创新，成功的创新可以帮助企业增强竞争力，并产生良好的经济效益（图 4-4）。反之，如果企业的某个或者某几个创新失败，创新投入不能产生正常的回报，获得相应的经济效益，由于一般企业的资金实力和投入能力非常有限，必然会影响企业后来持续投入创新的积极性和能力，导致企业持续创新的难度比较大。更为严重的情况是，如果像铱星系统那样，由于企业技术创新投入比较大，创新失败带来的损失也会很大，甚至会导致企业破产和倒闭。

因此，对企业技术创新，如果成功会显著增强企业的创新能力和核心竞争能力，形成竞争优势，获得良好的经济效益；但是一旦失败，不仅会给企业带来经济损失，而且会直接影响企业技术创新的积极性和持续性，影响其继续创新上的投入，甚至会直接导致企业破产和倒闭。显然，企业技术创新之间存在显著的关联性。要保证企业大多数创新能够成功，实现持续创新，难度比较大。

支持企业持续技术创新，实现良性循环，关键还是要提升企业技术创新的风险管理水平，尽可能提高企业技术创新的成功率。同时，营造良好环境，让成功的企业技术创新能有比较好的回报，增强其抗击创新失败风险的能力。

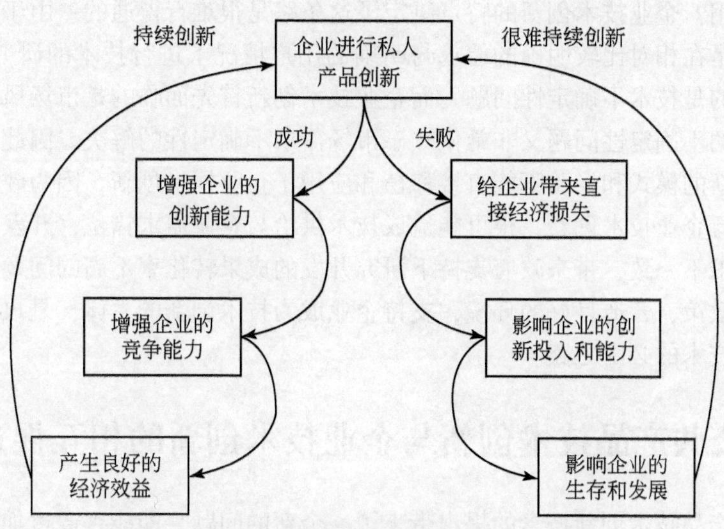

图 4-4　企业技术创新与生存发展之间的关系

3. 政府直接组织开展企业技术创新的无效性问题

当今的市场环境和竞争环境要求企业必须不断地进行创新，以增强核心竞争力，赢得竞争优势。目前，企业持续进行技术创新已经成为增强其核心竞争力的主要途径。然而，由于企业技术创新中技术风险和市场风险并存，再加上多个创新之间存在紧密的联系，企业要持续进行技术创新面临比较大的困难，经常出现“不创新等死，积极创新找死”。企业在决定是否创新和在多大程度上积极创新，现实中是一个非常复杂和艰难的抉择过程。

目前我国许多产业的核心技术掌握在外国企业或跨国公司手中，导致企业在国内外市场上的竞争能力和获利能力不强，我国企业大量资源消耗和环境污染代价带来的却是比较低的经济效益。同时，由于发达国家和跨国公司越来越强化知识产权保护，越来越注意采用知识产权战略与我国企业进行竞争，企业技术创新的难度非常大，面临比较多的困难。但是企业技术创新能力的增强和产业核心技术的掌握直接事关国家的竞争力（仲伟俊等，2005），直接关系到我国的创新型国家建设目标能否实现，直接关系到我国经济发展方式能否快速得到有效的转变。

这种情况下，能否借鉴公共产品技术创新的经验，由政府部门代替企业，直接组织研究开发部门进行企业技术创新，然后将开发的技术转移给有关企业进行转化和应用？企业技术创新的特点决定了这条路是很难行得通的。由于公共产品技术创新是在相对比较明确的需求与明确的用户情况下进行技术的研究和开发，主要解决的是技术不确定性问题。而企业技术创新首先面临的是市场风险，而解决其技术的不确定性问题又非常依赖于市场需求不确定性的解决。因此，公共产品技术创新的模式和经验不能直接移植和应用于企业技术创新，因为政府直接组织力量进行企业技术创新，很可能造成技术供给与企业需求错位，开发出的技术与市场需求不一致，带来政府支持下研究开发的成果转化率不高的问题。科学制定有效的政策，营造良好的环境，支持企业成为技术创新的主体，是攻克和掌握产业核心技术的必由之路。

4.3 公共产品技术创新与企业技术创新的相互促进方式

公共产品技术创新概念的提出带来了一个新的问题，即能否通过加强公共产品技术创新支持企业技术创新，增强企业的自主创新能力？实际上，通过制定有效的政策，将公共产品技术创新和企业技术创新相融合，不仅能显著带动企业的技术创新，还能提升公共产品技术创新的能力和水平。

4.3.1 公共产品技术创新和企业技术创新的主体

当今世界在公共产品和私人产品的供给上，已经完全不是公共产品只由政府提供、私人产品由企业提供这样一种简单格局，而是大量的公共产品由企业提供。如我国在多年前已经明确，大型建设项目如道路修建等可以向民营企业开放，私人投资者获得投资权将道路建成后，给予一定的使用年限，通过收取使用费获得回报。公共产品的私人供给，可以加强竞争，提高政府的效率和资源利用水平（世界银行，1997）。从供给主体的角度对产品进行分类，可以将产品分为政府供给的公共产品、私人供给的公共产品和私人供给的私人产品三类。根据公共经济学理论，一般情况下，必须由政府供给的往往是纯公共产品，如国防等；可以由私人供给的一般是准公共产品。

面对不同的产品及其不同的供给主体，需要分析和确定各种不同类型创新的主体[①]（图4-5）。显然，过去我国计划经济体制下形成的将新产品研究开发与生

① 产品创新的主体一般指产品创新投入、风险承担和收益获得的主体

产销售相互分离的体制和制度安排，即高校和科研院所负责新产品的研究和开发，企业负责转化和生产，导致研究开发和产品生产销售的相互割裂，出现了科技与经济结合不紧密和“两张皮”的现象，直接影响了科技对经济社会发展支撑引领作用的发挥。

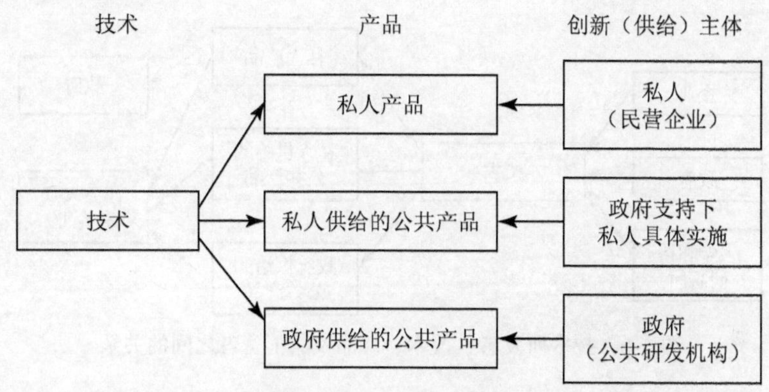

图 4-5　技术、产品和创新主体之间的关系

实践已经证明，将产品的研究开发与生产销售相互分离不是一种科学和有效的产品创新组织管理模式（科学技术部办公厅调研室，东南大学企业技术创新研究中心，2006），必须将产品的创新和产品的生产销售紧密结合起来。从这个角度出发，任何产品的供给主体也应该是其创新的主体，即政府供给的公共产品的创新主体应该是政府，私人产品的创新主体应该是企业，私人供给的公共产品技术创新应是在政府支持下由企业具体执行。

4.3.2　公共产品技术创新和企业技术创新过程中各方的参与方式

政府供给的公共产品技术创新的主体是政府，并不意味着企业完全不参与公共产品技术创新。实际上，从提高整体创新效率和效益的角度考虑，政府供给的公共产品技术创新应积极引进企业参与，如美国政府在国防这样的纯公共产品供给和创新中积极构建军民融合的国防产品供给和创新体系，取得了很好的成效（科学技术部办公厅调研室，我国军民融合创新体系研究课题组，2004）。同样，企业是私人产品技术创新的主体，并不意味着在企业技术创新过程中政府不发挥任何作用，目前世界各主要国家的政府都在努力为私人产品的创新营造更好的环境。

通过大量案例的归纳和分析发现，不同产品创新过程中企业、政府、大学和科研院所的参与方式见图 4-6。由图中的关系可以看出，在各种产品创新过程中，政府、企业、大学和科研院所均可以参与并发挥重要的作用。

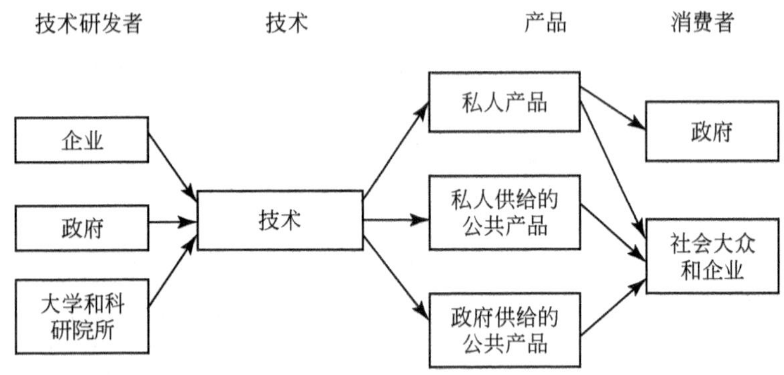

图 4-6 技术研发者、技术、产品及其消费者之间的关系

1. 企业在私人产品和公共产品技术创新中的责任和作用

从图 4-6 中可以看出，企业在各类产品创新中均发挥极其重要的作用，具体体现在以下几个方面：

一是私人产品技术创新的主体。私人产品是满足私人个别需求的产品。目前，经济全球化以及信息技术的快速发展和广泛应用使得私人产品市场发生了很大的变化，市场需求越来越复杂和快速多变，产品创新不仅面临比较大的技术风险，而且面临非常大的市场风险。在这种情况下，企业要能在私人产品市场上生存和发展，必须具有及时和准确地了解用户需求并快速响应市场变化的能力，企业体制和机制灵活性强的特点恰恰与这样的要求相一致。因此，企业必须成为私人产品技术创新和供给的主体。

二是私人供给的公共产品技术创新的具体实施者。大量公共经济学领域的研究结果表明，部分准公共产品由企业供给不仅可能，而且相比政府供给有更高的效率和服务水平，因此非常必要。所以，企业应该成为部分公共产品供给的主体。过去大量的实践经验表明，将产品供给主体和创新主体相分离，不是有效的创新制度安排。因此，企业也应该成为私人供给的公共产品技术创新的主体。

三是参与政府供给的公共产品技术创新。在公共产品技术创新过程中，涉及大量的既可以应用于公共产品、又可以应用于私人产品和具有商业价值的两用技术的研究和开发问题。目前国际上许多国家，都在公共产品技术创新中积极采用企业开展私人产品技术创新过程中开发的技术，或者让有实力的企业参与公共产品技术创新，取得了非常好的成效，美国大量的武器装备等的研发和生产就是如此。

2. 政府在私人产品和公共产品技术创新中的责任和作用

从图4-6中还可以看出，政府在各种产品创新过程中，也必须发挥应有的作用，具体体现在如下几个方面：

一是公共产品技术创新的主体。公共经济学的研究结果表明，政府应是部分公共产品特别是纯公共产品供给的主体，当然应该也是这些产品技术创新的主体。政府部门应根据社会公众不断增长的对公共产品的新需求，主导这些产品的创新，更好地满足社会公众的需求。

二是支持私人供给的公共产品技术创新。目前企业已经成为部分准公共产品供给的主体，在这些公共产品上也应该是创新的主体。公共产品的私人创新和供给，并不意味着政府不发挥任何作用。政府应该从制度安排和激励、市场管制等多个方面承担起应尽的责任。

三是为企业技术创新营造良好的环境。企业技术创新不仅是企业自己的事，而且是事关国家竞争力的大事，因此政府要为企业技术创新营造良好的环境。

四是通过采购私人产品支持企业技术创新。政府部门的日常运行，需要消耗大量的私人产品，需要经常进行政府采购。政府部门通过制定有效的采购政策，大量采购本国企业自主创新的私人产品，可以极大地促进和支持企业技术创新。

3. 大学和科研院所在私人产品和公共产品技术创新中的责任和作用

显然，高校和科研院所也是各类产品创新的主要参与者。其具体参与方式有如下几种：

一是通过开展基础研究、应用研究和技术开发等活动，为公共产品和私人产品技术创新提供新知识和新技术的支持。

二是通过开展教育和培训活动，为公共产品和私人产品技术创新提供各个层次的创新人才支持。

三是接受政府的委派或委托，在有关政府部门的组织协调下，开展公共产品技术创新活动。

四是通过产学研合作等多种途径，积极服务于企业技术创新需要，参与企业的技术创新活动。

4.3.3 公共产品技术创新带动企业技术创新的方式和作用

加强公共产品技术创新，为广大民众提供更好的公共产品和服务，是任何国家和地方政府应尽的责任和义务。同时通过加强公共产品技术创新，还可以从多个方面、通过多条路径带动企业技术创新能力，帮助企业尽快提升自主创新能力。

具体而言，在公共产品技术创新过程中可以采用多种方式带动企业的技术创新：一是政府供给的公共产品技术创新中，尽可能吸纳企业参与；二是大力支持企业进行私人供给的公共产品技术创新；三是以公共产品技术创新为先导，大力支持新技术的研究开发、应用和向企业的转移；四是政府消耗的私人产品采购中，积极采购本国企业的自主创新产品。

以公共产品技术创新带动企业技术创新，可以发挥多方面的作用：

(1) 不管是私人供给的公共产品，还是政府直接供给的纯公共产品，一般均具有市场需求比较稳定、竞争性不强、市场风险比较小等特点。在政府供给的公共产品技术创新中尽可能吸纳企业参与，并大力支持企业进行私人供给公共产品的创新，一方面可以让企业形成一块相对稳定的市场和利润来源，实现比较好的利润积累，增强企业抗击市场风险和技术风险的能力，为企业持续创新创造更好的条件；另一方面企业通过参与公共产品技术创新，可以形成更多的技术和技术能力积累。

(2) 在政府供给的公共产品技术创新中尽可能吸纳企业参与，企业可以在参与创新的过程中学习和掌握更多的科学和有效的技术创新组织管理方式，提升企业技术创新的管理水平。同时，企业参与公共产品技术创新，还可以增加其美誉度，改进企业的品牌形象，给企业增加无形资产，增强企业的核心竞争力。

(3) 在政府供给的公共产品技术创新中尽可能吸纳企业参与，还可以更好地发挥政府在公共产品技术创新投入上的作用，让一份投入在公共产品技术创新和企业技术创新两方面均发挥作用，得到两份产出，既为满足社会公共需求服务，又为私人的个别需求服务。

(4) 以公共产品技术创新为先导，大力支持先进技术的研究开发和应用，将先进技术在公共产品上有了一定的应用基础之后，再积极支持其向企业转移，这样可以让企业技术创新有更多的相对成熟的技术可供选择和应用，大大降低企业的技术风险。

(5) 政府消耗的私人产品采购中，积极采购本国企业自主创新的私人产品，也可以极大地促进和支持企业技术创新。从市场经济角度分析，相比财政补贴和税收优惠等财政扶持方式，政府采购这种“需求拉动”式的支持方式特别有利于中小型高新技术企业的发展。这种做法在发达国家也是非常普遍的。在中小企业发展初期，由于用户和消费者接受其产品需要一个过程，初期市场有限，税收优惠的作用很难发挥。政府采购为中小企业在发展初期创造一块市场，有利于加快中小企业发展。

案例 4-1 美国的军民融合技术创新体系及其作用。

美国在武器装备等国防产品的创新和生产过程中，特别强调充分利用民营企业拥有的技术和产品，实现军民融合或一体化，既带动了国防产品技术创新水平的提升，又促进了企业技术创新能力的增强（科学技术部办公厅调研室，我国军民融合创新体系研究课题组，2004）。

1994 年美国国会技术评估局（OTA）在《军民一体化的潜力评估》报告中认为：军民融合或军民一体化（CMI）是把国防科技工业基础同更大的民用科技工业基础结合起来，组成一个统一的国家科技工业基础的过程。具体而言，军民融合或一体化的内涵：

(1) 发展军民两用技术。美国国防部认为：军民两用技术是那些既能满足军事需求，同时又具有充分的商业应用，可以支持一个可行的生产基础的技术。发展军民两用技术，可以保持技术强盛和竞争优势。

(2) 加强技术转移，包括军事技术转移到民用和民用技术转移到军用。

(3) 国防部门需要的能够在商业市场上采购的产品、技术和服务，尽可能从市场上采购。

(4) 在国防采办全过程推进军民一体化，即在装备采办的各个阶段，包括基础研究、预先研究、装备需求形成、立项论证、方案探索、部件开发、工程研制、设计、生产、维修保障等各个阶段，充分考虑军民一体化和利用民用技术、工艺、产品和劳务。

(5) 在部门层次上推进军民一体化，即在产业层次上实现可共用的产品和加工技术，在公司或企业层次上实现可共用的共有资源，在工厂或研究所层次上实现可共用人员、设备、材料。

(6) 在产业链分工层次上推进军民一体化，即在最终产品层次上实现可共用的产品、设施、技术，在分系统层次上实现可共用的产品、设施及其价值，在部件层次上实现可共用的产品、技术、设施及其价值。

(7) 在科研生产活动的各个环节推进军民一体化，包括提高科研活动、生产活动、维修活动的军民融合程度，提高行政管理活动的军民融合程度。

在实施过程中，美国国防产品的创新和生产，以军方的需求为主导，市场经济为基础，推进军民一体化，形成了“国防部主导、民为军用、以军带民”的国防建设与经济发展相互促进的发展模式。具体而言，“国防部主导”是指军民融合由国家顶层决策启动并监督，然后以国防部为主导，军政部门协同推动，营造一个有利于军民一体化的政策环境和体制环境；“民为军用”是指国防部主导识别并获取民用领域中产生的高新技术，将它们与现役的新旧装备结合，实现武器装备的跨越式发展，以促进国民经济的发展和保持美国军队的技术优势；“以军带民”是指通过对军事项目的巨额投入，带动国家竞争力和国民经济的增长，让国防建设成为经济发展的推动力。

在具体运行上，美国重要武器装备的采办以军事当局即国防部为唯一主管机构，采取主承包商—分承包商—零配件供应商多层主体和多层竞争格局。同时，军事采办当局负责对武器装备实行全生命周期管理，即从基础研究、预先研究（由高校、非营利机构、军队科研院所承担）、先期开发、工程开发、生产、使用维修（主要由厂商承担）等各个阶段，都在国防部采办机构的严格管理控制之下。

美国的军民融合技术创新体系的建立给国防产品创新和供给带来了许多好处：一是显著降低了国防采办的费用和风险。在国防产品创新过程中尽可能让企业参与和利用企业的技术和产品，减少了自己需要研究开发的技术，降低开发费用和风险。同时，将国防产品创新和企业技术创新整合和融为一体，还降低了成本，提高了规模经济水平。二是加强国防产品创新和企业技术创新的联系，可以很方便地将先进的民用技术、产品和工艺转移到国防产品创新中，使得国防产品创新具有更多的技术来源，提升了技术先进性。三是由于采用了更多的先进成熟技术，降低了武器装备的全生命周期费用。四是充分利用这种创新体系已有的技术，可以缩短创新时间，缩短了国防采办的周期。五是扩大了国防产品创新可以利用的科技工业基础。六是带动了企业技术创新能力和竞争力的增强，同时带动了国家竞争力的增强。

4.4 本章小结

公共产品技术创新的过程是：政府有关部门从国家的战略需要（如国防安全、经济和社会发展、科技进步）和社会公众需求出发，充分考虑已有的技术基础和研究开发能力，识别新的社会公共需求和新的技术机会，形成新的产品构思，确定需要开发的新产品及其技术开发方案，并进行新产品的研究、设计和开发。然后在有关政府部门的主导或支持下进行产品的生产和制造，将公共产品提供给社会公众使用和消费，该过程不断循环往复，不断改进政府的公共服务水平。

公共产品技术创新的过程是公共产品技术创新管理决策过程，该过程包含信息收集和分析、评价和决策、研究开发和生产过程管理、效益评价等几个阶段。

公共产品技术创新有多个特点：一是公共产品技术创新一般不存在市场风险，主要面临的是技术风险；二是政府财政投入能力是公共产品技术创新规模和水平的核心影响因素；三是公共产品技术创新的经济核算主要是成本。

对比公共产品技术创新和企业技术创新，它们之间存在很大的差别：①需求对象不同。公共产品技术创新是为满足社会公共需求，企业技术创新是为满足私人个别需求。②产生效益不同。公共产品技术创新主要是社会效益，企业技术创新主要是经济效益。③投资主体不同。公共产品技术创新投入主体是政府，企业技术创新投入主体是企业。④经济核算方法不同。公共产品技术创新设计为成本中心，企业技术创新设计为利润中心。⑤面临风险不同。公共产品技术创新主要面临技术风险，企业技术创新既面临技术风险，又面临市场风险。⑥不同创新间的关联性不同。公共产品技术创新之间主要存在技术上的关联性，企业技术创新之间既存在技术上的关联性，又存在创新投入上的关联性。⑦持续创新的难度。公共产品持续创新的难度小，私人产品持续创新的难度大。⑧可采用战略不同。公共产品技术创新可以采用理性主义战略管理方法，企业技术创新需要采用渐进主义战略管理方法。

由于公共产品技术创新和企业技术创新面对的需求对象、产生的效益、投入的主体和存在的风险等显著不同，公共产品持续创新的难度小，企业持续创新的难度大，导致两类创新过程及各自的创新管理决策过程中各个阶段的主要任务和面临的困难有明显的差别。公共产品技术创新的成功经验、创新模式和组织管理方式等很难直接移植和应用于企业技术创新，需要积极探索迅速提升企业技术创新能力的有效模式和组织管理方法。

相比公共产品技术创新，企业技术创新面临更大的困难：一是企业技术创新面临更大的风险，面临高度复杂的风险管理问题；二是企业技术创新之间存在更紧密的关联，某个创新的失败可能会给其他创新带来巨大影响甚至毁灭性打击，持续创新面临很大困难；三是在高风险情况下，政府没有能力直接组织开展企业技术创新活动。科学制定有效的政策，营造良好的环境，支持企业成为技术创新的主体，是攻克和掌握产业核心技术的必由之路。

虽然公共产品技术创新与企业技术创新存在本质上的差别，但是它们之间可以紧密联系和相互促进。特别是在公共产品技术创新中，可以采用多种方式带动企业的技术创新：一是政府供给的公共产品技术创新中，尽可能吸纳企业参与；二是大力支持企业开展私人供给的公共产品的创新；三是以公共产品技术创新为先导，大力支持新技术的研究开发、应用和向企业的转移；四是政府消耗的私人产品采购中，积极采购本国企业的自主创新产品。

第5章 科技创新资源、服务和环境

根据国家创新体系的组成结构模型，积极和高效地开展科技创新活动，必须有科技创新资源、服务和环境的保障。深入理解国家创新体系，不仅要了解各类科技创新活动的特点和规律，还要明确科技创新资源、服务和环境的具体内容，本章对此分别予以介绍。

5.1 科技创新资源

开展任何活动都需要人、财、物和信息等大量资源。开展科技创新活动也是如此，而且其需要的资源更多，要求更高。一般而言，开展科技创新活动，不仅需要人才、资金、科学仪器设备、科技文献，还需要科学数据和自然科技资源等。

5.1.1 科技创新人才

开展科技创新活动，最重要的资源就是人才。没有大批高素质的创新人才，科技创新活动的开展及其水平的提高都不可能实现。目前，各个国家、各个地区、各个组织之间科技创新能力的竞争，最核心的是人才的竞争。与一般的人才不同，科技创新人才有自己的特点：一是专业性。科技创新人才具有各种专业知识和技能，其劳动过程在当今社会有可能产生高附加值；二是能动性。科技创新人员作为一种“活”的资源，在参与科技创新活动中，更具有自己的主动性和能动性。科技人才的能动性调动如何，直接决定着其开发利用的程度和使用价值的发挥。

国家创新体系的建设需要各种类型、各种层次的人才，需要形成一个科学和有效的科技创新人才体系。首先，开展高水平的科技创新活动，最关键的是需要一批具有很强的超前意识和战略眼光、能够把握科学技术发展前沿和发展方向并且既有很强的创新能力、又有很强的组织管理能力的科技创新领军人才，尤其是一批高素质的企业家，这类人才的能力和水平是科技创新能力和水平最直接的影响因素。其次，开展科技创新活动需要一大批能够解决各种科学难题、攻克各种产业核心技术和战略技术的科研骨干。再次，开展科技创新活动也需要一支庞大的技术开发人才队伍，能够深入企业、厂矿、农村等生产一线，服务于经济和社会发展的实际需要，解决各种具体技术问题。最后，开展科技创新活动还离不开一批从事实验设备管理和运行维护、信息检索等各项工作的科技创新服务人才，以保证各种科学仪器设备能高效地运转和使用，各种科技信息能准确、快速和高质量地获取。

5.1.2 科技创新资金

任何一项活动的开展，除了必须有人才，还必须有资金，科技创新活动的开展也是如此。与一般的企业生产经营等活动需要的投入相比，科技创新需要的投入具有自己的特点：一是投入规模大。目前开展科技创新活动，越来越需要聘用大量高素质的人才，需要使用非常先进的科学仪器设备，需要长期的科技创新能力的积累，如此等等，都导致需要的科技投入越来越大。纵观过去半个世纪世界各国科技投入的演变情况可以发现，全球研究开发投入增速明显高于 GDP 的增速，创新型国家研究开发投入占 GDP 的比重一般在 2.5% 以上。二是投入风险高。科技创新最基本的特点是具有高风险性，即开展某项科技创新活动，在什么时间能获得什么结果具有高度的不确定性，科技创新的高风险性必然导致科技创新投入也有很大的风险性。三是产生效益需要的时间长。与一般的生产经营投入很快就能见效不同，由于科技创新的环节众多，即使从技术开发到创新往往也需要比较长的时间，导致科技创新投入产生效益需要的时间也比较长。例如，新药物从开始研制到上市往往需要 10 年的时间。

科技创新投入规模大、风险高和产生效益需要的时间长等特点导致筹集和管理科技创新所需要资金的难度很大，复杂程度很高。一般情况下，依靠单一渠道很难满足科技创新全过程对资金的需求，必须实现资金来源和管理方式的多样化，需要形成政府投入、企业投入和社会其他投入等相结合，财政投入、私募、天使投资、风险投资、企业自有资金、银行资金等相结合的科技创新投融资服务体系。

专栏 5-1　美国高新技术创业企业典型的融资渠道

大公司可以通过内部融资进行技术创新投资，而高新技术创业企业却只能求助于外部的融资渠道。下面的话听起来可能有点让人沮丧：对于高新技术创业企业来说，他们的技术和商业概念都还没有得到市场认可（有时是他们的管理团队没有得到认可），这导致它们不仅融资渠道十分有限，而且即使能获得融资，也要面临更高的融资成本。在一个企业的创业和成长阶段，企业家们往往不得不向自己的朋友或家人求助，或申请个人贷款。创业企业也有可能从相关的政府机构那里得到最初的资助。如果他们的创意和管理团队足够吸引人的话，还可能从个人投资者或风险投资商那里得到资金上的支持以及经营上的指导。

(1) 家庭、朋友和信用卡

当一个企业刚刚起步时，它的技术以及管理团队都还没经过市场的验证，这就使得对企业的投资有很大的风险。在该阶段，企业家必须经常向那些愿意对企业投资的朋友或家人筹集最初的资金，或以借款的方式，或以出让公司股权的方式来筹集资本。此外，企业家还会努力向当地的银行争取贷款。实际上，有大量的创业企业都是通过信用卡筹集资金的，当然他们也得为此支付高额的利息。

(2) 政府拨款和贷款

一些创业企业可能会从政府那里得到启动资金的支持。在美国，有一个通过管理拨款、贷款和风险资金向创业者和创新项目提供支持的专门部门——小企业管理局（Small Business Administration，SBA)，它们的资金主要来源于一些联邦政府机构，包括商务部、农业部、能源部、NASA以及其他部门。同样，在英国由企业基金会（The Enterprise Fund）管理着一系列向中小型高新技术企业提供资金支持的项目，在德国有超过800个国家和州政府的项目向新的企业提供资金支持。

(3) 天使投资者

天使投资者属于私人投资者，他们投资项目的方式与风险资本不同，往往不会采取成为有限责任股东的形式。他们往往是那些在商界取得成功的富有人士，并且热衷于向创业企业（有时是自己的朋友）提供资金支持，他们投资的项目规模通常会小于百万美元。当天使投资者在投资项目中占了很大的股份时，他们的投资通常会赢得很高的回报。天使投资者通常不会被列入公开的工商名录，而是通过专门网络进行联系（如个人以前的同事、老师或律师等）。大量的创业企业在“种子”阶段（有实际的产品或公司之前的阶段）就得到了天使投资者的支持。因为大部分这种交易都不会被公开报道，因此也很难获取相关的数据，有人大致估计天使投资的每笔交易额在35万美元到70万美元之间，2000年美国的天使投资交易大约是50 000笔。

（4）风险投资

对于那些资金需求超过100万美元的项目，创业者通常会求助于风险投资，风险投资既可能是独立风险投资，也可能是企业风险资本。

独立风险投资公司管理着一定量的资金，并且只对那些它们认为有快速增长潜力的项目进行投资。许多风险投资公司都只专注于一个行业，这样它们能够更好地评价该行业内的创业企业。投资经常会采取债权投资和股权投资相结合的方式，如果企业的业绩好会采用较多的股权形式，而如果投资对象的业绩不够理想，则会更多地采用债权投资的方式。一旦投资取得成功，风险资本会通过上市或向其他企业出售的方式退出投资，从而获取一定的现金。风险投资家一向非常谨慎，通常会拒绝掉大部分可供选择的项目。然而，对于那些决定要投资的项目，风险资本则会提供全力支持，包括提供自己在其他投资者那里的信誉（企业因此而更容易获得投资）以及经营上的指导。虽然有些风险资本专门投资那些处于“种子”阶段的项目，但是更多的风险资本对那些处于早期阶段的项目提供资金支持。所谓早期阶段是指这样一个特殊的阶段：产品的早期设计已经取得成功且公司已经组建起来，但是企业还不能通过自身的销售收入来支持企业的继续发展。2002年，风险投资平均单笔额度接近1050万美元，绝大部分的风险资本都投资于生物技术、计算机硬件及软件技术以及通信行业。

企业风险资本由企业提供。企业通过提供风险投资取得技术开发企业的少量股权，从而获得了了解该技术的机会。企业风险资本所选择的技术往往是企业自身也感兴趣的前沿技术，如果该技术的市场前景一旦得到验证，企业自己将会介入开发。企业可能建立内部的风险投资团队，这种团队通常会与企业自己的开发活动有密切联系，也可能创立与公司相对独立的风险基金。前一种组织方式的优点在于，企业能够借助于自身的经验和资源帮助新企业取得成功。然而，在前一种组织形式下，创业企业家会担心提供风险投资的大企业侵占了创业企业的专有技术。在后一种组织形式下，由于外部风险资金的相对独立性保证了创业家的技术不会被盗取，但这又限制了创业企业利用大企业其他非资金性资产的能力。根据 Venture Economics 的报道，到 2003 年 3 月，全美国共有233 家企业拥有风险投资项目，如柯达公司的伊士曼风险基金、通用电气公司的 GE 基金和英特尔公司的英特尔基金等，与 2000 年的 488 家相比有较大幅度下降。这些项目的投资方向与独立风险资本的投资方向很相像。

资料来源：Schilling，2005

5.1.3 科学仪器设备

科学仪器设备是开展科技创新活动的基石和重要保障，一流的科学研究和技术开发往往离不开一流的科学仪器设备（刘燕华，2007）。人类在科学技术上的重大成就和科学研究新领域的开辟，往往是以实验仪器设备的突破为先导。从宇宙世界到基本粒子、从生命起源到人类自我认识等研究的重大突破越来越依赖于先进的科学仪器设备。目前，科学仪器广泛应用于物质的成分、结构和状态分析，应用于高新技术的测量和控制。在重大科技攻关项目中，几乎一半是研究和制作专用测量与控制的技术手段和仪器设备。近年来，我国航天科技事业快速发展，一个重要的原因就是抓住并解决了测量与控制这个关键技术问题。还有，正是由于毛细管阵列式基因测序仪的发明，才克服了世界“人类基因测序工程”进展缓慢的困难，创造了该项伟大工程大大提前完成的奇迹。据不完全统计，一个多世纪以来，诺贝尔自然科学奖项中，68.4%的物理学奖、74.6%的化学奖和 90%的生物医学奖是借助各种先进的科学仪器设备完成的；从 20 世纪到现在，诺贝尔奖金颁发给与分析仪器发明发展相关的实验项目达28 项之多。

与一般的仪器设备不同，科学仪器设备本身就蕴涵大量的先进技术。因此，科学仪器设备往往既是开展高水平科技创新活动的工具，也是高水平科技创新活动的结果。当今科学仪器设备发展总体上呈现出如下发展趋势：一是常规科学仪器向多功能、自动化、智能化、网络化方向发展；二是生命科学的科学仪器向原位、在体、实时、在线、高灵敏度、高通量、高选择性方向发展；三是用于复杂组分样品检测分析的科学仪器向联用技术方向发展；四是用于环境、能源、农业、食品、临床检验等国民经济领域的科学仪器向专用、小型化方向发展；五是样品前处理科学仪器向专用、快速、自动化方向发展；六是监控工业生产过程的科学仪器向在线、原位分析方向发展。

5.1.4 科技文献

科技文献是承载科学知识的最重要的载体，包括科技图书、科技期刊、专利文献、会议文献、科技报告、政府出版物、学位论文、标准文献、产品资料和其他文献等不同类型。人类社会正在由工业经济社会向知识经济社会迈进，信息资源越来越成为开展各项经济和社会活动的核心资源，关键信息的价值越来越大。在科技创新活动中，信息显得尤其重要。首先，许多科学的新发现和产生的新知识以文献和信息形式表现出来，文献和信息传播的就是知识和技术；其次，任何科学研究和技术开发工作的开展，都需要通过查阅大量的科技文献和专利信息等，了解国内外已经开展的研究工作，分析其存在的问题，明确自己研究和开发的主攻方向以及需要解决的问题；最后，科技创新需要广泛的交流和合作，科技创新的成果需要通过发表学术论文、出版专著和申请专利等及时发布和传播，这些也都需要科技文献这一载体。因此，在科技创新活动中，科技文献和信息资源是其需要的核心资源之一。

随着科学技术的快速发展，人类社会产生的知识越来越多，科技文献和信息呈现爆炸式的增长态势。目前，科技文献和信息的数量越来越多，覆盖的范围越来越广泛，涉及科技文献信息、专利信息、政策法规信息、科技报告、技术标准等很多方面。面对海量的文献和信息，其管理和利用的任务越来越艰巨，不仅需要定期或不定期进行各种信息的收集、筛选、整理，更需要利用先进的方法和工具进行各种信息的综合分析和专题分析，提供查新、专题信息分析、有关领域科学和技术发展趋势分析等多种服务。

同时，虽然人们积累的文献和信息越来越多，但是长期以来文献和信息分散在各个单位，导致其共享水平低的问题始终存在，没有得到比较好的解决。由此造成了科技文献资源的很大浪费，同时带来了重复研究和技术开发，并引发人力资源和资金等一系列更多的资源浪费。因此，科技文献资源的利用，需要借助于先进的信息技术，更好地解决其共享和利用问题。

5.1.5 科学数据

科学数据是科学研究过程中产生的研究数据，科学数据作为科技发展的基础和成果，是科学技术滚动发展的基础平台。一个好的科学思想、理论假说和应用

技术，必须在掌握大量前人资料和科学数据的基础上才能被证明。而对科学数据进行系统化的综合分析，进而促进新的科学思维的产生，是进行科技创新的重要方式。特别是当代科学技术发展明显呈现出大科学、定量化和注重过程研究等特点，越来越依赖于系统的、高可信度的基本科学数据及其衍生的数据产品。也就是说，科学数据既是科技创新活动的产物，又是支持更复杂的科技创新活动所不可替代的基本资源。

科学数据资源具有一系列的特征：一是分离性。科学数据与它所描述的物质客体是分离的。人们可以摆脱实物而只利用表征实体的科学数据去从事研究。把事物的过去、现在和未来联系在一起。二是驾驭性。科学数据具有极强的驾驭其他资源的能力。人类在认识和改造自然的过程中，虽然每个环节离不开物质和能量，但贯穿全过程、统帅全局和支配一切的都是科学数据资源。物质和能量是支撑数据过程的手段。三是共享性。科学数据使用的非消耗性为实现真正共享提供了理论依据。四是客观性。它是真正反映客观世界的存在、相互关系、运动状态和变化规律的，所以具有明显的客观性。五是长效性。它不会因时间的变迁而失效。六是积累性。需要一个长期积累的过程。七是非排他性。同一个数据可以被任何人使用，不会出现某个人占有后，不能被其他人使用的情况。八是增值性。任何一种科学数据都具有增值的特点，增值的程度决定它在使用中的地位。九是传递性。数据可以靠各种传播工具实现它的传递性。十是公益性。反映客观世界本质和变化规律的科学数据应该是全社会的财富，它具有公共产品的基本特征。

特别需要强调的是，科学数据资源的获得、管理和利用是一项需要长期、持续开展的基础性工作，科学数据资源需要持续进行观测和保存，科学数据资源没有很好的持续性，数据的价值会受到很大的影响。

5.1.6 自然科技资源

自然科技资源是单位和个人从事自然科技活动所收集的动植物种质资源、岩矿化石、微生物菌种、人类遗传物质、生物和医学实验材料、标准物质等自然科学研究的基础资源材料，以及采集制作的各类标本等。部分科技创新活动的开展，除需要一般活动开展需要的人才、资金、设备和信息外，还需要一些独特的自然科技资源。例如，在“人类基因组计划”研究后，国际生命科学研究的重心已从分子和基因水平扩大到对整体动物的功能性分析及其在临床上的应用。小鼠和人类同属于哺乳类动物，也是生物学性质最为清楚的哺乳类动物，小鼠的基因组和人类具有 90% 以上的同源性。由于大多数人类疾病的研究，特别是遗传

疾病的研究，不可能直接以人作为实验材料，而通过小鼠来承载这样的试验就成为一种最佳选择。为此，建立遗传工程小鼠资源库，是开展遗传工程、新药研制等科技创新活动必须配备的基础性科技创新资源。

自然科技资源管理是一项长期的、基础性的工作。首先，需要建设形成稳定的、专业化的高素质人才队伍，保证自然科技资源的整合、共享、服务的长期稳定发展；其次，要广泛、持续地开展自然科技资源的收集工作，保证各种重要的自然科技资源能得到有效保存；再次，要按照统一规范的要求，建立自然科技资源的描述规范、数据标准和数据质量控制规范，进行自然科技资源的标准化整理、编目和数字化表达，提高资源加工和利用的数字化水平；最后，特别重要的是要完善自然科技资源的利用与服务功能，形成完善的自然科技资源共享服务体系。

5.2 科技创新服务

当今社会发展的基本特点是各类社会主体之间分工越来越明显，越来越专业化，但是其相互联系越来越紧密，任何一个组织和个人都不能独立于他人和组织孤立地生存和发展，需要相互联系、相互配套和相互服务。同样，任何组织要高效地开展科技创新活动，哪怕面临的环境再好，自己拥有的科技创新资源再丰富，仅仅依靠自身的力量几乎是不可能的，需要政府和市场为其提供各种类型的大量的服务。通过提供良好的服务，一方面可以以更低的成本获得更高质量的科技创新资源，另一方面可以更有效地利用资源开展更高水平的科技创新活动，产生更多质量更高的科技成果，带来更大的经济和社会效益。

一般而言，开展科技创新活动需要的服务包括教育和培训服务、科技金融服务、信息服务、技术开发服务、技术转移服务、创新创业服务和管理咨询服务等几种类型。

5.2.1 教育和培训服务

开展科技创新活动，首先必须有高素质的科技人才。科技人才的素质最直接影响科技创新的水平。为了使科技创新能够有高素质的人才保障，关键是要建立高水平的教育和培训服务体系。也就是要通过建立体系完整、学科门类配套齐全、高质量的高等教育体系，培养大量具有宽广的视野和超前的意识、很强的学习和实践及创新能力、良好的团结和奉献精神的高层次人才，为科技创新活动开

展源源不断地提供高素质的人才保障。

同时，由于科学技术的快速发展，知识更新的速度大大加快，包括高层次拔尖创新人才在内的各级各类人才都需要不断学习和提升自己的能力，以适应科学技术快速发展和变化的要求。因此，科技创新活动的开展，不仅需要高等学校不断输送高层次的人才，而且需要建立广泛、高水平的培训服务体系，为广大的在职人员提供高水平的培训服务，帮助他们不断更新知识，提高创新能力。

教育服务的提供主要依靠建立高水平的高等教育和职业技术教育体系实现，培训服务的提供既可以利用高等院校的教育资源，也可以利用各种培训机构提供的各具特色的培训服务。

5.2.2 科技金融服务

建立有效的科技金融服务体系，保证开展各项科技创新活动能有必要的资金投入，是科技创新服务体系建设中的核心内容之一。由于科技创新具有高投入、高风险、产生效益需要的时间长等基本特点，同时科技创新涉及基础研究、应用研究、技术开发、企业技术创新和公共产品技术创新等性质上完全不同的多种活动，支持科技创新的金融服务体系建设是一项非常复杂和艰巨的任务。

为了满足各类科技创新活动对资金的不同需求，科技金融服务体系包含比较多的内容。一是政府直接利用财政资金投入进行基础研究、应用研究和公共产品技术创新，支持技术转移和企业的技术创新；二是设立专门的政府部门和政策性金融机构，或政府出资建立支持中小企业技术创新的基金，支持中小企业的技术创新；三是在政府财政科技投入的支持下建立中小企业融资信用担保体系，通过提供贷款担保等支持企业获得商业银行的贷款，支持企业的技术创新；四是鼓励社会资金建立私募、天使投资和风险投资基金，进行创新创业投资；五是通过建立多层次的资本市场，拓宽中小企业的直接融资渠道，支持企业的技术创新。

5.2.3 信息服务

开展任何科技创新活动，都需要大量的信息和信息服务。信息服务是科技创新活动中最需要的基本服务之一。之所以如此，是因为当今科学技术的快速发展导致任何组织或个人开展任何科技创新活动，不仅要充分挖掘利用自身的科技创新资源，而且要广泛利用外部的各种科技创新资源和能力，需要广泛利用政府提供的各种优惠政策和服务。科技信息服务是在各类科技创新活动的参与者，包括

高校和科研院所、企业、科技中介服务机构和政府之间建立便捷、通畅的信息传递和共享系统，使他们能及时、准确、全面地获得其开展科技创新活动所需要的各种信息。

通过建立先进的信息网络平台提供科技信息服务，其可以提供的信息服务非常广泛和多样。首先，企业等各类组织需要解决的科技创新问题信息可以在网络信息平台上发布，及时获得有关组织和个人的支持和服务；其次，各类科技创新资源如科技人才、资金、科学仪器设备、科技文献、自然科学资源和科学数据等，以及各类科技创新服务如技术转移、创业孵化、管理咨询、政府政策等相关信息也可以在网络上发布，使得有关组织和个人能及时和便捷地获得其需要的各类科技创新资源和服务，提高利用水平；再次，各类科技成果，包括形成的各种实用成果、专利等也可以在网络上发布，使得先进实用的技术可以及时找寻到相应的应用单位，加快科学研究和技术开发成果应用，产生良好的经济和社会效益；最后，通过先进的信息网络平台，可以有效地支持各类组织和个人加强科技交流和合作，实现信息资源的更高水平的共享和有效开发利用。

5.2.4 技术开发服务

按照企业技术创新和公共产品技术创新的定义，技术开发既是一个相对独立的活动，又可能是企业技术创新和公共产品技术创新活动中的重要组成部分。因此，技术开发是科技创新中的核心内容之一。随着科技发展水平的不断提高，目前产品及其生产过程中包含的技术越来越多，企业进行技术开发涉及的技术范围越来越广泛，对其能力要求越来越高，需要使用的科学仪器设备等各类科技创新资源越来越多，别说是中小企业，即使规模比较大和技术开发能力比较强的大型企业，也无法完全依靠自身的资源和能力开发各种需要的技术，越来越需要利用企业外部的各种科技创新资源，借助于外部的技术开发力量，开展技术创新活动。对各类企业特别是中小企业，技术开发服务越来越重要。

目前，企业需要的技术开发服务丰富多样。首先，科学仪器设备服务。目前大量的科学研究和技术开发工作需要借助于各种先进但价格昂贵的科学仪器设备，一般企业不可能拥有其技术开发需要的所有设备。通过建立高水平的技术开发服务体系，企业可以充分利用其他单位的科学仪器设备，既支持了企业的技术开发，又提高了科学仪器设备的利用率。其次，许多技术开发成果形成后，需要借助于各种设备进行中间试验，并对其性能、质量等作出科学的评价和鉴定，许多企业既缺少中间试验和检测设备，更缺少开展相关工作需要的人才，中间试验

和检验检测服务是技术开发服务中的重要内容。最后，一些企业本身的技术开发能力很弱，无法独立开发新产品或改进原有的产品，有效的技术开发服务可以直接为企业提供各种新产品和新工艺的技术开发服务。

技术开发服务的提供，既可以充分利用高校和科研院所的科学仪器设备和技术力量，也可以通过成立生产力促进中心等专门的技术开发服务机构实现。

5.2.5 技术转移服务

技术开发具有两个显著的特点：一是技术开发非常复杂，需要比较大的投入；二是进行技术模仿和复制比较容易，成本比较低。这样从全社会的角度考虑，技术转移和推广应用具有很好的经济性。同时就全社会而言，一项重大技术应用的范围越广泛，产生的经济和社会效益就越大，技术推广应用的过程就属于技术转移和扩散的过程。因此，提供技术转移和推广服务是加快科技进步和更好地发挥先进、适用技术作用的必然要求，也是技术开发单位增加收益的一条非常有效的途径。同时，由于技术开发需要涉及的技术范围越来越广泛，越来越多的单位只专注于自己的核心技术开发，一些辅助性的技术往往借助于技术转移从外部获取，技术转移和推广服务也有很大的市场需求。

目前技术转移和推广的方式多样，包括人才流动、创新创业、联合开发、委托开发、技术咨询、专利和专有技术许可、成套技术设备转让、技术工程承包等多种形式。这些服务既可以由各类技术经纪人提供，也可以通过建立技术市场等实现。

5.2.6 创新创业服务

创新创业服务是通过建立企业孵化器等载体，将新诞生的企业聚集起来，为其提供生存和成长所需要的各种共享服务。创新创业服务的目的是为科技成果转化提供良好的平台，为孵化企业的诞生和成长营造良好的环境，降低其创业成本和风险，加快小企业的成长和发展，创造新的就业机会，推动企业技术创新，为国家和区域经济社会更好更快发展服务。

企业孵化器等载体中需要有一支具有丰富的产品开发、项目管理、市场营销和企业管理经验的技术和管理队伍，为孵化企业提供各种服务。一般而言，企业孵化器要以低廉的价格为孵化企业的研究开发和生产提供所需的工作场地。同时，还要为孵化企业提供技术开发、技术转移、会计、法律、信息、融资、担保、宣传、商业计划、培训教育、市场营销和经营管理等多种服务。这些服务既

可以由孵化器自身提供，也可以由孵化器与社会机构联合提供，还可以引进社会上的科技中介服务机构提供。通过为创业者提供合理的建议、忠告和服务，降低创业者在创业初期的投资风险，提高新生企业的生存和发展能力，培育创业者成为成熟的企业家。

目前，已经出现了多种类型的创业孵化服务机构，如高新技术创业服务中心、大学科技园、留学生回国创业园等。

5.2.7 管理咨询服务

科技创新既是科学和技术活动，也伴随着大量的管理活动。科学和有效的管理可以使科技人力资源和科技投入得到更好的利用，可以使企业技术创新和公共产品技术创新的成功率更高，产生的经济社会效益更大。管理咨询服务成为科技创新活动中不可或缺的重要环节，发挥着极其重要的作用。

管理咨询服务涉及的内容非常丰富，常见的服务内容包括：发展战略、法律、财务会计、商业计划、市场营销、技术创新管理等多个方面。这些服务既可以由社会上专业的管理咨询公司、会计师事务所、法律事务所等管理咨询机构提供，也可以由大学的专家教授提供。

5.3 科技创新环境

开展科技创新活动，仅有必要的资源是不够的，还需要有良好的环境和制度保障。特别是对企业而言，开展或不开展技术创新活动，是应对外部环境的一种选择，发展环境不同，大多数企业选择的发展模式很可能不同。良好的环境不仅可以促进更多的组织和个人开展科技创新活动，而且会使其开展的效果更好，投入产出水平更高。科技创新活动的开展受到创新文化、市场、知识产权保护、法规和政策等多种环境因素的直接影响。

5.3.1 创新文化环境

历史经验表明，文化影响着科技创新的生成、发展与传播，影响着科技创新的进程和结果，文化与科技创新的互动是近代文明演进的主旋律。当代科技创新在与文化、经济和社会的互动中，扮演着越来越重要和主动的角色。因此，有没有良好的创新文化是一个国家和地区，乃至一个企业能否勇于创新和创新能产生

什么成效的关键因素之一。良好的创新文化环境是科技创新的催化剂，是创新价值实现与持续增长的动力与源泉。

创新文化包含的内容非常丰富，特征非常明显。鼓励创新的文化环境主要表现在以下几个方面：一是勇于创新，敢为人先，鼓励冒险，容忍失败；二是宽容个性，不求全责备；三是弘扬学术民主，反对学术“官僚主义”和“霸权主义”；四是鼓励冒尖，保护创新人才，反对平均主义、“枪打出头鸟”等劣性文化；五是大力倡导奉献精神、敬业精神和团队精神。科技创新尤其要求实干苦干、甘心苦寂、努力钻研、持之以恒，才能换来创新成果。科技创新需要个性，更需要合作，当今的重大科技创新活动更是如此。因此，社会需要宽容个性，同时需要创新人才具备奉献精神和团队精神等基本素质。

要营造良好的创新文化环境，首先要树立追求真理的价值观。不断开放的环境，不断更新的知识，要求我们必须建立一个在真理面前人人平等的社会文化氛围。在科技创新活动中，我们应该尊重名人，尊重权威，但也不能唯名人论，唯权威论；其次要树立鼓励竞争的价值观。提倡和鼓励竞争的价值观，就必须清算传统的中庸价值观。保守的、惰性的中庸价值观非常不利于创新。在这种环境下，枪打出头鸟，谁冒尖，就把谁打下来。尖子人才无法脱颖而出，创新人才也难以成就大业，浓厚的创新文化氛围不可能形成。

5.3.2 市场环境

当今世界随着全球化进程的不断加快和科学技术的快速发展，企业面临的市场竞争越来越激烈和复杂多变，成熟、挑剔的客户需求条件和公平、规范的市场竞争已经成为企业持续进行技术创新的核心动力来源，市场环境已经成为影响科技创新活动开展及其产生成效的核心因素之一（陈清泰，2007）。

市场环境从多个方面影响科技创新活动。首先，公平、有效和规范的市场可以为科技创新活动开展提供其需要的各种资源。科技创新活动的开展需要人才、资金、科学仪器设备、信息等各种资源，这其中许多资源都需要通过市场提供。没有公平有效的市场，开展科技创新活动需要的各种资源或者获取难度很大，或者成本很高，必然都会直接影响科技创新活动的开展及其产生的成效。其次，充分、规范的市场竞争，成熟、挑剔的客户需求条件，是企业大规模开展技术创新活动的基础。技术创新存在诸多不确定性，投入高，风险大，产生效益需要的时间长。如果没有规范和充分的市场，企业可以通过垄断等不正当的竞争手段获取利润，自然不会冒很大的风险大力开展科技创新活动。最后，规范、有序的市场是持续开展科技创新活动的动力。企业要持续开展技术创新活动，必须保证科技创新成果能转变为市场需求和为企业带来相应的经济效益。如果市场竞争不规范，没有良好的市场秩序，高水平的科技创新成果也不能产生应有的回报，不仅会严重影响开展科技创新活动的积极性，而且会使得企业由于资金短缺开展科技创新活动难以为继，直接影响企业的持续创新动力和能力。显然，良好的市场环境已经成为有效开展科技创新活动的必然要求，是促进企业技术创新的核心动力。

5.3.3 知识产权保护环境

科技创新活动开展产生的成果，一般以论文和版权、专利、技术标准、技术秘密、新产品原型等多种形式表现出来。虽然开展不同科技创新活动产生的成果形式不同，带来回报的方式不同，但是如果没有良好的知识产权保护机制，积极开展科技创新活动带来的成果没有相应的回报，也会直接影响开展科技创新活动的积极性。

不同的科技创新活动所产生的成果形式不同，基础研究和应用研究的成果主要是发现新的知识，其表现形式是发表论文和专著，主要依靠版权加以保护；技术开发形成的新技术、新产品和新的生产工艺，主要依靠专利、技术标准和技术秘密等加以保护。如果科学研究发表的论文和出版的专著不能得到版权的有效保护，科学家踏实、认真开展科学研究，对人类认识自然现象及其发展规律作出巨大的贡献，但不能得到社会的认识和认可，人们开展科学研究的积极性必然会受到很大的打击。类似地，如果大量的投入产生的技术成果不能得到专利制度和技术保密制度等的有效保护，企业技术创新的投入者不能成为技术成果带来的巨大回报的主要获得者，竞争对手反而从中获得很大的利益，企业技术创新的积极性不可能产生，不可能有大量投入开展创新活动。知识产权保护环境成为影响科技创新活动开展的最重要因素之一。

专栏 5-2 知识产权保护方法

一般认为，正式的知识产权保护起源于15世纪的英国，当时英国君主开始将盖着国玺的“专利证书”（letters patent）授予某些制造商和商人，给他们某些特权。人们所知道的授予专利的最早实例是1449年亨利六世授予约翰20年独占一种彩色玻璃生产方法的权力。版权保护则从1710年才开始，当时有一个法令为书籍和其他一些文字作品提供了保护。虽然关于商标（或者更一般地说是“所有权标识”）的保护最早可以追溯到公元前 3500 年，但保护商标法案 18 世纪才出现。1791 年，美国总统托马斯·杰斐逊应帆布制造商的要求，倡议根据宪法中的商业条款来制定一项保护商标的法令。1857 年法国也颁布了商标法，英国则随后于 1862 年颁布了相关法令。第一个国际性的商标协议是在《工业产权保护巴黎公约》（Paris Conyention for the Protection of Industrial Property）中制定的。目前，大多数国家采用专利、商标、版权和商业秘密保护创新和知识产权。

专利是向专利拥有者授予的在规定的时间内对该项发明创造享有的专有权。作为交换，在专利到期后发明者必须向公众披露发明的细节。专利通常可以归纳成不同的种类，我国有发明专利、实用新型专利和外观设计专利等三类。专利权人具有一系列的权利，包括：禁止他人实施其专利的权利；许可他人实施其专利的权利；转让其专利权的权利；标记权；署名权；获得奖励与报酬的权利。

商标是指生产者、经营者为使自己的商品或服务与他人的商品或服务相区别，而使用在商品及其包装上或服务标记上的由文字、图形、字母、数字、三维标志和颜色组合，以及上述要素的组合所构成的一种可视性标志。商标具有多方面的作用，一是商标可以帮助人们识别不同经营者的商品或者服务项目；二是商标客观上可以起到监督商品或服务质量的作用；三是商标具有广告宣传作用。

版权是授予作品作者某种形式的保护。版权法保护的作品主要分为以下两大类：一类是有确定作者而必须由作者本人原创的作品，包括文学作品、戏剧作品、音乐作品及艺术作品；另一类是由原创作品衍生出来的版权作品，包括录音制品、音像制品、电影作品、电台及电视广播节目、有线电台的电视传播及印刷品版式，如文字及图片的排版方式。版权所有者拥有进行或授权进行下列行为的独占权利：复制作品；从拥有版权的作品派生出其他作品；通过销售或其他所有权转让方式，或通过出租、借贷或转借方式，向公众分发拥有版权的作品；公开表演或展示拥有版权的作品，以及进口该作品。

商业秘密是指不为公众所知悉、能为权利人带来经济利益、具有实用性、并经权利人采取保密措施的技术信息和经营信息。

侵犯商业秘密行为主要有下列几种表现形式：以盗窃、利诱、胁迫或者其他不正当手段获取权利人的商业秘密；披露、使用或者允许他人使用前项手段获取权利人的商业秘密；与权利人有业务关系的单位和个人违反合同约定或者违反权利人保守商业秘密的要求，披露、使用或者允许他人使用其所掌握的权利人的商业秘密；权利人的职工违反合同约定或者违反权利人保守商业秘密的要求，披露、使用或者允许他人使用其所掌握的权利人的商业秘密；第三人明知或者应知前几种侵犯商业秘密是违法行为，仍从那里获取、使用或者披露权利人的商业秘密；以高薪或者其他优厚条件聘用掌握或者了解权利人商业秘密的人员，以获取、使用、披露权利人的商业秘密。

5.3.4 法规和政策环境

大量的研究表明，科技创新动力不仅受到创新文化、科学和技术、市场需求和企业家偏好等的影响，而且也与政府的法规和政策直接相关。政府的法规和政策是推进科技发展和促进企业技术创新的有效手段。特别是在科学技术激烈竞争的今天，科技创新往往都需要政府法规和政策的有效激发。最为成功的企业技术创新，往往是技术推动、需求拉动、政府行为和企业家偏好四者共同作用的结果。

政府的法规和政策对科技创新活动及其产生成效的影响，可以从“激励引导”和“强制逼迫”等不同的角度加以体现。一方面，政府可以通过制定有效的法规和政策，通过财政补贴、税收优惠、政府采购等各种政策激励和引导开展科技创新活动；另一方面，可以通过制定有效的法规和政策强制逼迫产生更多的科技创新活动。例如，通过制定更加严格的企业废弃物排放标准并强化执行，强制逼迫高污染的企业要么创新工艺降低污染，要么改进污染治理技术和降低污染治理成本。这样伴随着政府法规和政策的执行，企业的技术进步和产业升级得以实现。因此，政府制定有效的法规和政策可以从外部给企业技术创新施加强大的压力，逼迫企业进行技术创新，激发企业技术创新的动力。

5.4 本章小结

国家创新体系中各类科技创新活动的开展，受到多种因素的影响，归纳起来主要有三种类型，分别是：科技创新资源、科技创新服务和科技创新环境。这每类因素中又包含多个具体的影响因素。

与开展任何活动类似，开展科技创新活动必须有相应的资源投入。一般而言，科技创新资源主要有：科技创新人才、科技创新资金、科学仪器设备、科技文献、科学数据和自然科技资源。

当今世界任何组织都很难仅仅依靠自身的力量高效开展科技创新活动，均需要外部环境为其提供多种类型的服务。这样不仅可以以更低的成本和更高的质量获得科技创新资源，而且可以以更高的效率和更高的水平利用资源开展科技创新活动。目前，开展科技创新活动需要的服务主要有：教育和培训服务、科技金融服务、信息服务、技术开发服务、技术转移服务、创新创业服务和管理咨询服务。

高水平开展科技创新活动还必须有良好的制度环境保障。一般而言，主要环境因素有：创新文化环境、市场环境、知识产权保护环境以及法规和政策环境等。

|第 6 章| 政府提供科技公共服务的理论依据

国家创新体系中包含企业、高校和科研院所、科技中介服务机构以及政府等多类参与者。而政府在国家创新体系建设中扮演非常关键的角色。积极推进国家创新体系建设，需要科学诠释为什么政府要在国家创新体系建设中发挥主导作用，需要审慎界定政府如何在国家创新体系建设中发挥主导作用。

本章系统分析政府必须提供科技公共服务的理论依据。首先从政府需要纠正国家创新体系建设中存在的市场失灵和系统失灵等要求出发，说明需要政府干预国家创新体系建设的原因；然后从维护国际市场公平竞争的要求出发，通过分析WTO《补贴与反补贴措施协议》，说明政府在国家创新体系中能够发挥重要作用；接着通过对政府失灵问题的讨论，强调政府的能力是有限的，政府支持科技创新要注意其科学性和有效性。

6.1 国家创新体系建设中的公共产品和市场失灵

按照公共经济学理论，科技创新产生的知识和技术具有公共产品特征，存在外部性和溢出效应。因此，开展科技创新活动所需要的资源不能完全依靠市场得到有效和最优的配置，通过市场供给的资源远小于开展科技创新活动、实现社会福利最大化所需要的资源，出现“市场失灵”现象。政府应该干预国家创新体系建设，提供科技公共服务。

6.1.1 科技创新的公共产品特征

根据公共产品概念，科技创新具有公共产品特征，主要体现在两个方面：一方面，部分科技创新活动开展形成的新知识和新技术就是公共产品。例如，公共产品技术创新是为政府更好地提供公共产品、满足社会公共需求服务的，其本身就属于公共产品的一部分。另一方面，基础研究和应用研究等科技创新活动产生的新知识具有公共产品特征。之所以如此，是因为知识往往是以信息的形式表现出来，而知识和信息既具有消费的非竞争性特点，又具有受益的非排他性特点。

然而，将公共产品概念应用于说明知识和技术具有公共产品特征，由此确定政府应该提供科技公共服务，还存在明显的缺陷。

首先，一旦基础研究或应用研究产生新的知识后，并不是所有的人都能很快理解、掌握和应用。对一些复杂的新知识，只有受过大学学历教育的人，有些甚至要受过研究生教育、并曾经开展过大量研究工作的高层次人才能理解和应用。也就是说，要理解和应用新知识，往往要有先期的投入和花费较长的时间学习，这种投入可以被视为购买进入门票。这样，知识和信息在一定程度上具有消费的排他性，不是社会上的所有成员都能均衡地消费这些知识和信息，它们应属于准公共产品的范畴。

其次，部分知识可以定价，并可以单独或者与其他商品捆绑在一起销售，由此能给私人带来回报。例如，将研究产生的新知识编写进著作中，通过出售书的版权，作者及其书的出版商、印刷商、分销商和零售商都可以从中获得收益。而这些书进入图书馆、学校、互联网后，书中的新知识会被广泛传播，广大的人可以从中学习。同时，还有一些新的知识和技术可以镶嵌在可销售的产品中，成为私人产品，为新知识的发现者和新技术的开发者带来回报。因此，在一定的程度上知识既具有公共产品的部分特点，又具有私人产品的部分特征。

综合上述讨论，科技创新产生的新知识具有公共产品特征，甚至部分科技创新活动本身属于公共产品。因此，科技创新的收益不能被研究开发者独占，具有收益的非排他性，依靠市场机制生产的知识少于实现社会福利最大化对知识的需求。因此，政府需要干预知识的生产，也就是要干预国家创新体系的建设，提供科技公共服务，以使得知识的生产和需求达到平衡，实现社会福利最大化。

6.1.2 科技创新的正外部性

大量的研究表明，科技创新活动有很显著的正外部性，存在溢出效应。之所以如此，是由知识的特点所决定的。

1. 新知识和新技术的研发者不能独占其能带来的所有收益，具有溢出效应

目前，研究开发新知识和新技术有可能产生很大的经济和社会效益，但是知识和技术的下列特点导致新知识和新技术的研发者不能独占其产生的所有收益，

科技创新具有显著的溢出效应。

（1）大量的实践表明，开展科技创新活动产生新知识和新技术后，包括竞争对手在内的他人或组织可以从其销售的产品、正式或非正式发布的各种信息中很快了解、学习和模仿乃至应用。也就是说，新知识和新技术的研发者不能独占其开展科技创新活动产生的所有收益，具有显著的溢出效应。这种溢出效应的存在，降低了个人和组织开展科技创新活动的积极性。

虽然知识和技术的复杂性可以让其研究者在一定的时间内能够独自应用这些新知识和新技术，但是一般而言能够独占的时间比较短，不会很长。所以也可以认为科技创新活动产生的新知识和新技术只有部分排他性。因此，如果没有政府的干预和支持，会导致全社会科技创新投入不足。

（2）知识和技术有一个重要特点，孤立地评价某个知识和技术的价值也许不是很大，但是多个知识和技术集成在一起，产生的价值可能远远大于各个知识和技术孤立存在时价值的总和。同时，某些知识和技术研发形成后对研发者而言可能价值不大，但是其扩散到行业内的其他企业、其他行业可能会产生很大的价值。因此，新知识和新技术的价值往往很难评估，自然很难确定其交易的价格。

由于知识和技术价值很难评估，而且多种知识和技术集成后价值会有很大提升，再加上知识交易很复杂，所有这些特点不仅使得单个组织无法独占其开展科技创新活动所产生的收益，而且即使多个企业建立战略联盟也很难做到这一点，科技创新的溢出效应必然存在。因此，如果没有政府的干预和支持，会导致全社会科技创新投入不足。

（3）科学技术发展史还表明，未来的科学研究和技术开发都建筑在当前的研究和开发工作基础之上，都基于已经积累形成的知识和技术。因此，科技创新活动不仅给当期社会带来效益，而且会为未来社会带来效益，产生比较长期的溢出效应。但是，后续的科技创新活动即使充分利用了前人的知识和技术，一般不会给前人以回报和奖励。这要求政府通过干预和调整他们之间的利益关系，调动全社会科技创新的积极性。

2. 研发产生新知识和新技术的成本很高，但是学习和模仿新知识和新技术的成本很低

知识和技术的这一特点进一步增加了其溢出效应。而且如果出现下列情况，新知识和新技术的扩散成本更低，溢出效应更大：一是新知识和新技术的显性特征明显，主要内容都可以用数据、图形、代码等明确表示出来；新知识和新技术会很明显地反映在产品和生产过程中；或者新知识和新技术很容易被模仿和复

制。二是他人或组织有很强的能力获得关于新知识和新技术的信息，并能很快学习、模仿和应用。

为了让新知识和新技术的研发者能从科技创新中获得更多的收益，目前已经形成了比较完备的知识产权保护制度，通过专利、商标和版权等来降低溢出效应。实际上，知识产权保护制度只能在一定程度上解决其部分排他性问题，即解决（1）中存在的问题，对其他情况下产生的溢出效应则无法解决。

另外，大量的研究还表明，即使知识产权保护制度使得新知识和新技术能得到有效的保护，竞争对手还是可以从他人和组织研究产生的新知识和新技术中得到启发，获得有用的信息。目前，许多企业很注意从竞争对手申请的专利中获取技术信息，就说明了这一点。

由于开展科技创新活动不能独占其产生的全部收益，存在正外部性，有显著的溢出效应。因此，依靠市场机制不能保证必要的科技创新投入，政府需要干预和支持科技创新活动，提供科技公共服务，以实现社会福利最大化。

6.1.3　科技创新的高风险性和信息不对称性

科技创新的最基本特点就是不确定性和高风险性，这是科技创新的固有属性。开展任何一项科技创新活动，很难准确预测其需要的成本、时间和获得什么样的成功，经常是实际结果与期望结果差别很大，甚至完全失败。科技创新的高风险性也会导致其投入不足，需要政府提供科技公共服务。

1. 科技创新的高风险性导致投入不足

私人投资者多属风险厌恶型的，而且风险越大，私人投资者为了回避风险越会减少投资，如果风险太大，很可能无法获得足够的私人投资，甚至无法获得私人投资。同时，私人投资者更倾向于追逐短期利润，往往回避需要很长时间才能产生效益的投资活动和项目。而科技创新活动不仅风险高，而且产生效益需要的时间长，依靠市场机制和私人投资，往往会导致投入不足。

同时，开展科技创新活动，全社会面临的风险远远小于实际进行科技创新的个人或组织面临的风险。因为对全社会而言，只要有一个人或一个组织解决了某个科学或技术问题，就是全社会解决了这个问题，就是全社会获得了成功。因此，个人或组织开展科技创新活动的风险明显大于全社会面临的风险，其预期的收益明显小于全社会可能获得的收益。由于个人或组织预期的收益很低，因此会减少科技创新投入。许多对全社会而言很有价值的科技创新项目很可能被取消。

当个人或组织对科技创新未来收益的预期明显低于全社会的预期时，仅仅依靠个人和社会组织会导致科技创新投入不足。

有学者对 OECD 的主要成员国进行实证研究确实发现，在环境、能源、信息高速公路等基础设施上进行投入，其产生的社会回报率明显大于私人回报率。目前，这已经成为 OECD 成员国政府支持科技创新的主要依据。

2. 科技创新的高风险性和信息不对称性导致资本市场失灵

科技创新的高风险性和复杂性还会导致只有开展科技创新活动的个人或组织对项目成功的可能性及其带来的收益有比较多的了解，其他个人或组织很难对其有较好了解。因此，如果要从资本市场获取科技创新的投入，贷方和借方之间存在显著的信息不对称性。

同时，在资本市场获取科技创新投入的过程中，开展科技创新活动的个人或组织必须向贷方尽可能披露项目的信息，但是如果披露信息太多有可能将自己的技术秘密信息暴露而带来损失。因此，借方有动机隐瞒其真实的信息，进一步加剧了贷方和借方之间信息的不对称性。

显然，科技创新本身的高风险以及信息不对称带来的风险叠加在一起，导致科技创新项目贷款的风险很大。从资本市场筹集科技创新需要的投入非常困难。资本市场对科技创新的支持不够，也需要政府干预和支持国家创新体系的建设，要求政府提供科技公共服务。

6.1.4 政府弥补市场失灵、干预国家创新体系建设的理由

公共经济学理论从多个角度说明了政府必须干预国家创新体系建设的原因。将这些原因归纳起来，有如下结论：

（1）从公共产品的角度考虑，科技创新产生的新知识具有一定的公共产品特征，部分科技创新活动本身就属于公共产品。这导致科技创新产生的收益不能被研究开发者独占，具有收益的非排他性特征，依靠市场机制生产的知识少于实现社会福利最大化对知识的需求。这就要求政府通过提供科技公共服务。

（2）从外部性和溢出效应角度考虑，科技创新存在明显的正外部性，有显著的溢出效应。同时，知识产权保护制度也很难形成对新知识和新技术的完全保护，竞争对手还是可以从他人和组织研究产生的新知识和新技术中获得有用的信息。这就使得依靠市场机制不能保证必要的科技创新投入，需要政府干预和支持科技创新活动，提供科技公共服务。

(3) 从风险性和信息不对称性角度考虑，由于科技创新存在比较大的风险，而且回报产生需要的时间比较长，这既导致完全依靠市场机制会使得在科技创新投入不足，也导致要从资本市场筹集科技创新需要的投入非常困难。同时，科技创新的高风险性和复杂性还使得在资本市场上，贷方和借方之间的信息高度不对称，使得从资本市场获得科技创新投入更加困难，加剧投入不足问题的严重性。因此，政府需要干预和支持科技创新活动，提供科技公共服务。

(4) 由于绝大多数中小企业或者缺少人才，或者缺少资金，或者缺少技术，很难大量开展科技创新活动，这也需要政府弥补这方面的缺陷，提供科技公共服务。

(5) 私人投资开展科技创新活动，为了尽可能多地独占其产生的收益，会努力阻挠新知识和新技术的扩散，这样会延缓整个社会发展步伐。因此，从实现社会福利最大化的角度考虑，政府也应该支持开展科技创新活动，提供科技公共服务。

虽然，目前有大量的理由认为政府应该支持科技创新活动（Salmenkaita，Salo，2002），但还是有人提出了相反的意见。有研究认为，企业开展科技创新活动不仅产生了新的知识和技术，而且提升了吸收其他企业、高校和科研院所的新知识和新技术的能力，增强了自身的创新能力。在技术发展非常迅速的电子信息、生物医药等行业，这种吸收能力是非常重要和有价值的，是企业核心竞争能力的主要来源。因此，企业为了赢得竞争优势会不断加大科技创新的投入，有可能仅仅依靠企业的投入就能达到实现社会福利最大化需要的科技创新投入水平。这样在国家创新体系中，政府的支持只要集中在基础研究领域，因为基础研究可能产生最大的扩散效应。

6.2 国家创新体系建设中的系统失灵

运用系统的观点和方法研究国家的创新问题，构建国家创新体系概念和结构模型，特别注重研究各要素之间的相互关系对国家创新体系建设的影响。系统失灵是运用创新系统分析方法研究国家创新问题产生的最重要的概念之一，对深刻认识国家创新体系具有很重要的价值。

6.2.1 系统失灵的概念

1. 系统失灵的定义

市场失灵理论为政府判断何时应该对科技创新活动进行干预提供了重要的依

据。然而，由于科技创新过程的复杂性，在实际应用中判别是否出现市场失灵是非常困难的，由此很难科学地制定政策和采取有效措施促进科技创新活动的开展。进一步分析还发现，市场失灵分析还存在下列不足：一是市场失灵分析没有考虑制度因素，实际上制度框架直接决定市场的运行状况，不考虑制度因素是不合适的；二是它实际上隐含假定，要促进开展更多的科技创新活动，市场机制相比别的机制更有优势；三是当正外部性和溢出效应很大时，通过市场失灵分析很难确定政府干预的方向和重点，因为市场失灵可能只是一种信号，但没有说明其发生的原因和要解决的具体问题。

国家创新体系概念表明，国家创新体系建设包含众多的参与者，需要开展多种类型的科技创新活动，还要有科技创新资源、服务和环境的保障，是一个非常复杂的系统。要使这样一个复杂的系统能高效地运行，不仅需要企业、高校和科研院所、科技中介服务机构等积极和广泛的参与，各类科技创新活动都能得到有效的开展，科技创新资源、服务和环境能得到高质量的保障，而且需要各类科技创新活动之间的紧密联系和相互衔接，需要科技创新活动与科技创新资源、服务和环境之间的相互配套，需要各参与方之间紧密联系、相互学习和相互协调。

按照系统的观点，国家创新体系的整体运行绩效，不仅取决于各类参与者的表现和水平，而且与他们之间相互联系、相互学习和相互协调的水平密切相关。例如，如果企业进行技术创新，往往需要与其他企业、高校和科研机构之间建立密切的联系和进行相互学习，这种联系直接影响企业技术创新的绩效，也影响国家创新体系的建设水平。如果国家创新体系中的各个参与方之间的相互联系不紧密，相互之间不协调或协调水平不高，系统运行必然会受到影响，可能会出现所谓的系统失灵问题。

按照 OECD（1998）的定义，如果国家创新体系中各个参与方之间相互不匹配和不协调，就是出现了系统失灵。如果出现了系统失灵，政府也应该通过制定法规和政策等各种手段干预国家创新体系建设，提升国家创新体系的建设水平，加速科技进步。

2. 基于系统失灵和基于市场失灵干预国家创新体系建设的差别

系统失灵概念表明，科技创新不仅受到科技创新资源、服务和环境等诸多因素的影响，还受到国家创新体系结构的影响。由于考虑问题的出发点不同，从市场失灵角度与从系统失灵角度干预国家创新体系建设的方式会明显不同。

首先，基于市场失灵原因制定政策，把各类科技创新活动独立开来看待，研究通过财政补贴等政策措施降低开展科技创新活动的成本，激发更多的科技创新活动，产生更大社会福利。而基于系统失灵原因制定有关政策，不仅要激发更多的科技创新活动，还要调整系统的结构，使得各参与方之间能更紧密联系和更好地相互学习与相互协调。

其次，基于系统失灵原因制定政策，政府的干预和政策的制定更多的是围绕如何通过建设更好的科技创新基础设施，形成更有利于发现新知识、开发新技术、进行企业技术创新和公共产品技术创新的环境，促进开展更多的科技创新活动，使得整个国家创新体系能产生更好的绩效。因此，政策涵盖的内容更加广泛和丰富，包括科学、技术、教育和培训、市场等诸多方面。相比根据市场失灵原因制定政策，基于系统失灵原因制定政策更加复杂，其政府干预是要设计形成一种制度安排，支持科技创新活动的开展，改进各参与方之间的相互交流和合作，特别是让企业有更好的环境和条件获取新的知识和技术。

再次，基于市场失灵原因制定政策，只是在科技发展不能达到期望的要求时，考虑通过政府干预鼓励开展更多的科技创新活动。而基于系统失灵原因制定政策，并不排斥知识产权保护和财政补贴等政策的运用，相反它拓宽了政府干预的范围。同时，认为市场只是国家创新体系中的一部分，其制度安排和参与各方之间形成的相互联系网络是影响科技进步的重要因素，因此政策制定还要考虑制度因素。

最后，基于市场失灵原因促进企业增强技术创新能力的主要途径是调整技术开发产生的净边际利润，激励企业开展更多的创新活动；基于系统失灵原因支持企业增强技术创新能力的主要方式是让其能够通过加强与高校和科研院所的交流和合作，获得更多的新知识和新技术。

6.2.2 国家创新体系建设中系统失灵的主要类别

通过大量的案例分析和实证研究发现，国家创新体系建设中的系统失灵现象不仅在发展中国家存在，而且在发达国家存在也比较普遍。国际上一些学者从不同的角度进行研究，发现了不同的系统失灵现象。

1. Malerba 的系统失灵分类

Malerba（1998）通过大量的研究，认为在国家创新体系中经常会出现下列四种系统失灵现象。

（1）学习失灵。所谓学习失灵，是指企业或产业的学习能力弱，不能快速而有效地学习新的知识和技术，长期使用原有的技术。这样企业或产业的技术停滞不前，新技术不能得到积极而有效的应用，技术水平不能迅速提高。

（2）技术多样性和选择的失灵。在国家创新体系中，存在技术类型和技术选择之间的平衡，即针对某个产业技术发展的需要，形成可应用的技术品种太多或太少都是不利的。技术多样性和选择的失灵可能存在两种情况：一种情况是企业或产业积极开发形成了很多新技术，为了在这些技术中做出有效的选择，需要进行大量的试验、评价和改进，由此反而会影响新技术的开发和应用，导致开发的技术很多，应用的技术很少，而且应用的成本很大，阻碍技术的发展；另一种情况是对技术选择过于苛刻，导致不能产生多种技术可供选择，降低了技术选择的多样性，长此以往会使技术视角趋于单一，反而使企业不能充分利用全社会科学技术发展带来的机遇。

（3）过度保护带来的系统失灵。为了调动企业技术创新的积极性，目前在世界范围内设立了越来越严格的知识产权保护制度，强调技术发明人对技术产生收益的独占性。然而，过分强调知识产权的保护和收益的独占性，会影响先进技术扩散的速度，影响产业技术发展的步伐和全社会技术创新能力的增强。

（4）动态补偿失灵。任何一个产业或企业的科技创新活动都需要持续不断地进行。要保证科技创新活动能持续开展，需要形成动态的补偿机制，对成功的科技创新进行补偿和奖励，由此形成这样的循环：成功开展科技创新活动—得到补偿和奖励—再投入并成功开展科技创新活动—再补偿和奖励。以此循环往复。如果这样的补偿和循环机制不存在，会导致科技创新不能持续进行，出现失灵现象。

2. Smith 的系统失灵分类

Smith（1998）通过大量的研究，也认为在国家创新体系中经常会出现下列四种系统失灵现象。

（1）科技基础设施投资不足和供给失灵。科技创新活动的开展需要大量的资源和服务，需要进行科技文献、科学数据、自然科技资源等一系列的科技基础设施建设。这些科技基础设施的建设，对科技创新活动的开展以及产业和企业的技术创新至关重要。由于科技基础设施建设产生的效益往往具有间接、模糊、很难直接评价等特点，政府应该并能够在其建设及其服务的提供上持续发挥重要的作用。然而从欧盟国家的情况看，由于目前面临着减少政府公共支出的强大压力，导致将大量的公共服务改革由私人和通过市场机制提供，科技基础设施投资不足和供给水平下降，不能满足要求，出现系统失灵现象。

（2）技术转移失灵。技术创新与经济发展之间的关系表明，技术转移和扩散是经济发展的重要驱动力之一，国家创新体系应能有效支持技术的转移和扩散。然而，企业、特别是小企业往往技术水平比较低，技术吸收能力非常有限，导致新知识和新技术向企业的转移面临严重的问题，经常出现技术转移失灵。向企业技术转移出现的问题主要有两种情况：一种是在渐进性技术创新过程中，由于企业技术吸收能力不足而出现的技术转移困难问题；另一种是由于全新的技术或者新的市场需求模式的出现迫使企业必须进入新的技术领域，这样企业需要在已有的技术能力之外应用全新的技术，这时的技术转移面临更大的困难。

(3) 技术锁定带来的系统失灵。任何一项技术的应用不可能孤立地进行，它既要与其他相互配套的技术发生紧密的联系，还要与其所处的经济和社会发展环境紧密相连。这样技术创新不仅要与其他可替代的技术进行竞争，还要与其所处系统中的配套技术和经济社会发展环境竞争。由此经常会由于相关的技术、经济和社会因素的影响，原有的技术被“锁定”（lock in）和长期应用，开发和应用新的技术非常困难，出现技术锁定带来的系统失灵。按照 Smith 的观点，这是从系统失灵的角度出发，要求政府干预国家创新体系建设的重要原因。

(4) 制度失灵。按照系统理论，系统中的制度决定了系统内各个要素之间的相互联系方式，决定了系统的结构。一般而言，国家创新体系中包含的要素众多，如法律法规、技术标准、风险管理规则、健康和安全要求、政治文化和社会价值等。其中制度和规则的演变既与有意识的选择有关，也与合作关系演变有关，但是都需要政策制定和实施部门的推动。一般而言，同样的系统要素但如果相互联系方式不同，即制度不同，系统的运行绩效也会不同。因此，制度原因（即系统的结构不合理）也会导致国家创新体系的运行绩效低下，出现制度失灵。为了使国家创新体系具有更好的运行绩效，政府应该对其制度安排进行干预。

3. Carlsson 和 Jacobsson 的系统失灵分类

Carlsson 和 Jacobsson（1997）通过大量的研究，将系统失灵分为网络失灵和制度失灵两类。

1）网络失灵

在国家创新体系中，高校和科研院所、企业、科技中介服务机构和政府之间相互联系会构成一个网络。如果这个网络参与各方之间能够有效联系和相互合作，对未来技术发展方向达成共识，在此基础上协调各个参与方在技术开发上的投入，实现合理和有效的分工协作，会大大降低技术投入和开发的风险，产生显著的合作效应。反之，如果网络中的各参与方之间不能对未来技术发展方向达成基本的共识，会成为技术发展的障碍，出现网络失灵。

所谓网络失灵，是指国家创新体系中的各参与方之间缺乏有效的联系，导致对未来技术发展方向不能达成基本共识。这样各参与方之间不能相互协作起来共同开发新的技术，降低系统的运行效率。

按照系统的观点，达成共识的基础是系统中各参与方之间的紧密联系和信息、知识的共享。因此，解决系统失灵问题，公共政策的主要着力点是在各参与方之间建立有效的沟通和交流渠道，支持各参与方之间加强联系，更好地实现信息和知识的共享。具体而言，从系统失灵的角度制定科技创新政策，关键是通过支持和改进企业与高校和科研院所的联系，将开展科学研究、技术开发的各类组织更好地集成起来，促进系统中各参与方对未来的技术发展方向达成共识，产生更多的创新机会。

这类政策的制定和落实，可以采用的手段是比较多的，如支持企业和高校、科研院所之间联合申报和开展科研项目，支持科技人员在不同类型的组织之间流动，在政府及其有关部门的组织和领导下系统中各参与方共同开展技术预测活动等。

2）制度失灵

国家创新体系中包含两类制度：一类是硬制度，如参与国家创新体系的各类组织；还有一类是软制度，如法律、规章、文化、价值观等。在国家创新体系中，不同类型组织发挥不同的作用。企业根据市场需求会积极开展技术创新活动，是技术创新的主体；大学承担着基础研究和应用研究的重任，并不断培养高素质的人才；科研院所也承担开展公共产品技术创新、提供科技公共服务等多方面的任务。软制度在国家创新体系中也发挥很重要的作用，它能对系统中各类组织共享资源的程度、企业家精神等带来直接影响。

基于上述讨论，定义科技创新中的制度失灵是：系统中缺乏某些类型的组织，或者某些类型的组织运行状况不好，或者是法律、规章不完善，企业家精神缺乏等。从系统的角度分析，国家创新体系中包含的重要组织除企业外，还有政府部门、高校和科研院所这样的研究开发部门，支持知识和技术扩散的部门，技术标准制定和管理部门，知识产权管理部门等。这些组织的行为受到政府法律、规章和政策等的影响，他们必须从大力支持企业技术创新角度出发积极开展工作。

为了解决国家创新体系中的硬制度失灵问题，政府应通过建立更好的高校和科研院所等研究开发机构以及教育和培训机构，不断地研发新的知识和技术，并支持将新知识和新技术转移到企业，同时通过教育和培训帮助企业增强技术吸收能力。政府支持建立的高校和科研院所要能够根据科学技术的发展和变化不断拓展其研究领域，改革教育和培训的内容和方式，同时能积极为企业提供技术发展的相关信息，让其能更快速和全面地了解新的技术机会。政府部门应建立与此要求相一致的考核和激励机制，促进高校和科研院所不断增强研究开发能力以及快速响应技术发展和变化的能力，不断改革教育和培训模式。

为了解决国家创新体系中的软制度失灵问题，政府政策的重点是让新的企业能自由地进入市场，鼓励新的高技术企业的创建，特别是要通过立法和税收优惠等鼓励风险投资的发展。另外，为了保证经济持续稳定地增长，政府政策制定还要支持开展更广泛的企业技术创新和保证企业技术创新的多样性。这其中一种特别重要的支持方式是：鼓励从现有的企业扩散建立新的企业，促进高校和科研院所的研究人员通过将自己的研究成果商业化建立新的企业。

6.2.3 市场失灵分析和系统失灵分析的特点

一系列的分析表明，市场失灵和系统失灵分析都在一定程度上说明了政府干预国家创新体系建设和运行的必要性与重要性，同时还指出了政府干预的可能方式。然而，由于两种分析方法的基本出发点不同，它们有各自的特点。

1. 市场失灵分析的特点

市场失灵分析非常强调由于科技创新具有公共产品的某些属性，存在溢出效应，同时还有很大的风险，诸多因素共同作用会导致私人投资不足，仅仅依靠市场机制和私人投资不能达到实现社会福利最大化对科技创新投入的要求，所以政府需要干预。因此，科技创新政策的主要着力点，既可以通过财政补贴和税收优惠等政策手段，降低研发新知识和新技术的成本；也可以通过建立严格的知识产权保护制度，提升研究开发新知识和新技术产生的收益；还可以由政府直接投入建立科研院所，或政府与企业合作建立公私合作的研究开发机构，直接研究开发新知识和新技术。

一般而言，在政府的各种干预手段中，财政补贴和税收优惠等主要可以应用于企业，而专利保护可以应用于各类科技创新组织，包括大学、科研院所和企业。大量的研究表明，财政补贴、税收优惠和知识产权保护对促进企业更积极开展科技创新活动具有重要的作用。

然而，通过授予大学这样的从事基础研究和应用研究的机构以知识产权，促进其更积极开展基础研究和应用研究活动，是否是一种有效的手段还很值得怀疑。Mowery 和 Ziedonis（1998）认为，基础研究产生的知识属于公共产品，授予发明人知识产权是不合适的，因为基础研究的结果能够显著提升应用研究和技术创新的水平。类似地，不管是科研院所还是企业，其应用研究会产生通用的知识，如材料的特性、制造过程中的诀窍等，如果这些知识作为公共产品可以被广泛使用，让企业可以获得更多的知识和技术，会加速企业和产业技术创新的步伐，增加全社会的公共福利水平。

利用专利手段促进高校和科研院所的科技创新活动，有时可能会产生负面的影响。通过授予专利权，实际上是要鼓励高校和科研院所加强与产业部门的联系，更好地响应产业和企业对科技创新的需求，鼓励其将研究开发成果更好地商业化。但是，如果过分强调实现这样的目标，会让大学的研究视野变得狭窄，削弱其发挥自由研究和探索的作用，削弱其履行人才培养的职能。从长期来看，反而会降低其溢出效应和阻碍科技进步。

根据市场失灵分析干预国家创新体系建设，政府应直接提供具有显著的公共产品特征的产品和服务，其他的应该尽量通过财政补贴和税收优惠、知识产权保护等方式支持企业提供。政府在制定政策时，一定要先分析是否存在市场失灵和存在什么样的市场失灵，然后有针对性地制定相应的政策。

2. 系统失灵分析的特点

系统失灵分析是从国家创新体系的全局角度，分析其是否有合适的制度安排，各个参与者之间是否形成有效的联系，整体系统运行是否有效。

从系统的角度考虑，高校和科研院所、企业、科技中介服务机构、政府在国家创新体系中发挥的作用显著不同，有不同的发展目标。大学研究开发产生的知识，可以转移到企业用于其技术创新，支持企业技术创新。同时大学还培养人才，这些人才被雇佣后也会为企业技术创新作出贡献。科研院所既从事基础研究和应用研究，还要进行公共产品技术创新。而企业主要根据市场需求开展技术创新活动。显然，政府干预国家创新体系建设，某一段时间内重点关注的对象不同，采用的手段和政策也应该不同。

政府根据系统失灵分析干预国家创新体系建设，首先要分析是什么样的系统失灵问题。也就是说，系统失灵的类别不同，其干预的手段和政策也应该不同。例如，如果是软制度失灵，很可能是要调整法律、规章和制度，由此干预国家创新体系建设；如果是硬制度失灵，可能需要改善大学和科研院所的工作条件、建立更多的科研院所、鼓励创建更多的新企业；如果是网络失灵，政府可以通过支持国家创新体系中的各参与方合作承担政府的研究项目、组织各方共同进行技术预测等促进他们之间加强联系、交流及合作，在未来技术发展方向的预见上形成更多的共识。

系统失灵重点关注国家创新体系中的参与者及其相互联系。如果在各类科技创新活动中，某种类型的科技创新活动不足，政府就要采取措施通过建立更多相应的机构或支持已有的机构更有效地运行，促进产生更多的活动，解决系统失灵问题。在此过程中，可以根据市场失灵分析确定哪些活动主要由政府支持开展，哪些主要由企业开展。

6.3 公平竞争允许的科技创新补贴

从弥补国家创新体系建设中的市场失灵和系统失灵的需要考虑，政府在国家创新体系建设中应该发挥重要的作用。实际上，WTO 从维护国际市场公平竞争的原则和要求出发制定的《补贴与反补贴措施协议》，也允许政府可以在适当的范围内对科技创新活动进行支持和补贴。这说明政府干预国家创新体系建设不仅是必要的，而且是可能的，符合国际通行规则。

6.3.1 《补贴与反补贴措施协议》关于补贴的界定

按照 WTO《补贴与反补贴措施协议》的规定，如果政府或任何公共机构以下列方式提供财政资助，被视为补贴：

（1）涉及直接资金转移的政府行为（如赠予、贷款、投股），潜在的资金或债务的直接转移（如贷款担保）。

（2）本应征收的政府税收的豁免或未予征收（如税额减免之类的财政鼓励）。但是该协议还规定，免除出口产品的关税或作为内销时征收的国内税，或实行不超过实际征收数额的出口退税，不应视为补贴。

（3）政府不是提供一般基础设施而是提供商品或服务，或收购产品。

（4）政府通过向基金机构支付，向私人机构担保，或指示后者行使（1）~（3）所列举的一种或多种通常应由政府执行的功能，这种行为与通常的政府从事的行为没有实质性差别；或者，对出口提供收入、价格支持或其他优惠。

WTO 之所以要对补贴作出明确的界定和限制，是因为补贴的实质是通过财政手段，集合大众的经济力量支持某一产品获得超低价格竞争优势，使其可以采用超低价格轻松、迅速地打败一切对手。因此，补贴被认为是世界贸易中最不公平的竞争措施。

虽然补贴与反补贴措施协议对补贴进行了严格的限制，但是补贴专向性限制原则协议还明确规定，非专向性补贴是可以普遍采用的。所谓补贴专向性限制原则，是要求政府和社会公共组织不得给予一组企业或产品、一部分地区或产业以经济补贴。因为这种专向性补贴会使资源分配扭曲，所以必须受到反对和限制。由于非专向性补贴被认为不会造成市场扭曲，因此协议明确规定非专向性补贴可以普遍采用。

按照对贸易扭曲效应大小的不同，该协议将政府补贴分为被禁止补贴、可起诉补贴和不可起诉补贴三大类：

（1）被禁止补贴是指以出口绩效为条件（又称出口补贴）和将进口替代作为唯一或多种条件之一而提供的补贴（又称进口替代补贴）。对于该类补贴，只要 WTO 争端解决机构一旦确认，就必须立即被撤销。

（2）可起诉补贴是指由于某一成员国通过收入支持或价格支持等补贴方式，损害 WTO 其他成员国的国内产业发展，或严重妨碍另一成员国的利益。对于该类补贴，起诉国必须证实给它带来了不利影响，否则，补贴将继续被允许使用。

（3）不可起诉补贴是指以下四种情况：一是对产业研究和竞争前开发活动不超过合法成本的 75% 和 50% 的补贴；二是对落后地区的补贴；三是对适应环境保护要求而改造现有设施的补贴；四是对所有经济主体都产生好处的非专向性补贴。关于该类补贴，成员国一般不能向 WTO 争端解决机构申诉，也不能对受补贴的进口产品征收反补贴税。

6.3.2 《补贴与反补贴措施协议》允许的科技创新补贴

WTO《补贴与反补贴措施协议》中的规定表明，对科技创新过程中的部分活动，政府是可以采取财政补贴、税收优惠等方式加以支持的。按照该协议，其允许补贴的范围包括如下几个方面。

1. 基础研究

基础研究是指与产业或商业目标无关、以增加一般科学和技术知识为目的的研究。对教育或研究机构进行此类研究，政府给予补贴不在限制之列。

2. 产业研究

产业研究是以发现可能有助于开发新产品、新工艺和新型服务的新知识为目的的研究，或者是以发现可能有助于改进老产品、老工艺和老的服务方式的新知识为目的的研究。产业研究与通常所说的应用研究相一致。对企业、高校或科研院所相互合作在合同之基础上进行的此类研究，政府可以给予补贴，但其数额不得超过合法成本的 75%。

3. 竞争前开发活动

竞争前开发是将产业研究成果转化为开发新产品、新工艺或新型服务所需要的计划、蓝图或设计方案，或者是将产业研究成果转化为改良和改进老产品、老工艺或老式服务所需之计划、蓝图和设计方案。该活动与通常所说的技术开发基本一致。对企业、高校、科研院所在合同基础上进行的此类研究，政府补贴不得超过合法成本的 50%。

4. 介于产业研究和竞争前开发之间的活动

补贴与反补贴措施协议还规定，企业、高校或科研院所在合同基础上进行介于产业研究和竞争前开发之间的活动，政府的补贴不得超过对产业研究和竞争前开发两项补贴允许水平的加权平均数。例如，如果正好处于产业研究和竞争前开发的中间地带，政府的补贴不得超过合法成本的 62.5%。

该协议还对合法成本进行了界定，规定以下几种支出属于可以补贴的部分：一是雇员费用（专为研究活动而录用的研究人员、技术人员和其他辅助人员）；二是专门并长期（商业性转让除外）用于科研活动的器具、设备、土地和建筑费用；三是仅用于研究活动的咨询及类似服务的费用，包括购买研究成果、技术知识、专利等的费用；四是由研究活动直接产生的额外附加费用；五是由研究活动直接产生的其他启动费用（如资料费和类似花费）。

另外该协议还规定，对现有产品和工艺等进行日常或阶段性改进活动、对接近市场的研究开发活动及其后续的技术创新活动，政府的补贴超出了保护的范围，如果补贴开发的产品不涉及出口和进口替代等情况，属于可起诉的补贴；反之，属于被禁止的补贴。

6.3.3 《补贴与反补贴措施协议》关于适应环保要求改造现有设施的补贴

按照 WTO《补贴与反补贴措施协议》的规定，企业为了适应环境保护要求改造现有设施，政府可以给予适当的补贴。

关于适应环境保护要求改造现有设施中的“现有设施”，是指在新的环境要求提出以前，已使用了2年以上的设施。由于新的环境保护要求，需要对这些设施进行改造，给企业带来了很重的负担。为了减轻企业的负担，政府可以适当提供补贴。

《补贴与反补贴措施协议》还规定，进行补贴必须同时具备下列条件：一是一次性的、非重复性的措施；二是限制在适应性改造工程成本的20%以内；三是不包括对辅助性投资的安装与投试费用，该项支出必须完全由企业负责；四是与企业减少废料、污染有直接和适当的关联，而不包括任何制造业能够取得的成本节约；五是所有能采用新设备和/或新生产工艺的厂商均可得到。

6.4 国家创新体系建设中的政府失灵

市场失灵和系统失灵的存在既为政府干预国家创新体系建设提供了充分的理由，又指明了政府干预的主要领域和方式。然而，从第二次世界大战后西方发达国家的发展情况看，政府如同市场一样也不可能是万能的。为了克服市场失灵所带来的问题，西方国家政府遵循凯恩斯主义经济学所采取的干预措施尽管在某些领域取得了一定成功，一定程度上弥补了市场失灵。但是由于政府干预行为本身存在局限性，市场解决不好的问题，政府也不一定能解决得好。这也就是说，同样存在着政府失灵。因此，分析政府应该如何干预国家创新体系建设时，也必须注意到政府不是万能的，不能期待所有问题都能通过政府的干预得到解决，政府推进国家创新体系建设，必须注意科学有为。

从公共经济学的角度出发，西方的许多经济学家对政府失灵的原因和类型进行了比较多的研究，他们从新政治经济学的角度分析，将政府失灵分为四种类型（张建东，高建奕，2006）：公共政策失误、公共产品供给的低效率、政府的扩张或膨胀以及政府的寻租活动。

6.4.1 公共政策失误

政府干预经济生活的基本手段是制定和实施公共政策，并以此来弥补市场缺陷，克服市场失灵。但是由于公共政策的最终决策者是政府而不是个人，其决策对象是公共产品，并且是通过有一定秩序的政治市场来实现，因此具有相当程度的不确定性，存在着诸多困难、障碍和制约因素，可能会出现公共政策的失误。

一般认为，导致公共政策失误的主要原因有：一是公共利益的模糊性。他们认为社会上实际不存在作为公共政策目标的所谓的公共利益。“阿罗不可能定理”表明，将个人的偏好和利益加总为集体偏好和利益是极为困难的。詹姆斯·M. 布坎南（1988）也认为，在公共决策中实际上并不存在根据公共利益进行选择的过程，而只存在各种特殊利益之间的缔约过程。二是公共决策体制及方式的局限性。即使现实社会中存在着某种意义上的公共利益，而现有的公共决策体制因其自身缺陷和方式的不完美性使得这种公共利益难以达到。三是信息的不完全性。获取决策信息总是需要支付一定的成本，不管是选民还是政治家所获得的信息都不可能是完全的，因而大部分公共政策是在信息不完全的情况下做出的，公共政策的失误也就不可能避免。四是选民的自利性。由于公共政策效果的复杂性和不确定性，选民通常更注重眼前的利益。而为了追求自身的最大利益，他们保持“理性而无知”也是合理的。这势必导致公共政策不能代表大多数人的最大利益，从而导致公共政策失误。五是政策执行上的障碍。

6.4.2 公共产品供给的低效率

按照公共经济学理论，政府的一项基本职能是提供公共产品，直接提供市场可能供应不足的公共产品，并履行市场秩序的维护者、外在效应的消除者等角色。但是，公共产品本身的复杂性以及政府机构的本性，使其提供公共产品难以达到应有的高效。

在公共选择和公共政策学者看来，公共产品供给的低效率主要有下列原因：一是公共产品评价的困难。由于公共产品本身所具有的特性，主要是非竞争性和非排他性，而据此衡量公共产品的价值极为困难。政府机构提供公共产品追求的是社会效益，社会效益的衡量更是缺乏准确的标准和可靠的评估方法。二是竞争机制的缺乏。由于政府是提供公共产品的唯一机构，没有相应的竞争对手。由于没有竞争对手，政府机构有可能过分投资生产出多于社会需求的公共产品。三是激励机制的缺乏。政府机构与企业不同，缺乏降低成本激励机制，政府机构及其工作人员都没有动力降低成本，他们的目标不是利润最大化而是规模最大化，以此增加自己的升迁机会和扩大自己的势力范围。而又由于政府机构的工作成本难以计算，这就有形无形地促使政府机构供给的公共产品超出社会最优分配时所需的数量。四是监督机制的缺陷。从理论上说，作为代理人的政府及其工作人员的行为必须受到委托人的监督。公共选择学者和公共政策学者们认为现有的监督机制不健全，很多监督只是形式上的。尤其是监督信息的不对称，监督者难以获取真实的信息，使得监督者实际上由被监督者所控制。

6.4.3 政府的扩张或膨胀

政府的扩张或膨胀是人所共知的事实，尤其在第二次世界大战以后这种现象更为严重。一般说来，政府扩张包括政府机构工作人员和支出水平的增加。对于其原因，威廉姆·A. 尼斯坎南（2004）从“经济人”假设出发，认为政府机构及其工作人员的行为出发点和目标既不是公共利益，也不是政治家确定的政治目标，而是官僚和官僚机构自身的利益。换言之，政府官僚体系是以自己是否能够并且在多大程度上获得利益为考量，作为提供公共产品的依据。尼斯坎南列出了一个官僚的可能目标：“薪水、职位、享有的东西、公众中的名望、权力、官职的恩赐、官僚部门的产品、自由地作出更改和管理部门的悠心自得。”

丹尼斯·C. 缪勒（1999）对政府扩张的原因总结得最为系统，他从以下五个方面加以解释：一是政府作为公共产品提供者和外部性消除者；二是政府作为收入和财富的再分配者，政府给予什么就拿走什么；三是利益集团和政府增长；四是官僚体制和政府增长；五是财政幻觉。前两个方面是说政府在干预市场、履行社会经济职能时所导致的政府扩张。关于利益集团，他着重从官僚机构、立法机构和利益集团构成“铁三角”导致政府预算不断扩大来解释政府扩张，而财政幻觉假说“认为立法机构可以就政府的真实规模欺骗公民”。

6.4.4 政府的寻租活动

政府寻租活动是指人类社会中非生产性的追求经济利益的活动，或者说指那种维护既得经济利益或是对既得利益进行再分配的非生产性活动。寻租是政府干预的副产品，当政府干预市场时，就会经常形成集中的经济利益和扩散的经济费用，政府干预带来了可以以“租金”形式出现的经济利益。按照公共选择学者的看法，寻租活动是政府干预的必然产物，在有政府干预的地方就可能产生寻租现象。

缪勒（1999）将寻租分为三种类型：一是通过规制的寻租；二是通过关税和配额的寻租；三是政府承包中的寻租。在布坎南等看来，寻租是指用较低的贿赂成本获取较高的收益或超额利润，而租金则是指在支付给生产要素所有者的报酬中超过要素在任何可替代用途上所能得到那一部分。租金是超过社会成本的收入，从某种意义上说，这是不需要吸引资源用于特定用途的一种分配上不必要的支付款项。而在现代寻租理论中，一切用于行政权力大发横财的活动都可以成为寻租活动，租金则泛指政府干预市场而形成的级差收入，一切市场经济中政府干预都会创造出这种级差收入。

作为一种非生产性活动，寻租的特点是利用各种合法或非法的手段以获取拥有租金的特权，并不增加任何新的社会财富，只不过改变生产要素的产权关系，它使资源配置扭曲甚至使资源的配置无效。另外，寻租活动也会导致不同的政府部门之间争权夺利，影响政府的声誉，增加廉政的成本，并最终造成社会资源的浪费，因此会导致政府失灵。通过对政府失灵的类型及原因的分析，公共选择学者和公共政策学者得出的基本结论是：市场失灵并不是把问题交给政府处理的充分条件，市场解决不好的问题，政府也未必解决得好，甚至会把事情弄得更糟。正如沃尔夫所说：企求一个合适的非市场机制去避免非市场缺陷并不比创造一个完整的、合适的市场以弥补市场缺陷的前景好多少。换句话说，在市场“看不见的手”无法使私人的不良行为变为符合公共利益行为的地方，可能也很难构造出看得见的手去实现这一任务。

6.5 本章小结

政府应在国家创新体系建设中发挥主导作用，主要因为存在市场失灵和系统失灵。国家创新体系建设中市场失灵的产生有多方面的原因：一是部分科技创新活动就属于公共产品，开展科技创新活动产生的知识和技术也具有一定的公共产品特征；二是科技创新存在明显的正外部性，有显著的溢出效应；三是由于科技创新具有高风险性和信息不对称性，而且回报产生的时间比较长，完全依靠市场机制会使得科技创新投入不足；四是为了尽可能独占收益，科技创新的投资者会努力阻挠新知识和新技术的扩散，延缓全社会的科技进步，无法实现社会福利最大化。

按照系统的观点，国家创新体系的整体运行绩效不仅取决于各类参与者的表现，还与他们之间相互联系、相互学习和相互协调的水平密切相关。如果国家创新体系建设中各参与方之间相互不匹配和不协调，就是出现了系统失灵。如果出现了系统失灵，政府也应该干预和调节，提供科技公共服务。

国家创新体系建设中的系统失灵现象在发展中国家和发达国家中均普遍存在。常见的系统失灵现象有：学习失灵、技术多样性和选择失灵、过度保护带来的系统失灵、动态补偿失灵、科技基础设施投资不足和供给失灵、技术转移失灵、技术锁定带来的系统失灵、制度失灵等。

WTO 从维护国际市场公平竞争的原则和要求出发制定《补贴与反补贴措施

协议》，允许政府可以在适当的范围内对科技创新活动进行支持和补贴。WTO 规定的补贴类型主要有：一是对教育或研究机构等进行的基础研究，政府给予补贴没有限制；二是对企业、高校或科研院所相互合作在合同之基础上开展产业研究，政府可以给予补贴，但其数额不得超过合法成本的 75%；三是对企业、高校、科研院所在合同基础上进行的竞争前开发活动，政府补贴不得超过合法成本的 50%；四是企业、高校或科研院所在合同基础上进行介于产业研究和竞争前开发之间的活动，政府的补贴不得超过对产业研究和竞争前开发两项补贴允许水平的加权平均数；五是企业为了适应环境保护要求改造现有设施，政府可以给予适当的补贴。

国家创新体系建设中应该发挥政府的主导作用，但是这并不意味着政府是万能的，政府干预行为本身也存在局限性，市场解决不好的问题，政府也不一定能解决得好，存在政府失灵现象，不能期待国家创新体系建设中的所有问题都能通过政府的干预得到解决。政府失灵主要表现为四种类型，即公共政策失误、公共产品供给的低效率、政府的扩张或膨胀以及政府的寻租活动。因此，政府推进国家创新体系建设，必须高度重视要科学有为。

第7章 科技公共服务的内容

为弥补国家创新体系建设中的市场失灵和系统失灵，政府在国家创新体系建设中应该并且能够发挥重要的作用，需要提供多种类型的科技公共服务。市场失灵和系统失灵理论还表明，政府提供科技公共服务应该在两个方面发挥重要的作用：一方面要保证各类科技创新活动能得到有效的开展，科技创新资源、环境和服务能得到良好的保障；另一方面要保证国家创新体系中的各要素之间能相互配套和有效协调。

本章首先从弥补市场失灵的需要出发，分析在开展科技创新活动、提供科技创新资源、营造科技创新良好环境、提供科技创新服务的过程中政府应该提供的科技公共服务，其次从纠正系统失灵、促进国家创新体系中各要素之间相互联系和相互协调的需要出发，分析政府应发挥的作用。

需要说明的是，由于国家创新体系具有演化特征，不同国家及其所处发展阶段不同，其创新体系也往往不同。本章运用国家创新体系的组成结构模型分析科技公共服务的内容，只是一种基本的判断，具体运用还需要根据实际情况深入分析。

7.1 科技创新活动中的科技公共服务

从弥补市场失灵和纠正系统失灵的需要考虑，在各类科技创新活动中，政府应提供多种类型的科技公共服务。

7.1.1 基础研究和应用研究中的科技公共服务

1. 政府支持基础研究和应用研究的原因

按照科技创新活动的分类，基础研究和应用研究主要产生的是知识，特别是基础研究产生的知识往往不以任何应用为目的。但是，基础研究和应用研究的成果往往能极大地促进技术开发、企业技术创新和公共产品技术创新，产生巨大的经济和社会效益。因此，从市场失灵和系统失灵的角度考虑，有多方面的原因要求政府应作为投入的主体支持开展基础研究和应用研究。

首先，基础研究和应用研究产生的知识具有公共产品特征。因为知识往往是以信息的形式表现出来。对知识和信息的消费，具有非竞争性，即增加一个人或组织了解和应用新的知识，一般不会对已应用相关知识和信息的个人或组织产生影响。同时，知识和信息一经发布作为公开的信息，很难阻止不付费者对知识和信息的消费，具有受益的非排他性特点。

其次，新知识产生后，不能完全排除包括竞争对手在内的他人或组织从其销售的产品、发布的信息等中很快学习、模仿乃至应用这些新的知识，使得新知识的研发者不能独占其带来的所有收益，也即创新具有溢出效应。同时，研发产生新知识往往需要很大的投入，而且风险很大，但是新知识的扩散成本往往很低，这样新知识的产生为研发者个人带来的效益可能明显小于给全社会带来的效益。这些特点导致依靠市场机制无法有足够的投入，会出现市场失灵。

特别重要的是，基础研究和应用研究产生的是能够广泛应用的知识，这些知识如新特性的材料、制造过程中的诀窍等如果作为公共产品被广泛使用，相关联的企业可以获得更多的知识和技术，这样会加速企业和产业技术创新的步伐，增加全社会的公共福利水平。

最后，WTO《补贴与反补贴措施协议》也允许支持基础研究和应用研究。根据该协议规定，政府对与产业或商业目标无关、以增加一般科学和技术知识为目的的研究补贴，不在限制之列。对企业、高校或科研机构相互合作在合同之基础上进行的产业研究，也即应用研究，政府或公共机构也可以给予补贴，只要其数额不超过合法成本的75%即可。

上述已经充分说明，政府应该作为主体，支持开展基础研究和应用研究活动。

2. 基础研究和应用研究的作用

进行基础研究和应用研究不仅能产生新发现和新知识，由此开发新技术和新产品，进行企业技术创新和公共产品技术创新，而且可以在其他诸多方面发挥极其重要的作用。归纳起来，主要体现在以下几个方面。

1）产生新知识

基础研究和应用研究最基本的作用是产生新知识，不断加深人类对自然和社会及自身的认识。同时，社会各方可以利用新知识，开发新技术，进行企业技术创新和公共产品技术创新，促进经济和社会发展。

目前，新知识的应用有这样几个特点：一是企业自身需要很大的努力才能应用新知识。也就是说，企业要能有效应用新知识，自身必须具备一定的技术吸收能力，能够识别哪些新知识是企业可以应用的知识，并在应用过程中通过“干中学”形成应用新知识必须具备的隐性知识。二是新知识从产生到应用，总体而言周期越来越短，但是还是有许多科学研究成果需要多年才能发现其应用价值和得到实际应用。三是基础研究、应用研究和技术开发之间不是简单的线性关系，即基础研究和应用研究产生的新知识会促进技术开发，技术开发也可以促进基础研究和应用研究。例如，技术开发形成的新实验仪器设备可以更好地促进科学研究，更多的企业技术创新增加了社会财富，可以有更多的资金支持科学研究。

发达国家大量的实证研究结果表明（OECD，2006），政府支持基础研究和应用研究产生更多的新知识，实际上为企业提供了更多的技术机会，会促进企业提升技术开发水平。同时，基础研究和应用研究产生新知识，能帮助企业提高技术开发的效率，增加技术开发带来的回报。

2）提供高素质的人才

开展基础研究和应用研究的过程，实际上也是培养人才的过程。在基础研究和应用研究过程中，一方面会使得高校和科研院所的研究人员的水平不断提高，另一方面广大的学生参与研究，培养了更多的高素质的人才。这些人才流动或毕业到企业工作后，会帮助企业显著提升技术开发能力和水平，增强竞争力。目前发达国家许多实证研究得到的结论甚至认为，基础研究和应用研究在培养人才上发挥的作用不小于甚至高于在产生新知识上发挥的作用。

参与基础研究和应用研究的研究生毕业后到企业工作可以发挥多方面的作用，如将最新的知识带到企业，提升企业应用新知识的能力，增强企业开发新技术的能力，改善企业应用新的仪器设备和工具的能力等，这在生物技术行业非常显著。

3）产生新的科学仪器设备和方法

研究人员在进行科学研究的过程中，也在不断开发新的仪器设备、实验技术和分析方法。因此，基础研究和应用研究不仅产生新的知识，还能产生新的科学仪器设备及科学方法。而且，这两方面存在相互促进关系，基础研究和应用研究促进产生新的科学仪器设备、实验技术和分析方法；反之，新的仪器设备、实验技术和分析方法支持开展更高水平的基础研究和应用研究。

同时，伴随基础研究和应用研究产生的科学仪器设备进入企业，还会对产业发展发挥很大的作用，极大地促进相关产业技术水平的提升和产业的发展。例如，电子显微镜、离子植入管、超导磁性材料等就是如此。因此，有学者在美国调查时发现，许多企业认为基础研究和应用研究排第二位的贡献就是产生新的仪器设备，这在生物医学、电子工程、航空等领域尤其如此。

4）促进社会联系及其网络的形成

基础研究和应用研究具有高度开放的特点，全世界同一个研究领域的科学家阅读同样的学术期刊，参加同样的学术会议，就共同关注的学术问题进行讨论，由此形成了一个相互紧密联系的网络。通过这个网络，科学家可以针对需要研究与解决的问题快速和准确地找到相关的专家，听取他们的意见和建议，集中各方面的力量解决问题。同时，企业的研究开发人员通过加强与科研院所和高校内科学家的联系也可以进入这样的网络，从中尽早获得新知识和新建议。大量的研究表明，企业的研究开发人员与科研院所和高校的科学家之间建立非正式的密切联系和形成良好的私人关系，可以有效地增进其相互理解和信任，对企业与高校和科研院所之间的成功合作发挥非常重要的作用。同时，建立非正式的联系和良好的私人关系，还非常有利于企业从科研院所和高校学习隐性知识。因此，在OECD成员国推进国家创新体系建设的过程中，已经把这种联系和网络的建设水平作为其非常重要的评价指标。

虽然直接测度这种网络建设带来的效益非常困难，但是通过实证调查发现，发达国家的许多企业都认为这种非正式联系和网络建设是企业了解最新的研究成果、学习最新的科学知识、知晓新的科学仪器设备的有效途径。政府支持的科研院所对这样一个网络的建设应该发挥核心作用，他们应不断扩大网络覆盖的范围，将国家创新体系中的各种角色，特别是企业与科研院所和高校更紧密地联系起来，带来更多的科学研究和技术开发机会。

5）提升解决问题的能力

基础研究和应用研究人员还可以通过帮助企业和产业解决技术问题对经济发展作出贡献。许多企业发展过程中面临着严峻的技术挑战，需要解决许多技术开发问题，这些问题的解决需要综合运用多种方法和多方面的知识。基础研究和应用研究为企业获得其需要的技术与方法提供了极其重要的来源，特别是在大学和科研院所经过科学研究与技术开发培养的研究生到企业后，往往增强了企业解决新的技术问题的能力，提升了企业的整体创新能力。许多实证研究也证明，基础研究和应用研究解决问题的方法转移到企业后，对企业丰富解决问题的方法、提升解决问题的能力具有很重要的作用。

6）创建新的企业

基础研究和应用研究的另一个重要作用就是促进新企业的创建。大学和科研院所内的研究人员和学生运用发现的新知识和开发的新技术创建新的企业，由此将技能、隐性知识、解决问题的能力等从学术界转移到企业和商业领域，为经济发展作贡献。美国的硅谷、美国波士顿128号公路附近的科技园、英国剑桥大学附件的科技园等都是这方面的典型代表。

大量的研究发现，在生物技术、纳米技术等领域，大学和科研院所进行基础研究和应用研究产生的成果对高技术企业的创建发挥直接支撑作用，相当一批企业是从事基础研究和应用研究的人员利用自己的研究成果创建的。在这些领域，大学和科研院所的基础研究和应用研究具有非常强的溢出效应。

7）提供社会科学知识

大量的事例表明，要成功地进行技术开发、企业技术创新和公共产品技术创新，仅仅有科学和技术知识是远远不够的。新技术的开发和应用面临许多非技术因素带来的挑战，如环境保护、资源消耗、人类健康、伦理规范等，这些会直接影响技术开发和创新能否获得成功。例如，核技术和克隆技术的应用，直接受到大众对这些技术应用态度的影响。因此，基础研究和应用研究不仅促进发现新的自然科学知识，而且会推动新的社会科学知识的发现。

实际上，基础研究和应用研究不仅包括自然科学，而且包括社会科学。社会科学为政府提供国家发展状况统计、管理经济运行、制定各种政策等奠定重要的基础，同时这些也是企业技术创新必须要了解的内容。因此，在一般意义上，自然科学和社会科学越来越紧密地联系在一起。社会科学知识实际上也在为企业技术创新和公共产品技术创新以及经济社会发展作很大的贡献。

显然，许多社会科学研究机构与企业和产业也有密切的联系，特别在创意、文化等产业，艺术和人文等社会科学发挥关键作用。同时，社会科学研究对政府的政策制定发挥特别重要的作用，像医疗卫生政策、社会政策、教育政策等都直接受到社会科学领域基础研究和应用研究成果的影响。类似地，在科技政策领域，也有大量的例子说明其研究成果对政府政策制定的影响，如建立科技发展评价指标和方法、通过技术预见识别优先发展的科学和技术领域等，都是如此。

3. 政府在基础研究和应用研究中应提供的科技公共服务

总体而言，政府在基础研究和应用研究中应该发挥主导作用。具体而言，首先，政府应通过加大财政科技投入，支持相关高校和科研院所的发展，建立门类比较齐全、体系比较完整的基础研究和应用研究体系，保证基础研究和应用研究活动能得到有效的开展。其次，政府应保证大学和科研院所能获得开展基础研究和应用研究所需要的各类科技创新资源。开展基础研究和应用研究需要多种资源，包括人才、资金、科学仪器设备、科技文献、科学数据和自然科技资源等。保障资源供给是保障基础研究和应用研究能得到有效开展的必然要求。为此，政府一方面需要对基础研究和应用研究有持续稳定和足够的资金投入；另一方面需要通过建立高效的教育和培训体系，使得基础研究和应用研究能有其需要的各个层次、各种类型的人才支撑。最后，要通过建立良好的资源供给保障体系，使得开展基础研究和应用研究能获得需要的各种科学仪器设备、科技文献、科学数据和自然科技资源。

同时，政府还要为基础研究和应用研究营造良好的环境，提供优质的服务。一方面营造良好的创新文化和知识产权保护环境，激发研究人员的积极性和创造性，提升研究工作的质量和效率；另一方面，通过提供科技信息、技术转移、创业孵化等各种服务，加快研究成果转化和产业化，使其尽快为加速经济社会发展发挥积极作用。

另外，政府应大力支持有志于开展基础研究和应用研究的企业开展研究工作。目前在生物、纳米等领域，基础研究和应用研究与技术开发的联系非常紧密，周期非常短，许多企业为了赢得更显著的竞争优势，会积极投入开展基础研究和应用研究。这些企业的研究成果也存在显著的溢出效应，政府应该为这些研究提供大力的支持。

7.1.2 技术开发和技术创新中的科技公共服务

1. 政府支持技术开发和技术创新的原因

企业技术创新与技术开发之间存在两类关系，一类是技术开发成为技术创新中的一个环节，为增强企业的竞争力服务；另一类是技术开发作为一种独立的活动主要服务于开发更新、更优的新技术。由市场失灵和系统失灵分析可以发现，不管是构成技术创新中重要环节的技术开发，还是作为独立活动的技术开发，都具有显著的溢出效应，特别是公共技术开发本身就属于公共产品的范畴，政府应该大力支持技术开发和企业技术创新活动。

首先，任何组织进行技术开发形成新技术应用后，竞争对手可以通过反求工程等方法了解和学习新技术，技术开发者不能独占大量投入进行技术开发产生的所有收益。而且即使采用再严格的知识产权保护措施，竞争对手还是可以从他人和组织研究产生的新技术中受到启发，获得有用的信息，知识产权制度只能对技术提供部分的保护。

其次，技术的特点决定了单一技术的价值也许不是很大，但是多个技术整合在一起，其产生的价值可能远远大于各个技术独立存在时价值的总和。同时，某些技术研发形成后对研发者而言可能价值不大，但是其扩散到行业内的其他单位、其他行业后可能会产生很大的价值。因此，技术开发者无法独占其开发的新技术所产生的收益，存在溢出效应。

最后，进行技术开发存在很大风险，但是全社会面临的风险远远小于技术开发者面临的风险。同时，私人投资者多属风险厌恶型的，而且风险越大，私人投资者为了回避风险越会减少投资。另外，风险的存在还会导致从资本市场筹集科技创新需要的投入非常困难。因此，许多对全社会而言很有效益的技术开发项目很可能因为缺乏投入而无法开展，技术开发投入会严重不足。因此，政府需要通过干预解决技术开发上的市场失灵问题。

实际上，WTO 的《补贴与反补贴措施协议》也允许政府支持竞争前开发活动。对企业、高校、科研机构在合同基础上进行的竞争前开发活动，政府或公共机构的补贴只要不超过合法成本的 50% 即可。

综上所述，不管是从弥补市场失灵和纠正系统失灵的角度考虑，还是从遵守 WTO《补贴与反补贴措施协议》的角度考虑，各级政府既应该也可以通过财政补贴、税收优惠等方式支持技术开发和企业技术创新活动。

2. 技术开发和企业技术创新的作用

技术开发和企业技术创新不仅可以产生新知识和技术及新产品和工艺，增强企业的竞争力，促进全社会科技、经济和社会发展水平的提高，而且可以在其他诸多方面发挥重要作用。

首先，技术开发和企业技术创新具有很显著的溢出效应，经常会出现某些技术研发形成后对研发者而言可能价值不大，但是扩散到行业内的其他企业和其他行业能产生巨大的价值。

在过去相当长的时间内，施乐公司是复印机行业的技术主导者。早在 1969 年，施乐公司就在硅谷建立了 Palo Alto 研究中心（简称 PARC），这是一个与施乐公司总部相分离的独立研究开发机构。当时，公司希望自己能够成为计算机办公系统领域中的技术领导者，所以建立了这样一个研究中心，试图通过该中心的技术研发获得并掌握能够使公司达到这个目标的技术。为了在 PARC 中营造一种创新的氛围，公司在这个三层的研究中心摆放和配置了各种各样的休闲设施，而且公司总部允诺对研究中心的事务不加干涉。在很短的时间内，舒适的环境和宽松的工作条件就为 PARC 吸引了很多计算机领域的顶级科学家。

这种创新的工作环境和无约束的工作条件使这里的工作人员开创并研究形成了个人计算机“蓝色天空”的概念及一系列新技术。例如，文字处理软件、基于图标的编程、大规模集成电路以及计算机图形视窗显示等成果最早都是在 PARC 形成概念并成功开发的。同时，PARC 的研究人员还开发出了第一代网络个人计算机，这种被称为 ALTO 的联网计算机不久便在施乐内部普及。在随后的 20 年中，推动个人计算机产业发展的相当一部分技术，都是来自于 PARC 的研究人员，如现代芯片制造技术、基于鼠标和图标的计算机、计算机以太网、Post Script 打印机控制语言等。

然而，施乐公司 PARC 创造的多个技术并没有给自己带来太大的效益。因为到 20 世纪 80 年代中期，施乐公司已经很难为它的大部分研发项目提供资金。由于公司没有能力将研究人员的成果及时商业化，这些研究人员纷纷离开了 PARC，一部分人加入了如苹果、微软和数控设备（Digital Equipment Corporation，DEC）等公司，还有一部分人员自己独立创办新的企业。到 90 年代末，离开施乐公司的研究人员创办的公司中上市的就有 10 家，如 3COM、Adobe 公司等。显然，许多在 PARC 研究开发出的技术没有为施乐创造很大的价值，却为其他公司和整个社会带来了巨大的效益。

其次，技术开发不仅有当期效益，还有长期效益。未来的科学研究和技术开发都是建筑在当前已经积累形成的技术基础之上。因此，技术开发不仅能给当前社会带来效益，而且会为未来社会带来巨大的效益，产生比较长期的溢出效应。

最后，技术开发和企业技术创新还可以培养大量的人才。这些人才流动到别的单位，可以加速技术的扩散。同时，这些人才还能利用原有的研究成果创办新的企业。所有这些，都会对全社会科技、经济和社会发展水平的提高作出重要的贡献。

总之，技术开发和企业技术创新不仅对自身是有利的，而且有很强的溢出效应，可以发挥多方面的作用。

3. 政府在技术开发和技术创新中应该提供的科技公共服务

技术开发和企业技术创新的巨大溢出效应表明，政府应该在技术开发和企业技术创新中提供一系列的科技公共服务。

第一，政府应通过营造良好的创新文化氛围和公平的市场竞争环境，激发企业技术创新的强大动力和积极性。创新文化影响科技创新的生成、发展与传播，影响着科技创新的进程和结果。有没有良好的创新文化是一个国家和地区乃至一个企业能否勇于创新和创新能产生什么成效的关键影响因素之一。同时，市场竞争是企业技术创新最主要的动力，政府应通过营造公平、有序的市场竞争环境，为技术开发和企业技术创新提供强大的动力。

第二，政府应通过财政补贴、税收优惠和知识产权保护制度等，保障技术开发和企业技术创新能获得应有的回报和效益。技术开发和企业技术创新的根本目的是增强企业的竞争力，产生显著的经济效益。如果技术开发和企业技术创新不能获得应有的回报，绝不可能积极开展这些活动。

第三，系统失灵分析还表明，政府应通过有效的制度安排，积极支持企业与高校和科研院所加强联系和合作。通过共同举办学术会议、共同进行技术发展趋势的预测和分析、共同承担科研项目等，强化大学和科研院所与企业的联系，提升技术转移水平，使得大学和科研院所研发产生的新知识和新技术能迅速向企业扩散，降低技术开发和企业技术创新的成本。

第四，政府应通过建立良好的教育和培训体系、科技金融服务体系等，让企业以低廉的成本、快速地获得其需要的人才、资金、技术等各种资源，使得各种创新要素向企业集聚，增强企业的技术吸收能力和创新能力，提升企业技术创新的效率和效益。

第五，政府还要通过建设完善的科技创新服务体系，为技术开发和企业技术创新提供良好的科技信息、技术开发、技术转移和推广、管理咨询和创业孵化等各种服务，为企业技术创新提供优质的服务。

7.1.3 公共产品技术创新中的科技公共服务

1. 政府支持公共技术开发和公共产品技术创新的原因

公共技术和两用技术开发以及公共产品技术创新是为政府提供更好的公共产品服务的，本身就属于公共产品的一部分，因此政府应该是公共技术和两用技术开发以及公共产品技术创新的主体。

2. 公共技术开发和公共产品技术创新的作用

公共技术和两用技术开发以及公共产品技术创新可以发挥多方面的作用。首先，公共技术和两用技术开发以及公共产品技术创新可以产生大量的新技术，支持政府提供更好的公共产品和服务。其次，在公共产品技术创新过程中，可以采用多种方式带动企业技术创新。具体而言，一是政府部门在组织公共产品技术创新过程中，可以吸纳拥有两用技术的企业参与；二是大力支持企业进行私人供给的公共产品技术创新；三是以公共产品技术创新为先导，大力支持两用技术的研究开发、应用和向企业的转移；四是政府消耗的私人产品采购中，积极采购本国企业自主创新的产品。

3. 政府在公共技术开发和公共产品技术创新中应该提供的科技公共服务

在公共技术开发和公共产品技术创新过程中，政府应该发挥主导作用。

首先，政府应通过加大财政科技投入建立门类比较齐全、体系比较完整的公共技术开发和创新机构，保证公共技术和两用技术开发以及公共产品技术创新活动能得到有效的开展。

其次，政府应保证公共技术和两用技术开发以及公共产品技术创新机构能获得其需要的各类科技创新资源，包括人才、资金、仪器设备、科技文献、科学数据和自然科技资源等。同时，为公共技术开发和创新营造良好的环境，提供优质的服务。

特别重要的是，通过制度建设积极支持企业参与公共产品技术创新，从而极大地带动企业技术创新能力的提升，使得公共技术和两用技术开发以及公共产品技术创新能为加速经济社会发展发挥更大的作用。

7.2 科技创新资源供给及环境营造中的科技公共服务

开展科技创新活动，既需要人才、资金、科学仪器设备、科技文献、科学数据、自然科学资源等科技创新资源，也需要营造良好的创新文化环境、市场环境、知识产权保护环境、法规和政策环境。政府在科技创新资源供给及环境营造方面，也应该发挥多方面的作用。具体而言，根据政府发挥作用的不同，可以分为三种类型，分别是政府主导供给的科技创新资源、政府和市场相结合供给的科技创新资源以及政府在科技创新环境的营造上应发挥的作用。

7.2.1 政府主导供给的科技创新资源

1. 政府主导供给的科技创新资源的类型和原因

在开展科技创新活动需要的各类资源中，与人才和资金不同，科技文献、科学数据、科学仪器设备和自然科技资源等具有显著的公共产品特征和比较大的溢出效应，属于国家创新体系中的基础设施建设范畴，应该由政府及其科研院所和高校主导建设并管理运行，以比较低廉的价格甚至无偿向相关的大学、研究机构和企业提供科技公共服务。

科技创新活动中必须拥有的科学仪器设备、科技文献、科学数据和自然科技资源等具有显著的特点。

首先，不管是基础研究还是应用研究乃至技术开发都需要应用这些资源，这些资源有广泛的应用需求，可以为多种科技创新活动服务，为多类科研机构、大学和企业服务。因此，每个需要应用的组织如果都去独自拥有这些资源，显然是不经济、不合理的，政府供给可以实现公共福利的最大化。

其次，科技文献、科学数据和自然科技资源等具有公共产品的一些基本特征，具有消费的非竞争性和受益的非排他性。也就是说，增加一个人或组织应用这些数据和信息乃至仪器设备，一般不会影响已有的个人或组织对其消费产生的效益；同时，虽然图书馆等部门提供数据和信息服务、实验室提供实验设备服务，可以通过收费的方式，在一定程度上实现受益的排他性，但是只要有人将数据、信息和实验结果一经发布作为公开的信息，很难阻止不付费者对数据和信息及实验结果的消费，因此其在一定程度上具有受益的非排他性特点。

再次，科学数据、科技文献和自然科技资源等需要长期的观察记录、收集和积累形成，高级的科学仪器需要比较大的投入进行研发，前期投入往往比较大，但是这些投入能产生多大的作用和带来多大的效益很难预先评估，投入风险比较大。依靠市场机制很难保证有足够的投入，很难保证科技创新活动开展能获得需要的资源。

最后，许多科学仪器设备、科学数据、科技文献和自然科技资源等很重要的是配套服务于基础研究和应用研究，而基础研究和应用研究本应该在政府的主导下进行，也导致其配套的资源应该由政府提供。

2. 政府在其主导供给的科技创新资源供给中应该提供的科技公共服务

在科技文献、科学数据、科学仪器设备、自然科技资源等科技创新资源供给中，政府应该发挥主导作用。具体而言，首先，政府部门要建立起种类完整、配套齐全的资源供给体系，保证各类组织开展各类科技创新活动都能获得其需要的这些资源。其次，要建设形成有效的科技创新资源共享机制，既使得各类组织能以低廉的成本高质量获得其需要的资源，又通过有效的共享机制建设，充分发挥这些科技创新资源的作用，减少重复建设和浪费。

7.2.2 政府和市场相结合供给的科技创新资源

在开展科技创新活动需要的各类资源中，人才和资金与科技文献和科学数据等不同，不完全具有公共产品的特点，因此应该由政府和市场相结合供给这些科技创新资源。

1. 科技创新人才

人才是开展科技创新活动最核心的要素。提高科技创新水平，关键是要提高科技创新人才的数量和质量。按照系统的观点，推进国家创新体系建设，要通过政府干预和市场调节的有机结合建立有效的人才教育和培训体系，使各个层次和各类人才都能得到有效供给并形成合理的分布。

首先，要确保科技创新人才有充足的供应。随着科技创新在国家和区域经济社会发展和竞争力增强中的作用越来越大，全社会需要的科技创新人才数量迅速增加。因此，政府要大力发展高等教育和培训体系，保证人才的供应，使得国家创新体系中的各参与方能在人才数量上得到基本的满足。

其次，努力创造各种条件培养高素质的创新人才，不断提高科技创新人才的质量。目前，任何国家和地区、任何行业和领域都有一个基本的共识：提高科技创新能力的核心是提高人才的质量。高素质的创新人才，既要对专业知识和技术有很好的把握及很强的研究开发能力，又要对实际有很好的了解和有很强的技术应用能力，还要有宽广的视野和很强的组织协调能力，另外还要具有良好的奉献精神和合作精神。

再次，要使不同层次的科技创新人才能形成一个比较完整和配套的体系。开展科技创新活动需要多种类型的人才，既需要一批高层次的科技创新领军人才，也需要大量的高素质的骨干科研人才，还需要大量各种类型辅助人才，如高水平的实验设备管理者和应用者等，任何层次上人才的质量和数量不能达到要求，都会影响国家创新体系的整体运行状况。

最后，还要使科技创新人才在社会各个领域形成比较合理的分布，在企业、高校和科研院所、科技中介服务机构和政府部门等各类组织之间形成合理的分布。目前，各行各业、各个领域都需要大量的人才，基础研究、应用研究、技术开发和企业技术创新也是如此。由于基础研究、应用研究、技术开发和企业技术创新之间存在紧密的联系，各个方面的人才要形成一个合理的分布。如果科学研究方面的人才太多，技术创新人才太少，或者反之，都不利于国家创新体系的有效运转。

2. 科技创新资金

开展科技创新活动，不仅需要人才，还需要资金，资金是科技创新的核心要素之一。由于各类科技创新活动的性质和特点不同，不同类型的科技创新活动需要有不同的资金获取渠道。因此政府应在充分发挥市场调节作用的同时，支持建设形成有效的科技金融服务体系。

一般而言，科技创新的金融服务体系可以用图 7-1 表示。在科技创新的不同阶段，投入风险不同，需要的资金量不同，资金的主要来源也应该不同，政府应该发挥的作用也应不同。

图 7-1 表明，不同的科技创新活动需要的资金量是不一样的，基础研究阶段需要的资金相比较而言比较少，在创业、首次引入和成长等阶段所需要的资金比前面各阶段要高得多。同时，不同的科技创新活动的资金来源也显著不同。

在基础研究和应用研究阶段，由于技术本身以及技术的商业化具有很大风险，通过私有权益市场获得资金是非常困难的。政府的支持是很重要的资金来源，特别是在基础研究阶段更是如此。在应用研究阶段，除政府资金支持外，还可以采用私人募集/天使投资等资金来源。

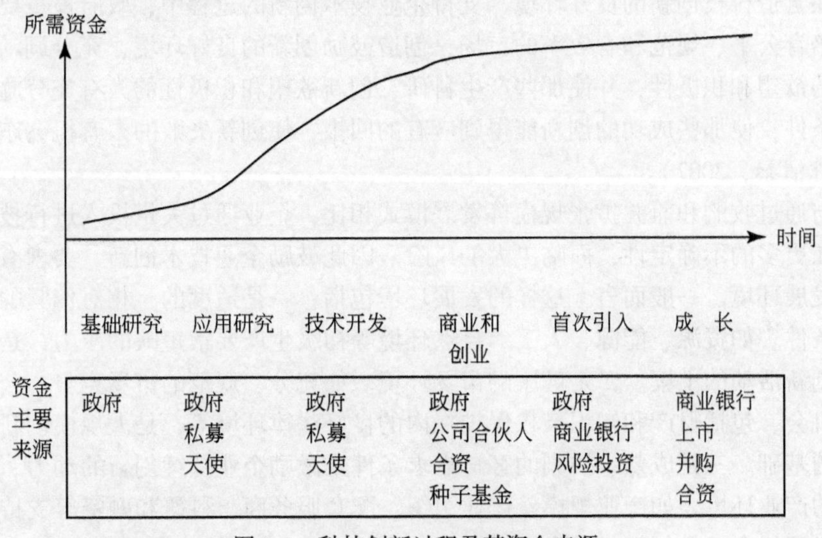

图 7-1 科技创新过程及其资金来源

进入技术开发、商业化和创业阶段后，政府的资金支持仍然发挥很重要的作用。同时，创业者还可以使用由私人和公共部门建立的创业服务中心内提供的各种创业基础设施。在该阶段，私人募集是其所需资金的重要来源。

在首次引入和成长阶段建立的高新技术企业，可以利用风险投资基金，同时还要发挥政府财政科技投入的积极作用。当企业进入成长阶段后，可以有机会公开上市，或者由大企业通过收购或兼并获得资金，或者通过商业银行获得所需要的资金。

在科技金融服务体系建设过程中，政府要支持建立配套齐全的服务体系，以保障各类科技创新活动开展能有充足的资金来源。

7.2.3 政府在营造科技创新环境中应发挥的作用

在国家创新体系建设过程中，政府不仅要让各类科技创新活动的开展能获得其需要的各种资源，还要为其营造良好的环境，包括营造良好的创新文化环境、公平的市场竞争环境、有效的知识产权保护环境、鼓励科技创新的法规和政策环境等。显然，营造良好的科技创新环境，政府必须发挥主导作用。目前，我国政府在营造科技创新环境的过程中，应特别重视以下几个问题。

1）营造科技创新环境，要把培育有效率的市场摆在最核心的位置

在营造科技创新的良好环境、支持企业技术创新的过程中，政府最重要的职责是培育公平、规范和有效率的市场，创造鼓励创新的良好环境，充分调动人们创新的欲望和积极性，并使那些产生科研、创新欲望和积极性的人有充分施展才能的条件，使那些成功的创新能得到应有的回报，使创新失败的人有机会东山再起（陈清泰，2007）。

与通过收购和兼并扩张规模等发展模式相比，企业通过大量投入进行技术创新存在更多的不确定性，面临更大的风险。因此鼓励企业技术创新，要求有更良好的发展环境。一般而言，这样的发展环境包括：一是适度的、相对偏紧的生产要素条件。如资源、能源、人工、自然环境等初级生产要素短缺的压力，是产生广泛创新活动的土壤。二是健康的市场环境。如充分、规范的市场竞争，公平的发展机会、包括财产和知识产权保护在内的良好法律环境等，是大规模创新活动产生的基础。三是成熟、挑剔的客户需求条件是激励企业持续创新的动力。四是良好的产业环境。如产业规模、产业组织、配套服务商、科研和融资等支持性机构的合理组合，是创新成功率不断提高的条件。

在鼓励企业技术创新的各种环境条件中，公平的市场环境对科技创新特别是

企业技术创新有特别重要的作用。因为企业是技术创新决策的主体、研发投入的主体、研发活动的主体、获取创新效益和承担创新风险的主体。市场则为企业技术创新提供舞台，为企业创新提供原动力，为创新活动提供融资和服务支持，为创新成果提供出口，为失败的创新提供分散风险的途径。如果没有良好的市场环境的支持，科技创新需要的资源不能通过市场有效的获取，通过科技创新形成的好产品不能获得良好的市场回报，任何组织和个人均很难有持续开展科技创新活动的积极性。

2）处理好知识产权保护与扩散之间的关系

科技创新活动是一种高投入、高风险的复杂智力劳动。科技创新投入大，产生成效的周期长，但是其成果易于被共享、扩散和传播，具有公共产品的某些属性。因此科技创新成果具有溢出效应，即可以不付或只付出很少的代价从他人的科技创新成果中获得很大效益，直接影响研发者从科技创新中能获得的收益。如果这种溢出效应问题不能得到有效解决，人们可以任意地、无偿地利用他人的创新成果，创新成果研发者的利益无法得到保障，其继续进行创新的积极性就会受到严重的挫伤，社会整体创新活动就会受到抑制，阻碍全社会的科技进步。

知识产权制度是一种推动技术创新的利益激励机制。科技创新成果的产权化使其成果的研发者有了独立的利益，可以在一定的期限内享有排他独占权，从而使研发者与成果的产权发生最直接的经济利益联系，使得创新成果的外部性减弱，不确定性降低，交易成本变小，可以独占一方市场，获得超额利润，使创新成果研发者的利益与创新成果的市场价值紧紧联系在一起。创新成果越是符合市场需求，对社会的贡献越大，研发者所获得的经济利益就越大，从而使人们从创新的开始到产业化的全过程，都始终瞄准市场，把创新活动与市场需求紧密联系在一起，形成良性循环，促进科技创新活动的开展。

但是，知识产权制度的根本目的是鼓励创新，而不完全是为了保护少数企业或个人的利益。政府在制定知识产权保护政策时，一定要平衡好知识产权保护与扩散之间的关系，要兼顾个人生产效率与社会生产效率。例如，科学家需要应用 PCR（聚合链式反应）技术进行实验，如果该专利持有者索取很高的价格，使研究成本太高，部分实验可能无法进行，这样知识产权保护促进了聚合链式反应技术的产生，但是对基于 PCR 技术基础之上的新技术发展却起了阻碍作用。可见在知识和技术生产过程中往往会呈现个人与社会之间的矛盾，即强调个人生产高效率，但可能会导致社会生产低效率；反之亦然。

政府部门在制定政策营造良好的知识产权保护环境过程中，要特别注意处理好知识和技术生产与扩散之间的关系。应把知识产权这个局部放在知识和技术生产的全局中审视，既不能不注意知识产权的保护而导致企业或个人缺乏开展科技创新活动的积极性，又不能过度保护阻碍新知识和新技术的合理扩散而影响全社会的科技进步。

7.3 科技创新服务提供中的科技公共服务

开展科技创新活动，需要多种科技创新服务，如教育和培训服务、科技金融服务、科技信息服务、技术开发及技术转移服务、创新创业服务、管理咨询服务等。在这些科技创新服务中，考虑我国的国情，根据其具有的公共产品特征和溢出效应大小，政府应该发挥不同的作用，提供不同的科技公共服务。

7.3.1 教育和培训服务中的科技公共服务

毋庸置疑，提升科技创新能力的关键是大力开发科技人力资源，使得各类科技创新活动的开展有数量多、素质高的人才保障。因此，建立高质量的教育和培训体系，是建立高效的国家创新体系的必然要求和基本条件。由于教育和培训体系建设在国家创新体系中处于非常重要的基础性位置，同时科技人才的流动可以促进知识和技术的转移和扩散，这样会导致用人单位投入人力资源开发的积极性不足。这些原因都导致政府在教育和培训体系建设和科技人力资源开发上应发挥主导作用。

首先，政府部门应通过加大教育投入和政策引导等各种措施，加快建立与科技、经济和社会发展需求相适应，体系完整、学科门类和培养层次配套齐全的高等教育和职业技术教育体系，向社会各个领域源源不断地输送大量高素质的人才，使得我国由人力资源大国向人力资源强国迈进。

其次，政府应通过政策引导、加大教育投入、科学检查和评估、加强对教师的培训和支持其大量开展科技创新活动等各种措施提高教师的素质，并促进各类教育机构通过调整和优化各类人才培养的课程设置和培养模式，加强实践能力、研究能力和创新能力的培养，提高人才培养质量，更好地满足国家科技、经济和社会发展对高素质人才的要求。

最后，政府应加快各类高素质人才培训机构的建设，鼓励高校等机构积极开展人才培训工作，建立服务于终身学习和教育要求、覆盖范围广、适应变化能力强的培训体系，为广大的在职人才提供高水平的培训服务，帮助他们不断更新知识，提高创新能力。

7.3.2 科技金融服务中的科技公共服务

开展科技创新活动需要大量的投入。由于不同类型的科技创新活动的主要资金来源不同，国家创新体系的有效运转需要有效的科技金融服务体系的支持。科技金融服务体系的性质决定了政府在其建设过程中必须发挥主导作用。

首先，政府部门要加强科技金融服务体系的建设，形成政府财政科技投入、个人投入、天使投资、风险投资、商业银行贷款等门类齐全、相互配套的服务体系，同时注意采用财政直接投入、税收优惠和政府采购等多种政策手段，支持国家创新体系的有效运行。

其次，政府的财政科技投入一方面要在基础研究、应用研究、公共技术开发和公共产品技术创新等方面发挥科技投入的主导作用，另一方面要发挥财政科技投入的引导和支持作用，激励企业加大研发投入。在基础研究、公共技术开发和创新的财政科技投入上，要特别注意处理好“机构式”投入和“项目式”投入两种方式之间的关系。所谓“机构式”投入，是指政府部门按年度将经费一揽子分配给研究机构，研究机构可以根据自己的需要，按照自己认为合适的方式，不带附加条件、自由地支配这些经费，这种科技投入方式在基础研究领域比较普遍使用。“项目式”投入，是研究人员通过申请政府的竞争性科研项目获取研究经费，这些研究围绕特定的目标展开。这两种方式各有优缺点，对机构式而言，由于科技创新具有很大的偶然性，事先很难预测和计划某些研究工作能获得什么样的结果，机构式投入可以鼓励研究人员围绕重大的研究问题长期稳定地开展研究，以形成重大的研究突破，但是这种方式降低了短期内科研的产出效率和水平，而项目式正好与此相反。因此，政府在基础研究、应用研究、公共技术开发和公共产品技术创新上的财政科技投入，既不能只注重机构式投入方式，也不能只采用项目式投入方式，应该将两种方式有机结合起来。

再次，在发挥财政科技投入的引导和支持作用、激励企业加大研究开发投入的过程中，一是要科学地确定其投入领域和支持方式，注意把支持创新创业和中小企业技术创新等摆在特别重要的位置，注意综合运用财政直接投入、税收优惠和政府采购等各种政策手段；二是要强化对财政科技投入使用情况的监督和绩效的评估，使其能充分发挥作用；三是要鼓励高校、科研院所与企业联合承担政府的科研项目，推动产学研合作水平的提高。

最后，政府部门要大力支持天使投资和风险投资等的发展，加快建立主要依靠社会资金、按市场机制运作的天使投资和风险投资体系。同时，通过加快建立贷款担保、科技保险等服务产品，大力提升中小型高新技术企业的融资能力，拓展其融资的渠道。

7.3.3 科技信息服务中的科技公共服务

目前，任何组织开展科技创新活动，仅仅依靠自身的资源和能力是远远不够的，必须充分利用外部的各种科技创新资源及服务。为了提高各类组织利用外部科技创新资源及服务的水平，降低利用成本，政府应为其提供科技信息服务，使其能及时、系统和准确地了解到各类科技创新资源及服务的可能来源等各类信息。科技信息服务包括其信息网络建设、信息资源收集、信息的加工和供给等多个方面，这些都属于科技创新服务基础设施的建设范畴，其建设成本比较大，公共产品特征明显，具有显著的溢出效应，政府应该在科技信息服务中发挥主导作用。

首先，目前应该明确国家科技行政管理部门在提供科技信息服务中的主导地位。与技术开发和技术转移等服务不同，借助于以互联网为代表的计算机网络可以在非常广泛的范围内集成信息资源和提供信息服务，而且集成的信息资源越丰富，其服务水平才可能越高，服务的效果才可能越好。同时这样还会使得各类科技创新资源和服务能得到更有效的利用。显然，要集成广泛的信息资源，依靠企业几乎不可能，依靠地方政府也很困难，国家层的有关政府部门最能有效发挥作用。

其次，政府要通过立法和制定政策，尽可能提高各类科技信息和公共信息的共享水平，使各类组织能获得尽可能多的科技信息。科技信息包含的内容非常丰富，如各类高校和科研院所中的专家及其成果信息，国家和地方各级政府的科研计划及其产生成果的信息，大型科学仪器设备等各类科技创新资源信息，企业的科技需求信息，各类科技创新服务的信息等。通过共享这些信息，可以让开展科技创新活动的企业、高校和科研院所、科技中介服务机构等各类组织及时、全面和准确地了解各类科技信息及获取其需要的资源，更有效地解决自己的问题。同时，通过信息共享，还可以减少目前各级政府科技计划围绕同一技术和问题重复立项和重复研究等一系列问题，提高政府科技创新资源投入的效率。

最后，政府部门要组织专家，通过对各种技术信息的分析进行技术预测，及时发现世界上各类技术的发展动向、面临的机遇和挑战，并及时传递到本国的相关企业等单位，让他们能更及时考虑应对新技术的挑战，及时利用新技术发展带来的机会。这已经成为许多欧美发达国家支持企业技术创新的重要手段（Carlsson，Jacobsson，1997）。

7.3.4 技术开发及技术转移服务中的科技公共服务

目前，各类产品及其生产过程中的知识和技术含量越来越高，涉及的技术品种越来越多，企业新产品和新技术的开发越来越需要外部的技术开发服务以及技术转移和推广服务，一方面充分利用外部的技术资源和技术；另一方面将自己的技术通过技术转移和扩散产生更大的效益。

从受益的排他性和消费的竞争性角度考虑，一般而言企业可以通过市场获得这些服务和技术。然而，由于目前我国企业的技术创新能力和技术吸收能力还比较弱，而技术的复杂性和缄默性等特点导致技术转移和交易具有更大的信息不对称性和风险性，因此政府部门在目前和今后一段时间内，在技术开发及技术转移和扩散服务上还必须发挥其重要的作用。

首先，政府部门应通过政策引导等措施大力支持高校和科研院所的有关研究人员积极从事技术开发以及技术转移和推广服务。目前，我国的科技人才主要集中在高校和科研院所，企业内的高素质人才相对比较缺乏。同时，我国各级政府的各类科技计划，大量支持高校和科研院所的人员从事科学研究和技术开发工作，积累了一系列的科研成果。这些原因也使得高校和科研院所具备条件提供大量的技术开发及技术转移和推广服务。再有，通过提供服务，高校和科研院所进一步了解生产实践对科研工作的需求，更好地选择其研究内容，更好地为经济和社会发展服务。另外，通过提供服务能获得一定的研究经费，可以更好地改善高校和科研院所的科研条件。

其次，政府部门要大力支持从事技术开发及技术转移和扩散服务的科技中介服务机构的建设和发展。目前虽然高校和科研院所可以为企业提供大量的技术开发以及技术转移和推广服务，但是这些单位的性质决定了其不是专业化的服务机构，某些方面的服务质量和水平有时很难得到提高，有些服务甚至无法从中获得。因此，从一些成功的经验看，在目前的情况下，政府直接支持建立一些科技中介服务机构，提供技术开发以及技术转移和推广服务，非常有利于加快企业技术创新水平的提高和创新能力的增强。同时，政府直接支持建立如生产力促进中心和技术市场等科技中介服务机构，还可以提升一些大型仪器设备的共享水平，降低企业获取各种技术服务的成本。

最后，政府部门要通过税收优惠等政策措施，大力支持企业按照市场机制为其他企业提供技术开发以及技术转移和推广服务，支持知识型服务业及其企业的发展，支持技术经纪人从事技术转移和推广服务。

7.3.5 创新创业服务和管理咨询服务中的科技公共服务

1. 创新创业服务中的科技公共服务

创新创业服务的目的是为科技成果转化以及孵化企业的诞生和成长营造良好的环境，加快科技成果的产业化，促进小企业的成长和发展，并创造新的就业机会，为国家和区域经济社会更好更快发展服务。创新创业服务具有比较大的溢出效应，拥有一定的公共产品特征，政府部门在创新创业服务的提供上应发挥主导作用。

第一，政府部门要大力支持和建设多种类型的创新创业孵化器，并保证其能提供良好的创新创业服务，加快科技成果向现实生产力的转化，同时为创新创业营造更好的环境，降低创新创业风险，鼓励更多的人创新创业；第二，大力鼓励有积极性和有条件的企业建立创新创业孵化器，广泛利用各种社会资源服务于创新创业，提升全社会的创新创业水平；第三，政府部门要加强对其直接支持建设的创新创业孵化器的监督、检查和评价，促进其不断提升服务水平。

2. 管理咨询服务中的科技公共服务

管理咨询服务是科技创新活动中不可或缺的重要环节，有效的管理咨询服务可以显著提升各类科技创新资源的利用水平，加快提升企业的技术创新能力和水平。从受益的排他性和消费的竞争性角度考虑，一般而言，企业可以通过市场获得需要的管理咨询服务。

目前，我国已经快速发展形成了一批管理咨询机构，能够提供发展战略、法律、财务会计、商业计划、市场营销、技术创新管理等多个方面的管理咨询服务，部分机构已经具有了比较强的实力和咨询服务水平，对支持我国企业的发展发挥了极其重要的作用。但是，相比发达国家，我国的绝大多数管理咨询机构的发展还处于成长期，还需要政府的大力扶持。

首先，作为现代服务业中的重要产业，政府部门应通过税收优惠等政策措施大力支持管理咨询机构的发展。其次，通过提升高等教育质量和加快人才培训体系建设，加快咨询服务人才培养及其质量的提高，使管理咨询服务业发展有良好的人力资源保障。再次，通过支持建立行业协会等方式，加强行业自律，提高行业信誉，规范行业行为。发达国家的经验表明，建立健全管理咨询服务业的行业协会，推进行业自律是促进管理咨询服务机构健康、有序发展的重要途径；进一步地，支持开展行业规范和行业标准的制定工作，发布一些行业性自律规章，考核和认定管理咨询服务从业人员。最后，推动行业协会建立行业性规范、服务标准、信誉评估、资质年检等行业自律制度，形成重合同、守信用、诚信经营的行业风尚，逐步形成自我管理、自我约束、自我教育、自我保护、自我发展的机制。

7.4 弥补系统失灵提供的科技公共服务

市场失灵和系统失灵分析结果表明，政府部门不仅要通过提供良好的科技公共服务解决市场失灵问题，而且要在协调国家创新体系各参与方之间的关系，使得各类参与者之间紧密联系、相互配套和高效协调上发挥重要作用，解决系统失灵问题。提供科技公共服务解决系统失灵问题，关键是要通过体制机制改革创新和加强制度建设，使各类科技创新活动能有效开展并紧密联系和相互协调，各类科技创新活动开展与其需要的资源和服务及环境之间相互配套，高层次人才和资金等各类重要科技资源在企业、政府部门、高校和科研院所以及科技中介服务机构之间合理分布。

7.4.1 各类科技创新活动协调开展

推进国家创新体系建设，必须大力开展基础研究、应用研究、技术开发、技术转移、企业技术创新和公共产品技术创新等各类活动。必须明确的是，各类科技创新活动不是孤立存在的，存在相互紧密的联系。基础研究的重大突破一般会带动应用研究和技术开发上的重大创新，由此会强有力地支撑引领企业技术创新和公共产品技术创新，加速经济社会发展。

因此，政府干预国家创新体系建设，提供科技公共服务，首先要保证各类科技创新活动都能得到有效而均衡的开展，特别是要保证各类科技创新活动有合理的投入保障；其次要保证各类科技创新活动之间紧密联系和相互配套，即既要保障基础研究和应用研究与技术开发之间紧密联系，又要促进应用研究及技术开发与企业技术创新和公共产品技术创新之间的紧密联系，使得基础研究、应用研究及技术开发产生的新知识和新技术能源源不断地向企业和产业以及公共部门转移，不断开发更新更优的私人产品和公共产品，加快提升经济发展水平和公共服务水平。

促进各类科技创新活动的协调开展，加速新知识和新技术的转移、扩散和应用，从本质上看是要支持企业、高校和科研院所以及科技中介服务机构等各方之间加强联系和相互合作，促进产学研合作水平的快速提升。

目前，在欧美等发达国家把支持大学、科研院所与企业之间建立公私合作伙伴关系（public-private partnerships for research and innovation，PPP）作为科技政策的关键内容和主要着力点，采取多种措施支持他们之间建立长期稳定的合作关系。通过建立公私合作伙伴关系，可以把公共科技资源和私有科技资源整合在一起，把公共部门的需求和私人部门的需求紧密联系起来，形成共同的科技创新目标，既能提高企业获得科技公共服务的质量，又能改善公共研究部门科研成果的商业化前景，还能在全社会建设形成更好的科技基础设施，从而极大地提高各种科技资源的投入效益（OECD，2006）。支持和促进公私合作伙伴关系的建立已经成为世界上许多创新型国家提高国家创新体系建设水平的重要举措。

从 OECD 成员国的经验看，他们支持建立公私合作伙伴关系的基本出发点是促进大学和科研院所与企业之间加强联系，促进他们之间建立长期、稳定的合作关系。为此，他们的政策鼓励各种各样的产学研合作方式，如支持高校和科研院所与企业共同主持召开学术会议和进行广泛的学术交流，让企业及时和广泛地了解国际上相关技术发展的新动向，及时把握其可以利用的技术机会；鼓励高校和科研院所与企业共同进行技术发展趋势分析，预测未来的技术发展方向；支持高校和科研院所与企业共同申请承担政府的各类科研计划项目，共同进行关键技术的开发；支持高校和科研院所的研究人员创新创业；鼓励高校和科研院所的研究人员在企业主导下服务于企业的技术开发等。

7.4.2 科技创新活动与科技资源、服务、环境相配套

建设高水平的国家创新体系，不仅要保证各类科技创新活动能得到有效和均衡的开展，还要保证开展各类科技创新活动能获得其需要的各类资源和服务，有良好的环境，即要使得科技创新活动开展与其需要的资源、服务和环境之间相互协调和配套。

开展科技创新活动需要的资源和服务非常多样。政府提供科技公共服务，纠正系统失灵，首先必须根据开展各类科技创新活动的需要，保障各类科技创新资源和服务的有效供给。

同时，要保证各类科技创新活动能得到高效和高水平开展，必须营造良好的科技创新环境。高校和科研院所以及企业是否积极开展各类科技创新活动？如何开展各类科技创新活动？很大程度上受到环境的影响。有什么样的科技创新环

境，绝大多数高校和科研院所及企业就会选择什么样的创新行为和创新模式。

当前各级政府提供科技公共服务，调动企业技术创新的积极性，大力支持企业的技术创新活动，关键是要营造鼓励企业技术创新的良好环境。具体而言，一是要营造公平、规范和有效的市场竞争环境及良好的知识产权保护环境，保证企业成功地开发出有市场需求的新产品后能获得应有的利润回报，有公平的发展机会；二是要减少甚至杜绝企业能轻易地以廉价获取劳动力、土地等生产要素，通过拼资源、高污染、简单扩大规模、低价格竞争的老路生存和发展的可能性，使企业技术创新成为增强核心竞争力、赢得高额利润的主要途径；三是要营造良好的环境，使企业能有效获得其技术创新需要的各类科技创新资源和服务。要在根本上激发企业技术创新的内在动力和积极性，这些因素缺一不可。

7.4.3 科技创新机构之间资源合理分布和人才流动

在国家创新体系建设中，开展各类科技创新活动需要高层次人才和资金，提供各类科技创新服务也需要高层次人才和资金，政府提供优质的科技公共服务也需要高层次人才和资金。因此，建立高水平的国家创新体系，保证各类科技创新活动能得到有效和均衡的开展，保证开展各类科技创新活动能获得其需要的各类资源、服务和良好的环境，归根结底是要使高层次人才和资金等各类重要科技资源能在创新体系中各类主体间有合理的分布。政府提供科技公共服务，建立高水平的国家创新体系，要把通过各种政策的调控，优化高层次人才和资金等各类重要科技资源在企业、高校和科研院所、科技中介服务机构和政府部门之间的分布，防止资源分布失衡摆在特别重要的位置，解决好科技创新资源的科学和合理配置问题。

政府提供科技公共服务，支持各类科技资源合理分布，特别要支持高层次人才在各类机构之间的合理和有序流动。

从 OECD 成员国的情况看，他们把鼓励科技创新人才的流动摆在特别重要的位置。他们认为，如果科技人才的流动不充分，会加剧人才的能力与需求的不匹配和高素质人才的短缺，而且还会降低技术转移和扩散的速度，减缓全社会科技进步的步伐。因此，政府提供科技公共服务，不仅要解决高层次人才在各类科技创新机构之间的合理分布问题，还要支持他们之间的合理和有序流动。

总之，政府干预国家创新体系建设，加快建设高水平的国家创新体系，不仅要从解决市场失灵的角度提供科技公共服务，还必须高度重视从纠正系统失灵的角度提供科技公共服务。

7.5 本章小结

由于国家创新体系中的市场失灵和系统失灵，政府在国家创新体系建设中应该并且能够发挥重要的作用，需要政府提供多种类型的科技公共服务。

在各类科技创新活动开展方面，政府要从弥补市场失灵的要求出发提供一系列的科技公共服务。在基础研究和应用研究上，政府要通过加大财政科技投入建立门类比较齐全、体系比较完整的基础研究和应用研究体系，并保证大学和科研院所等能获得开展基础研究和应用研究所需要的各类科技创新资源，具有良好的创新环境。在技术开发和企业技术创新中，政府应通过营造良好的创新文化氛围和公平的市场竞争环境，提供财政补贴、税收优惠和知识产权保护制度等，保障技术开发和企业技术创新能获得应有的回报。在公共技术开发和公共产品技术创新中，政府应该发挥主导作用，可以通过加大财政科技投入建立门类比较齐全、体系比较完整的公共技术开发和公共产品技术创新机构，提供良好的资源、服务和环境，保证公共技术开发和公共产品技术创新活动能得到有效的开展。

在各类科技创新资源的供给上，由于科技文献、科学数据、科学仪器设备和自然科技资源等具有显著的公共产品特征与比较大的溢出效应，属于国家创新体系中的基础设施建设范畴，应该由政府及其科研院所和高校主导建设并管理运行，以比较低廉的价格甚至无偿向相关的高校、研究机构和企业提供科技公共服务。关于科技人才和资金，既应该发挥市场机制的作用，也应该发挥政府的支持促进作用，由政府和市场相结合提供。

在科技创新环境的营造上，政府必须发挥主导作用，努力营造良好的创新文化环境、公平的市场竞争环境、有效的知识产权保护环境和鼓励科技创新的法规与政策环境。

在科技创新服务提供上，根据我国创新体系的建设现状，考虑各类科技创新服务具有的公共产品特征，关于教育和培训、科技金融、科技信息和创新创业等服务的提供，政府应该发挥主导作用。对于技术开发和技术转移服务，在目前我国企业技术创新能力和技术吸收能力还比较弱的情况下，政府部门应通过政策引导等措施大力促进高校和科研院所的有关人员积极从事技术开发以及技术转移和推广服务，支持科技中介服务机构积极提供技术开发及技术转移和扩散服务。在管理咨询服务上，可由管理咨询机构主导提供，但政府应为管理咨询机构的发展营造良好的环境。

从纠正系统失灵的需要出发，政府也需要提供多种类型的科技公共服务，使国家创新体系建设中的各类参与者之间紧密联系、相互配套和高效协调。具体而言：首先，政府要通过资源投入和政策引导等，使各类科技创新活动能得到有效和均衡的开展；其次，政府要保证科技创新活动开展与其需要的资源、服务和环境之间相互协调和配套；最后，政府要通过各种政策的调控，优化高层次人才和资金等各类重要科技资源在企业、高校和科研院所、科技中介服务机构与政府部门之间的分布，防止资源分布失衡，并大力支持人才的合理流动。

第8章 科技公共服务的供给方式

科技公共服务内容非常丰富，类型非常多样。20 世纪 70 年代以来世界范围内政府公共管理社会化和市场化改革的经验表明，虽然政府应该提供科技公共服务，但这并不意味着所有科技公共服务都要由政府直接提供，相当一部分完全可以通过市场由私人组织供给。因此，提供科技公共服务可以有多种不同的途径，不同的科技公共服务可以采用不同的供给方式。研究科技公共服务问题，不仅要明确其内容，还要针对各类科技公共服务的特点选择合适和有效的供给方式。

本章首先介绍公共服务供给的制度安排和可能方式；其次分析不同的公共服务与供给方式之间的关系，比较各种供给方式的特点和适用场合；最后具体讨论各类科技公共服务的有效供给方式选择问题。

8.1 公共服务供给的制度安排和可能方式

20 世纪 70 年代前后，西方市场经济国家公共服务领域的政府机构日益庞大，财政支出日益增加，但由于公共服务供给方式单一，缺乏竞争，资源配置和利用效率低，公共服务品种和质量都难以满足公众日益增长的需求。因此，政府不仅公共服务水平不高，自身反而成为一大社会问题。面对这一系列的矛盾，许多发达国家的政府掀起了一轮行政改革浪潮，一方面高举民营化大旗，利用私人组织高效率、低成本地提供传统上由政府提供的公共服务；另一方面是公共部门大力改革和创新，改善对公众的服务，以重新赢得公众的信任。经过多年的探索，目前许多国家在许多公共领域已经摈弃了完全由政府直接垄断提供公共服务的模式，形成了多种形式的公共服务供给制度安排和提供方式。为准确理解公共服务的各类供给制度安排和提供方式，首先要对公共服务的消费者、生产者和提供者进行区分。

8.1.1 公共服务的消费者、生产者和提供者

对私人产品而言，要分析其有效的供给方式，只需要区别生产者和消费者，并分析这两者之间的相互关系。研究公共服务的供给方式，必须区别消费者、生产者和提供者（或称为安排者），并审视这三者之间的相互关系。

公共服务的消费者是直接获得或接受公共服务的个人、组织或群体。具体而言，公共服务消费者可以是个人，也可以是政府部门、私人组织、外贸企业或国有企业等，还可以是特定区域内的所有人，或者是拥有共同特征的社会阶层，如穷人、学生、农民、少数民族人员等。

公共服务的生产者组织生产公共服务。这种生产者既可能是政府部门，也可能是市民志愿组织、私人组织和非营利机构等，有时甚至是消费者自身。

公共服务的提供者或称安排者指派生产者给消费者，或指派消费者给生产者，或选择公共服务的生产者。公共服务安排者通常是政府部门，但志愿者组织或消费者自己等也可能是公共服务的安排者。

在公共服务的供给和消费过程中，生产者和提供者这两个角色之间常常有本质的区别。对许多公共服务而言，政府本质上是提供者，决定什么服务应该由集体提供、为谁提供、提供到什么水平、投入水平和付费方式等。然而，虽然政府要决定哪些公共服务应该由政府提供，但这并不意味着这些公共服务都必须依靠政府雇员、由政府部门直接组织提供，完全可以在政府的安排下依靠私人组织提供，私人组织可以作为公共服务的生产者。

例如，城市某条马路已经比较陈旧，该马路是否在近期进行翻修、翻修用多大的投入、达到什么样的水平、由谁来翻修等都要由公共服务的提供者即政府市政管理部门决定。但是该条马路的具体翻修工作可以不用政府部门和政府雇员直接完成，完全可以承包给某个民营企业，该企业就是该项公共服务的生产者。由于将公共服务的提供者和生产者加以区别，私人组织可以参与到公共服务的供给中来。

总之，公共服务的生产者和提供者既可能是相同的，也可能是不同的。因此，公共服务生产和消费过程中出现了消费者、生产者和提供者等多种角色，可以使公共服务的供给能形成多种不同的制度安排。

8.1.2 公共服务供给的制度安排

由于公共服务的供给中存在提供者和生产者之分，可以对公共服务的提供方

式和生产方式进行分类，对不同的分类进行组合自然形成多种不同的公共服务供给制度安排，可以利用多种不同的方式提供公共服务。目前，从提供者的角度看，常见的公共服务供给制度安排可以分为三种类型：公共提供、市场提供和混合提供。

1. 公共提供

它是指政府无偿地向消费者提供公共服务，以满足社会大众的公共服务需求。对消费者而言，他可以无条件地获得这些公共服务的消费权，而不需要付出任何代价或者报酬。一般而言，公共提供主要提供具有纯公共产品特征的公共服务即纯公共服务，如国家安全、外交、气象、基础科学研究、农业技术的研究和推广、大型基础设施、社会科学研究等。

之所以纯公共服务一般采用公共提供方式，有多方面的原因：一是这类公共服务的受益者往往是社会公众，不是某些特定的人，即没有特定的受益者，因而无法收费；二是增加这类公共服务的消费者人数并不增加政府的开支，如果政府收费会降低这些公共服务的运用效率；三是由于受益对象的不确定，即使政府想要对这些服务进行收费，技术上也十分困难。

2. 市场提供

它主要由相关组织通过市场向消费者提供，一般情况下提供者通过收费收回成本，并形成一定的利润。这种方式下，公共服务的提供可以采取竞争的方式，但一般会受到政府的管制，同时提供者自负盈亏。一般而言，采取市场提供方式的公共服务具有准公共产品特征：或者具有正外部性，且生产风险较大；或者由于行业特点导致其容易形成垄断而引起资源运用效率下降。目前常见的主要属于公用事业范围的水、电、煤气、城市公共交通等的供给以及电信、邮政、铁路运输等的服务。

3. 混合提供

它是指以成本价格为基础，通过政府补贴和向受益人收取一定费用提供公共服务。混合提供具有如下基本特点：一是成本和价格基本持平，是一种非营利的提供方式；二是收回成本一部分靠向受益人收费，另一部分由政府补贴；三是该方式适用于有明确的受益人且受益人通过消费能获得一定利益的公共服务。混合提供是公共服务供给的一种基本方式，这种方式常应用于教育、医疗卫生、体育、出版、广播电视等领域公共服务的供给。

再从生产者角度对公共服务的生产者进行分类，可以分为公共生产和私人生产。所谓公共生产，是指公共服务由政府部门、政府直属事业单位或国有企业生产；私人生产是指公共服务由私人组织生产。

按照公共服务提供者和生产者的不同分类，对公共服务的提供和生产方式进行组合，可以形成六种公共服务供给的制度安排（表 8-1）。

表 8-1　公共服务供给的制度安排

生产	提供		
	公共提供	市场提供	混合提供
公共生产	公共生产、公共提供	公共生产、市场提供	公共生产、混合提供
私人生产	私人生产、公共提供	私人生产、市场提供	私人生产、混合提供

从公共生产的角度看，首先是公共生产、公共提供。即由政府依靠公共财政支出，直接投资并组织公共服务生产，然后无偿地向社会提供，如国家安全、外交、气象等就属于这种类别。其次是公共生产、混合提供。即由政府组织公共服务生产，并通过收费方式向社会公众提供。这种收费不以营利为目的，只是对成本进行必要的补偿。目前我国部分行政机关为公众提供的某些服务收取部分成本费用，就属于这种制度安排。最后是公共生产、市场提供。即由政府组织公共产品生产，按赢利原则定价，并向使用人收费。通常具有垄断特征的私人产品，或者接近于私人产品性质的准公共产品，如煤气、水、电、电信、公共交通等在一定情况下采用这种方式进行生产和提供。

从私人生产的角度看，一是私人生产，公共提供。即由私人部门组织生产，通过政府采购方式由政府获得产品的所有权，并无偿地向社会公众提供公共服务。如某些公共工程的建设就是如此。二是私人生产，混合提供。即在政府相关的法规、行业政策和规划的指导和监督下，私人组织投资和组织生产，并由其自行向社会提供。一般而言，相当一部分的教育、医疗、文化等公共服务就是以这种方式提供的。三是私人生产，市场提供。对可收费的公共服务，可以采取这种方式提供。

8.1.3　公共服务供给的可能方式

对公共服务供给的各种制度安排进一步细分，可以形成更多的、更具体的公共服务供给方式，目前常见的方式有 10 种，分别是：政府服务、政府出售、政府间协议、合同外包、特许经营、补助、凭单、自由市场、自我服务和志愿服务等（萨瓦斯，2002）。

1. 政府服务

政府服务是指政府向社会大众和组织直接无偿提供公共服务，政府同时扮演公共服务提供者和生产者两种角色。政府服务是公共服务供给的一种重要方式，国防、外交、气象、基础科学研究、农业技术的研究和推广、大型基础设施、社会科学研究等广泛采用政府服务方式。

2. 政府出售

政府出售，是指社会大众和组织直接从政府购买其需要的服务。这种情况下政府是公共服务的生产者，个人或组织是提供者。目前这种公共服务供给方式也应用得比较广泛。例如，我国把一些土地的使用权出售给房地产开发商，把某段河流的捕捞权出售给私人企业，把矿藏的开采权出售给某些公司等，都属于这种方式。政府可以用出售获得的资金开发其他项目，提供更多更好的公共服务。

政府出售与政府为其提供的服务强行收费明显不同。当政府直属企业因为供水、供电、供气、提供公共交通服务等而收费时，政府是直接向消费者收费，扮演了服务提供者的角色。但是在政府出售中，消费者是服务安排者。

3. 政府间协议

政府间协议是指一个地方的政府购买其他地方政府的公共服务。后者是服务的生产者，前者是服务的提供者。例如，一个地区没有学校，为了提供教育公共服务，一种办法是自己建立一所学校，还有一种办法是与相邻地区的政府达成协议，把本地区学生送到该地区接受教育，并向该地区支付一定费用。通过这种政府间协议方式，一个政府可以购买另一个政府辖区内的服务，避免重复建设，提升公共资源共享和利用的水平。

4. 合同外包

所谓合同外包，是指政府通过合同方式将某些公共服务的生产职能转移到私人企业或非营利组织，让其参与特定公共服务的供给，并由政府付费给生产者。这种方式中，私人企业是公共服务的生产者，政府是提供者。

政府实施合同外包，首先要确定哪些公共服务可以对外承包。一般而言，不可收费或很难收费、难以营利的公共服务，如抢险救灾、治安维护、环境保护、垃圾处理、公共卫生保障、河道清理和维护等均可以采取合同外包方式。实际上，除了少数涉及国家安全和利益的纯公共服务需要由政府直接生产外，大量的公共服务都可以通过合同外包方式交由私人组织生产，通过政府采购方式提供公共服务。目前，政府采购-合同外包方式在许多国家和地区得到非常广泛的应用，如美国政府使用的绝大多数装备和设备，甚至非常敏感的军事装备和设备都通过合同外包给私人企业生产，政府部门需要使用的办公桌、计算机、汽车等都是从私人企业采购的。

合同外包有多方面的优点：一是通过招投标的方式引入竞争，使多个生产者之间相互竞争，可以改变由单一生产者即政府垄断部门供给公共服务的局面，给低效率的生产者形成市场竞争压力；二是有助于对新的公共服务需求及时做出反应，提升政府的服务水平；三是可以大大降低甚至摆脱政治等因素对公共服务供给的不当干预和影响，增强公共服务供给的公平性；四是可以不受政府部门规模大小的制约，实现规模经济。

运用合同外包方式提供公共服务，必须具备一定的条件。首先是该服务的质量要求或标准能比较明确；其次是该服务领域易于进行竞争性招标，而且风险较小；再次是该服务具有相对独立性，不与其他服务发生紧密的联系，易于对合同外包过程进行管理；最后是该服务的对外承包不存在法律障碍或受到现有合同的约束。

实施合同外包，并不意味着政府提供公共服务责任的降低，必须承担一系列的责任：一是外包成本的核算及绩效标准的制定；二是承包商的甄选；三是外包过程的监督和管理；四是风险的控制与分担。

5. 特许经营

特许经营是公共服务供给的另一种方式，可分为排他性特许和非排他性特许两类。所谓排他性特许，即政府将垄断经营权即特许经营权给予某一私人企业，该企业在政府的价格管制下，在特定领域提供公共服务，并准许其通过向用户收费或出售产品回收投资并赚取利润；非排他性特许是政府将特许经营权给予多个私人企业，出租车行业即是如此。在特许经营方式下，政府成为公共服务的安排者，私人组织成为生产者，消费者向生产者支付费用。

政府特许经营与政府颁发食品、酒类、医疗等经营许可证不同，在许可证安排中，政府与获得许可证者之间的关系比较简单，特许经营中政府承担的责任更大，相互关系更复杂。同时，特许经营与合同外包也有明显的区别，合同外包中政府向生产者支付费用，特许经营中消费者向生产者支付费用。

政府特许经营方式特别适合于诸如电力、天然气、自来水、污水处理、固体废弃物和有害物质处理、电信、港口、机场、道路、桥梁以及公共交通等可收费公共服务的提供。这些服务大多属于传统的自然垄断行业，具有资源稀缺性、规模和范围经济性等特点，采取特许经营方式可以避免政府直接生产带来的效率低、服务质量差等问题。

一般而言，采用特许经营方式适合提供的公共服务一般具有这样几个特征：一是社会性。这些服务往往关系到国计民生，能否有效提供具有广泛的社会影响。二是公益性。这些服务大多具有正外部性，有比较显著的溢出效应。三是共享性。即消费者在消费时并不能独占。四是使用边际成本低。即运营成本中固定成本占极大比重。五是时空性。即对空间和地域等具有极强的依附性。六是投资规模大，使用寿命长。

目前，特许经营方式在公共服务供给中得到非常广泛的应用，并已经衍生出二十多种具体的特许经营方式。常见的一种方式是：建设—经营—转让（build-operate-transfer，BOT），即私人企业负责公共服务基础设施的建设，并在特定的期限内经营和向用户收取费用，期限结束后将公共服务基础设施的所有权转让给政府；常见的另一种方式是：运营和维护租赁（operations and maintenance lease，OML），即政府投资建设公共服务基础设施，私人企业全权负责其经营和维护，向用户收费，并向政府部门支付一定的租金。在该过程中，私人企业不承担任何投资风险；还有一种常见的方式是：租赁—建设—经营（lease-build-operate，LBO），即私人企业与政府签订长期合同，利用自己的资金改造扩大并经营现有基础设施，同时依据合同通过向用户收费收回投资并取得合理回报，还向政府缴纳租金；此外，其他常见的特许经营方式还有：建设—转让—经营（build-transfer-operate，BTO）、购买—建设—经营（buy-build-operate，BBO）、建设—拥有—经营（build-own-operate，BOO）、设计—建设—融资—经营（design-build-finance-operate，DBFO）、设计—建设—融资（design-build-finance，DBF）等。

在特许经营方式下，政府部门必须承担多方面重要的责任：一是确认社会对某种基础设施建设的需求，并为之作出计划；二是审查基础设施建设项目的可行性；三是为私人企业的参与建立相关制度环境；四是履行合同签订过程中的各种责任；五是选择合适的私人企业作为合作伙伴，授予其特许经营权；六是为确保公共利益，对价格实施规制；七是设立绩效评价标准，并监测绩效；八是为项目融资提供支持。

6. 补助

所谓补助，是指当政府认为某些公共服务的社会收益与私人提供者私人收益之间不对称时，可以有选择地对提供这些公共服务的企业给予经济资助，以确保这些公共服务能得到有效的供给，实现全社会公共福利的最大化。

补助方式可以细分为多种类型，包括补贴、津贴、优惠贷款、无偿赠款、减免税等。补助方式下，公共服务的生产者是私人企业或非营利组织，政府选择特定的生产者提供补助，消费者选择特定的生产者购买服务，政府和消费者是公共服务的共同安排者，都向生产者支付费用。

补助方式是对生产者的补贴，在一定程度上它把消费者的选择权限定为接受补贴的生产者。补助方式可以适用于多种公共服务领域和行业，特别适用于那些赢利性不高或只有在未来才能赢利、风险大的公共服务。目前经常运用的补助领域有：给予高新技术产业和企业税收优惠，给予下岗工人、退伍军人和残疾人开办的个体经营商店以补助，对高危行业给予一定补助，对招募残疾人就业的企业和单位以及供水、供气企业给予补助等。

7. 凭单

凭单是针对特定公共服务，对特定消费者群体实施补贴，是补贴消费者，使其在市场上可以自由选择其需要的服务。凭单还可以分为直接和间接两类。将食品券直接发给穷人，让他们自己到商店购买食品，属于直接方式；对低收入家庭，政府帮助其租住房屋，个人选择所租房子，然后由政府部门按月付款给房主，属于间接方式。

显然，凭单方式和补助方式有显著差别，补助是对生产者补贴，政府和消费者共同选择生产者；凭单是对消费者补贴，消费者在市场上自由选择其需要的公共服务，消费者独自选择生产者。

凭单方式的运用也需要一定的条件：一是人们对服务的偏好普遍不同，而且公众认为这种多样化的偏好和需求很合理；二是该服务的消费具有有效的排他性，可收费；三是存在多个相互竞争的服务供应主体，而且该服务领域的进入成本很低，只要有需求，潜在的服务提供者就能很容易进入；四是消费者对市场有充分了解，关于服务成本、质量等方面的信息比较容易获得，对接受谁的服务有较强的选择能力；五是该服务比较便宜，消费者需要频繁购买。一般而言，凭单方式不适用于纯公共服务的供给，主要可以应用于那些具有排他性和显著正外部效应的公共服务。

8. 自由市场

自由市场是指人们在市场上自由交易，购买自己需要的产品和服务，它是服务供给的最基本方式。从原理上讲，一切私人产品以及俱乐部产品和服务，包括衣、食、住、行、医疗、教育等都可以采用这种方式供给。每个人可以根据自己的偏好和需求选择所需要的服务。

在自由市场方式中，生产者是私人企业，消费者安排服务和选择生产者，是服务的提供者和消费者。在此过程中，政府的基本职责是规范市场交易行为和制定服务标准。相比较而言，这种方式下政府的介入程度低，发挥的作用非常有限。

9. 自我服务

自我服务也称为自助服务，是公共服务供给的另一种重要方式。自我服务是以会员性的社会组织或特定区域内的社区等为主体，以自我动员和相互动员的方式，以互助互益为目的而提供公共服务。这种方式下，消费者既是服务的生产者，也是服务的提供者和消费者，集三种角色于一身。

在自我服务方式中，家庭是人们在住房、健康保障、教育等方面最古老也最有效率的自我服务组织，它为其成员提供了广泛而重要的服务，如对儿童和青少年的教育、对老人的赡养、对犯病亲属的照料、为未成年子女提供住房等，都属于这样的服务方式。

10. 志愿服务

志愿服务是通过志愿劳动、慈善组织等提供人们需要的服务。在志愿服务这种方式中，志愿团体扮演服务提供者的角色。而服务的生产，既可以由他们自己直接完成，也可以通过雇佣和付费给企业生产。

志愿服务组织既可能是现有的，也可能是为提供特定的服务而创建的。创建志愿组织提供公共服务一般需具备这样几个条件：一是对服务的需求明确且持久；二是有足够多的人乐于花费时间和金钱提供服务；三是志愿团体拥有的技术和资源保证有能力提供这种服务；四是通过提供这种服务能实现志愿团体的目标，达到精神上的满足。

总之，公共服务有多种可能的供给方式，各种方式的特点和适用场合往往不同，其公共服务的提供者、生产者和成本支付者也各不相同，对这些进行归纳见表 8-2。

表 8-2 各类公共服务供给方式中的提供者和生产者及成本支付者

供给方式		提供者	生产者	成本支付者
政府服务		政府	政府	政府
政府出售		消费者	政府	消费者
政府间协议		政府（1）	政府（2）	政府（1）
合同外包		政府	私人组织	政府
特许经营	排他的特许经营	政府	私人组织	消费者
	非排他的特许经营	政府和消费者	私人组织	消费者
补助		政府和消费者	私人组织	政府和消费者
凭单	直接凭单	消费者	私人组织	政府和消费者
	间接凭单	消费者	私人组织	政府和消费者
自由市场		消费者	私人组织	消费者
自我服务		消费者	消费者	N. A.
志愿服务	无雇佣的志愿服务	志愿消费者团体	志愿消费者团体	N. A.
	有雇佣的志愿服务	志愿消费者团体	私人组织	志愿消费者团体

注：政府（1）和政府（2）指两个不同地区的政府，N. A. 表示不存在成本支付问题

8.2 公共服务供给方式的比较分析

理论分析和实际运用均表明，公共服务的供给方式多样，由于各种方式的特点不同，适用场合和条件不同，对特定的公共服务，需要选择合适的供给方式。为此，需要对各种公共服务供给方式的特点进行深入的分析（萨瓦斯，2002）。

8.2.1 公共服务供给方式的组合运用

公共服务有多种可能的供给方式，这些方式既可以单独运用，也可以组合运用。在组合运用时，按照不同的组合方式可以形成多种不同的公共服务供给方式组合安排。

1. 多样化安排

所谓多样化安排，是指在一个特定的区域内针对某一特定的公共服务，在各种可能的公共服务供给方式中选择几种同时运用。例如，某地区在垃圾处理中，

同时运用了五种公共服务供给方式：政府服务、合同服务、志愿服务、自由市场和自我服务。通过同时安排和运用多种服务方式，促进服务生产者之间相互竞争，提升公共服务供给效率和水平。

2. 混合式安排

混合式安排是指同时采用几种方式支持某一个单位提供某一类公共服务。例如，某城市特许某公司经营公交服务，并给予该公司补贴，即同时采用特许经营和补贴两种方式支持公司提供公交服务。一般而言，补助是混合安排中最常采用的辅助形式，它可以用来辅助特许经营、自我服务、自由市场和志愿服务等公共服务供给方式。另外，还可以将凭单和合同外包两种方式相结合，既给消费者发放消费凭单，又选择若干家服务生产商与其签订外包合同。

3. 局部安排

某一公共服务的供给，常常是由一系列彼此独立又相互联系的活动构成的一个过程。在提供该公共服务的过程中，可以针对各个不同的活动采用不同的公共服务供给方式，如部分活动采用政府服务，另一部分采用合同外包，还有一部分采用凭单或自我服务，以更好地提供公共服务。例如，政府提供公共交通服务，其日常的交通运行服务可以采用政府服务方式，但是公路扫雪、汽车救援和汽车维修等服务可以采用合同外包方式。再比如在基础设施建设领域，基础设施的建设可以由政府自己完成，但是其运营和维护可以采取合同外包方式。总之，局部安排方式可以多种多样，形成各种复杂的组合。

8.2.2 不同的公共服务与供给方式之间的关系分析

各种公共服务供给方式都有一定的适用条件，哪种方式更适合哪种服务，是科学选择公共服务供给方式必须研究的关键问题之一。按照公共经济学，公共产品可以分为四种类型：私人产品、俱乐部产品、共同资源和纯公共产品四类。由于不同的物品和服务的特点不同，适用的供给方式也不尽相同。

理论上而言，各种供给方式都可以运用于私人产品的供给。但是，从提升产品和服务供给效率的角度考虑，市场经济国家一般不会采用政府服务、政府间协议、合同承包和特许经营等方式。对俱乐部产品，与私人产品类似，由于其具有消费的排他性特点，能够被共同消费。因此，除自我服务外，它能运用其他所有方式予以供给。

具有共同资源性质的产品一般是自然界提供的，可以采用政府服务、政府间协议、合同外包、补助、凭单和志愿服务等方式供给。纯公共产品不具有有效的排他性，不能通过特许经营、补助、凭单、自由市场等方式供给，可以采用政府服务、政府间协议、合同外包和志愿服务等方式提供。

将上述讨论的各种情况概括起来，各种服务可以采用的供给方式见表 8-3。显然，每种服务均可以运用两种甚至多种方式供给。同时，除自我服务外，每种服务供给方式均至少可以应用于两种服务的供给。

表 8-3　服务类型和供给方式

序号	供给方式	私人产品	俱乐部产品	共同资源	纯公共产品
1	政府服务	√	√	√	√
2	政府出售	√	√	√	
3	政府间协议	√	√	√	√
4	合同外包	√	√	√	√
5	特许经营	√	√		
6	补助	√	√	√	
7	凭单	√	√	√	
8	自由市场	√	√		
9	自我服务	√			
10	志愿服务	√	√	√	√

注："√"表示该服务类型可以采用此种供给方式

8.2.3　各种公共服务供给方式的特点

分析公共服务与其供给方式之间的关系发现，同一种公共服务有多种可能的供给方式。因此，还需要进一步比较各种公共服务供给方式的特点，分析哪种公共服务的供给更适合应用哪种方式。

对各种公共服务供给方式的比较，萨瓦斯（2002）提出从 10 个方面进行，分别是：服务的具体性、生产者数量、效率和效益、服务规模、成本与收益的关联度、对消费者的回应性、应对腐败和欺骗行为的能力、经济公平、对政府指导的回应性和政府规模。

(1) 服务的具体性。它是指该服务能否被清晰地描述，能否形成相对一致和明确的对服务内容与服务质量的要求。如果某项公共服务能被具体和清晰地描述，原则上可以采用任何方式予以供给。然而，现实中部分公共服务的质量很难被清晰地界定。从理论上说，那些不能被清晰描述的服务，采用任何供给方式都不能保证其能得到最佳供给。之所以如此，是因为如果某项服务的具体要求不清楚，满意的标准也很难清晰描述，不管是政府部门还是私人部门都很难满意地提供该项服务。这种情况下，通过广泛的监测、严密的控制、加强消费者与生产者之间的信息交流、促进生产组织过程中上下层的紧密合作等多种措施，可以改善供给效果，提升有效供给水平。

（2）生产者数量。对部分公共服务而言，该领域的进入相对比较容易，已有的和潜在的生产者可能很多。也有些公共服务，或者由于需要大量投资，或者由于存在其他进入障碍，已有的和潜在的生产者会比较少。生产者数量上的差别会直接影响公共服务供给方式的选择，一般而言，只有在存在或者可能存在比较多生产者的情况下才能选用合同外包、自由市场和凭单等方式。

（3）效率和效益。对任何公共服务，都必须考虑供给效率、效益和公平性。提升效率和效益，其决定性的因素是竞争。如果某种公共服务供给方式中包含的竞争性越强，消费者的选择权越大，服务效率和效益往往会越高。一般而言，如果有足够多的生产者可供选择，自由市场、合同外包和凭单最有利于形成竞争，采用这些公共服务供给方式的效率和效益会比较高。相比较而言，特许经营、补助、政府间协议、政府出售和志愿服务等几种方式也可以带来一定程度的竞争，但竞争的激烈程度比较弱，效率和效益可能不太高。政府服务多以无竞争和不受管制的方式运营，这种情况下官僚机构具有的低能力和低效率等内在特征会表现出来，效率和效益可能会比较低。

（4）服务规模。一般情况下，服务规模会影响服务效率，当然不同的服务其最佳规模也不尽相同，这与服务及服务过程的特点密切相关。在各种公共服务的供给方式中，除政府服务、自我服务和政府出售外，其他供给方式允许生产者规模独立于安排者规模，生产者可以追求规模最优化，实现规模经济。再从实现规模经济的可能性看，政府间协议比政府服务更具可能性。但是由于受现有行政区划和行政管辖权等方面的限制，政府间协议又不如合同外包和凭单更具可能性。相对而言，合同外包和特许经营最具实现规模经济的可能性，因为当生产者的规模小于需求时，所在地区会被划分为两个甚至多个独立的部分，每个部分达到最佳规模；反之则特许经营者或合同外包商可以向邻近地区出售服务，实现最佳规模。

（5）成本与收益的关联性。如果成本与收益之间的联系非常直接和紧密，会促进消费者理智消费，提升服务效率和水平。一般而言，只有私人产品、俱乐部产品的成本与收益之间存在直接联系。由于自由市场、凭单、补助、特许经营等方式中消费者直接向生产者购买服务，成本和收益的关联性高。另外，某些志愿服务也具有这一特征。

(6) 对消费者的回应性。消费者与生产者之间直接联系，还会提高生产者对消费者服务需求的回应水平，使生产者能更好满足消费者的需求。在公共服务的各种供给方式中，由于自由市场、凭单、无合同的志愿服务、补助、特许经营和自我服务等的服务消费者也是安排者，消费者与生产者之间存在直接联系，对消费者的回应性更强。

(7) 应对腐败和欺骗行为的能力。公共服务供给过程中是否会受到腐败、欺骗等行为的直接影响，是选择公共服务供给方式的重要考虑因素之一，如果其容易受到腐败、欺骗等行为的侵蚀，不仅会败坏道德，而且会提高服务成本。一般而言，合同外包、特许经营、补助等都比较容易受行贿、共谋、索贿等腐败行为的影响，凭单容易受伪造、盗窃、出售和非法收购等行为的干扰。相比较而言，政府服务和政府间协议受到的影响小，这方面更优。

(8) 经济公平。某种公共服务供给方式能否向消费者提供公正和公平的服务，即经济公平性，是选择公共服务供给方式必须考虑的因素之一。要分析经济公平性，首先要讨论市场机制是否是公平的。多数人认为市场机制是公平的，因为原则上所有人都被公平对待，同一产品或服务每人须支付同样的价格。以此为出发点，凭单、补助、合同外包、政府间协议和政府服务等，都可以被政府部门运用作为公平的方式供给服务。

(9) 对政府指导的回应性。公共服务实际上被作为一种工具用于实现政府的目标。但是，不同的公共服务供给方式实现这一目标的程度显著不同，政府服务、政府间协议、特许经营、补助、合同外包等方式可以更好地做到这一点。

(10) 政府规模。不同的公共服务供给方式，对政府雇佣人数和政府规模的要求自然不一样。显然，政府服务安排下政府规模最大，自由市场、特许经营、志愿服务和自我服务的政府规模最小，合同外包、补助和凭单只要求政府管理服务而非生产服务，对政府规模的要求相对而言也比较小。

归纳上述分析可以发现，各种公共服务供给方式的特点有显著的差别，有些对生产者的数量要求比较高，有些则相对较低；有些应对腐败和欺骗行为的能力比较强，有些则比较弱。将这些特征加以归纳，形成表 8-4。

表 8-4　不同公共服务供给方式的特点

特征指标	政府服务	政府出售	政府间协议	合同外包	特许经营	补助	凭单	自由市场	志愿服务	自我服务
处理具体性差的服务	++						++	++	++	++
要求多个生产者				++			++	++		
提高效率和效益		+	+	++	+	+	++	++	+	
实现规模经济			+	++	++	++	++	++	++	
成本和收益关联度		+	+	++	+	++	++	++	++	++
对消费者的回应性		++			++	+	++	++	++	++
应对腐败和欺骗行为的能力			++						++	++
促进经济公平	++		++	++		++	++		+	
对政府指导的回应性	++		+	+	+	+				
限制政府雇员规模				++	++	++	++	++	++	++

注："++"表示该种供给方式的该特征非常明显，"+"表示该特征存在但是不太明显，空白表示缺乏该特征

对各种公共服务供给方式的特点进行粗略的比较分析可以发现，凭单和自由市场具备的正面特征最多，几乎具备了所有的正面特征，相比较而言政府服务、政府出售和政府间协议具备的正面特征比较少。进一步比较分析还发现，自由市场和凭单方式是供给私人产品、俱乐部产品比较好的方式，凭单和志愿服务是提供具有共同资源性质的公共产品比较好的方式，合同外包和志愿服务则是提供纯公共服务比较好的方式。

从民营化和市场化供给公共服务的角度分析，在公共服务的 10 种供给方式中，有 7 种方式的生产者是私营部门，即合同外包、补助、凭单、特许经营、自由市场、志愿服务和自我服务，其余 3 种方式即政府服务、政府间协议和政府出售的生产者是政府。对这 10 种方式按照民营化程度进行分类，民营化特征最明显的放在最高端（表 8-5），反之摆在最低端。显然，自由市场、志愿服务和自我服务的民营化程度最高，因为这几种方式中政府介入最少；其次是特许经营，尽管纯粹的特许经营方式不需要政府直接支出，但政府是公共服务的安排者；接着是凭单、补助和合同外包。在这些方式中，人们接受公共服务的自由选择权依次下降，政府支出依次上升，如在补助和凭单方式中，政府只支付部分成本，而合同外包中政府要支付全部成本。再有就是政府出售，尽管政府出售中政府是生产者，但是它依赖于市场机制。最后，政府间协议被置于政府服务之上，是因为政府间协议涉及具体界定和购买某项服务，更具有市场导向。

表 8-5　按民营化程度对公共服务供给方式的排序

生产者	供给方式	民营化程度
私营部门是生产者	自由市场、志愿服务、自我服务	民营化程度逐渐下降↓
	特许经营	
	凭单	
	补助	
	合同外包	
政府是生产者	政府出售	
	政府间协议	
	政府服务	

表 8-5 还表明，各种公共服务供给方式的由上向下，意味着公共服务的供给更多依靠社会和民间组织特别是市场，更少依赖政府。也就是说，公共服务供给方式由下向上转变的过程就是民营化和市场化的过程。所谓公共服务民营化，可以概括为这样几个特征：一是由政府服务向合同外包、补助、凭单、特许经营、志愿服务和自由市场等转变；二是取消对生产者的补助，代之以凭单、志愿服务和自由市场安排；三是尽可能放松对特许经营的管制，取消价格控制和进入障碍，尽可能通过市场安排来满足人们的需要；四是对政府提供的私人产品和俱乐部产品实施使用者付费制度。

8.3 科技公共服务的供给方式选择

作为公共服务中重要组成部分的科技公共服务，原则上也可以运用政府服务、政府出售、政府间协议、合同外包、特许经营、补助、凭单、自由市场、自我服务和志愿服务等多种方式予以供给。由于科技公共服务的内容也非常丰富多样，为此应根据各类科技公共服务的特点，选择相适应而有效的供给方式。

8.3.1 科技创新活动中科技公共服务的供给方式

国家创新体系建设需要大量开展基础研究、应用研究、技术开发、技术转移、企业技术创新和公共产品技术创新等科技创新活动。各类科技创新活动的特点不同，需要的科技公共服务不同，科技公共服务的供给方式也应该不同。

1. 基础研究和应用研究

基础研究和应用研究具有显著的纯公共产品特征，由此决定了政府应作为主体支持开展基础研究和应用研究活动。进一步分析还发现，开展某项基础研究和应用研究工作，究竟需要多长时间能够完成，能产生什么样的成果和多高水平的成果，往往很难预计和事先确定，具有高风险性和不确定性。同时，研究成果产生后，往往需要一定的时间其价值才能逐渐显现，短时间内可能很难准确评估其价值。因此，政府部门无法预先与研究人员签订协议明确未来什么时间产生什么样的成果，基础研究和应用研究具有“服务的显著性差”这一重要特征。所以，政府出售、政府间协议、合同外包、特许经营、补助等方式不适用于基础研究和应用研究。同时，由于基础研究和应用研究成果的消费者是全社会，凭单和自由市场也不适用。政府服务、志愿服务以及自我服务成为基础研究和应用研究可采用的主要方式。

利用政府服务方式组织开展基础研究和应用研究，政府部门应首先通过加大财政科技投入建立门类比较齐全、体系比较完整的各类科研院所，支持大学开展基础研究和应用研究，保证各类基础研究和应用研究活动能得到有效的开展；其次，政府还应保证大学和科研院所开展基础研究和应用研究能便捷和有效地获得需要的各类科技创新资源和服务，有良好的科技创新环境。

除政府服务外，志愿服务也是开展基础研究和应用研究的一种有效方式。目前在一些国家，许多私人募捐形成的基金会大力支持开展基础研究和应用研究活动，如比尔·盖茨基金会就大力支持医疗卫生领域的基础研究和应用研究，取得了很好的成效。

另外，在生物、纳米等部分研究领域，由于技术开发和企业技术创新与相关的基础研究和应用研究的联系非常紧密，基础研究和应用研究成果的产业化和商业化周期非常短，许多企业为了赢得更显著的市场领先进入者优势，会积极投入开展基础研究和应用研究活动。因此，自我服务也是在部分领域组织开展基础研究和应用研究的有效方式。

总之，在基础研究和应用研究活动开展中，政府服务是其最主要的方式，志愿服务和自我服务也可以发挥积极作用。

2. 技术开发和企业技术创新

技术开发和企业技术创新的核心是开发新工艺、新产品和新服务，满足消费者需求，产生经济效益。相比基础研究和应用研究，技术开发和企业技术创新的目标更明确，作用更直接，效果更易客观评价。同时，由于技术开发和企业技术创新的核心是产生经济效益，因此必须关注满足消费者的程度，必须关注效率和效益，必须强调成本和收益的直接联系，必须关注实现规模经济。因此，政府支持技术开发和企业技术创新活动，既可以采用补助和特许经营等方式，也可以采用凭单方式，还可以采用合同外包方式。由于各种方式的特点和适用条件不同，其优缺点也各不相同。

1）特许经营

就技术开发和企业技术创新而言，特许经营的最直接表现形式就是建立知识产权保护制度，对率先开发出新技术、新工艺和新产品的企业保护其在一定时间和一定地域范围内新技术的专有权和新产品在市场上的销售权，独占技术开发和企业技术创新产生的回报，使得其大量研发投入能产生比较好的效益，保护技术开发和企业技术创新的积极性。

给予排他性的特许经营权，建立知识产权保护制度，是政府支持技术开发和企业技术创新的各种方式中公平性和客观性最强、市场化机制的作用发挥得最好的方式，是政府支持企业最基础和最有效的方式之一，是政府支持企业必须采取的科技公共服务供给方式。

采取特许经营方式，在多家企业开发出新技术和新产品的情况下，究竟哪些企业能从特许经营中获得更多的支持，是由新产品的购买和使用者而不是政府决定的，即支持谁的具体选择权在消费者而不是政府。

2）补助

补助也是目前政府部门最广泛使用的支持技术开发和企业技术创新的方式，常见的补助方式包括财政科技投入、税收优惠和贷款担保等。根据补助的时点不同，还可以将补助方式分为事先、事中和事后补助三类。所谓事先补助，是根据制定的技术开发和企业技术创新计划及目标，直接给予财政科技投入、贷款担保等方面的支持；事中补助是在技术开发和企业技术创新过程中，采取财政科技投入等方式对研发成本直接给予适当的报销和补偿，分担研发成本，降低研发风险。该方式根据研发工作进展情况进行补助；事后补助是根据技术开发和企业技术创新产生的新产品的市场销售量等，利用财政科技投入、税收优惠、贷款担保等方式予以支持。

对事先、事中和事后三类补助方式进行比较，可以发现，它们各有一定的适用场合和优缺点。对事先补助而言，普遍适用创建期、成长期和成熟期的企业，但对处于创建期和成长初期的小企业特别有作用。这类小企业往往资金非常缺乏，资产规模不大，产品销售量很小，获得贷款非常困难，税收优惠也很难发挥显著作用，事先补助更能帮助企业解决资金短缺问题，经常能解企业资金上的燃眉之急。但是，由于这种方式主要根据企业的研发目标和计划确定是否给予补助和给予多少补助，存在非常显著的缺陷。第一，由于技术开发和企业技术创新的溢出效应很难预先准确评估，很难根据溢出效应大小给予企业以公平合理的补助；第二，由于是事先补助，应对欺骗行为和防止腐败行为发生的能力不强；第三，会导致更多考虑政府需求而非市场需求确定技术开发和企业技术创新的目标和计划，影响技术开发和企业技术创新的市场绩效和经济效益。这种情况下，要客观和公平地给予技术开发和企业技术创新以补助非常困难，导致这种补助方式经常很难达到预期的效果，其公平性经常会受到质疑。

事中补助注重根据实际研发情况对技术开发和企业技术创新进行补助，普遍适用于创建期、成长期和成熟期的企业。相比事先补助方式，这种补助方式的客观性和公平性以及应对欺骗行为的能力也较强，针对市场需求而不是政府需求进行技术开发和企业技术创新的能力也强。但是，由于这种方式下企业研发成本和报销额的核算及具体报销操作都要政府部门来完成，不仅政府部门的工作量和运行成本会大幅度增加，企业获得补助的成本也会大幅度增加，而且这种方式防止腐败行为发生的能力也不强，实际运用有一定的困难。

事后补助是根据技术开发和企业技术创新的实际绩效确定给予其补助，主要适用于快速成长期、特别是成熟期的企业。相比较而言，这种补助方式的客观性和公平性强，应对欺骗行为和防止腐败行为发生的能力强，操作性强，特别能促进针对市场需求而不是政府需求进行技术开发和企业技术创新。一般而言，事后补助方式有更多的优点。

对各种补助方式，究竟哪些企业能获得支持和能获得多少支持，是由政府、而不是新产品的购买和使用者决定的，即支持谁的具体选择权在政府而不是消费者。

3）凭单

采用凭单方式支持技术开发和企业技术创新活动，具体做法是运用财政科技投入、税收优惠、贷款担保等给予新产品的购买和使用者以补贴和支持，扩大新产品的市场需求，通过需求拉动支持技术开发和企业技术创新。

将补助和凭单两种方式进行比较可以发现，其支持机理、适用企业类型和优缺点等均显著不同。首先，从支持机理上分析，补助是直接支持新产品的研发和生产者，是供应推动支持方式；而凭单是直接支持新产品的购买和使用者，是需求拉动支持方式。其次，从适用企业类型上看，凭单方式很难支持处于创建期和成长初期的小企业，补助方式可以适用于创建期、成长期和成熟期的各类企业。

另外，相比补贴方式，采取凭单方式通过扩大需求拉动而不是供应推动支持企业，既可以比较客观地根据技术开发和企业技术创新的绩效予以支持，又可以更有效地应对腐败和欺骗行为的影响，还可以促进更注意针对市场需求开展技术开发和企业技术创新活动，提升财政科技投入的客观性和公平性。

采取凭单方式，究竟哪些企业能从凭单中获得更多的支持，同样也是由新产品的购买和使用者而不是政府决定的，即支持谁的具体选择权在消费者而不是政府。

4）合同外包

以政府采购为典型代表的合同外包方式，也可以用于支持技术开发和企业技术创新活动。政府部门为了提供更好的国防安全和环境保护等各类公共服务，为了改善自身的管理水平及运行成本，也需要大量开发新技术和新产品，如先进的武器装备、高技术含量和高效率的环境保护设备、现代化的办公设备如计算机等。对这些新技术和新设备，政府部门既能以政府服务方式自己组织力量进行研发和生产，也可以采用合同外包的方式外包给私人企业研发和生产，通过政府采购支持技术开发和企业技术创新。

合同外包和政府采购有一定的适用条件。一是如果企业研发的新技术和新产品，政府部门有比较大、甚至很大的需求，政府优先采购能对支持企业发挥比较大甚至很大的作用。反之，如果企业研发的新技术和新产品政府部门很少甚至没有需求，其作用很难发挥。二是对于处于研发和初创阶段的企业，如果产品或其生产规模还几乎没有形成，政府采购的作用也很难发挥。

采取合同外包和政府采购方式支持技术开发和企业技术创新，一是政府部门要保证只要能外包给私人企业开发和生产的新产品，尽可能外包。美国政府使用的绝大多数装备和设备，甚至非常敏感的军事装备和设备都通过合同外包给私人企业生产。二是政府部门大力实施政府首购策略，企业开发出政府有需求的新产品后，要求政府部门率先采购和使用。三是政府部门使用财政资金购买设备和产品，严格规定必须优先购买创新产品。

通过合同外包和政府采购方式支持技术开发和企业技术创新，实际上是为企业创造了更大的需求，它与凭单方式有类似的优点，可以比较客观地根据技术开发和企业技术创新绩效选择支持对象，可以更有效地应对腐败和欺骗行为的影响，还可以促进企业在技术开发和企业技术创新活动中更关注市场需求，另外特别有利于培育企业的自主创新能力。

在合同外包方式中，究竟哪些企业能从合同外包中获得更多的支持，是由政府决定的，即支持谁的具体选择权在政府而不是公共服务的消费者。

综合上述讨论，将特许经营、补助、凭单和合同外包等几种方式的特点，从支持对象、支持机理、支持依据、适用产品、适用企业和支持选择权等几个方面进行归纳和总结，形成表8-6。显然，各种方式差别比较明显，各有特点。

由于各种方式的支持对象和机理等的不同，在运用过程中它们的特点和能发挥的作用也明显不同，具体比较结果见表8-7。其中，支持的客观性是指能够根据技术开发和企业技术创新实际绩效支持企业的程度；支持的公平性是指同类企业获得支持可能性的差异程度，差异越小公平性越强；对消费者的回应性和对政府的回应性分别是指其开发和创新与消费者需求和政府需求结合的紧密程度。显然，各种支持方式既有优点，也有缺点，需要根据企业的特点和所处发展阶段选择合适的方式加以组合运用支持技术开发和企业技术创新活动。

表8-6 各种方式特点的比较

比较内容		特许经营	补助			凭单	合同外包
			事先	事中	事后		
支持对象	支持研发和生产者	√	√	√	√		√
	支持购买和使用者					√	
支持机理	供应推动		√	√	√		
	需求拉动	√				√	√

续表

比较内容		特许经营	补助			凭单	合同外包
			事先	事中	事后		
支持依据	研发目标和计划支持		√				
	研发过程			√			
	实际研发绩效	√			√	√	√
适用产品	政府有需求的产品	√	√	√	√	√	√
	政府无需求的产品	√	√	√	√	√	
适用企业	初创期	√	√	√			
	成长期	√	√	√	√	√	√
	成熟期	√	√	√	√	√	√
支持选择权	政府		√	√	√		√
	购买和使用者	√				√	

注：“√”是肯定的回答，空白是否定的回答

表 8-7　各种方式运用特点和能发挥作用的比较

比较内容	特许经营	补助			凭单	合同外包
		事先	事中	事后		
支持的客观性	强	差	一般	强	强	一般
支持的公平性	强	差	一般	一般	强	一般
对消费者的回应性	强	差	差	一般	强	一般
对政府的回应性	差	强	强	一般	差	强
应对企业欺骗行为的能力	强	差	一般	强	强	一般
防止政府腐败行为的能力	强	差	差	一般	强	差
政府运用成本	低	较高	高	较高	较高	高
企业获得支持的成本	低	低	高	较高	较高	低

将表 8-6 和表 8-7 中的比较结果综合起来进行分析，为大力支持技术开发和企业技术创新，首先必须建立以知识产权保护为核心的特许经营制度；在此基础上，对处于创建和成长初期的企业，进一步采用事先和事中补助方式支持企业。同时，如果企业研发的新技术和新产品政府部门有一定的需求，再结合政府采购支持企业开展创新活动；对处于快速成长和成熟期的企业，在特许经营支持的基础上，进一步采用事中和事后补助、凭单等方式支持企业。同时，如果企业开发的新技术和新产品政府部门有一定的需求，再结合政府采购支持企业技术创新。

3. 公共技术开发和公共产品技术创新

公共技术开发和公共产品技术创新是为政府提供更好的公共产品服务的，本身就属于公共产品的一部分。由于政府是公共产品供给的主体，必然是公共技术开发和公共产品技术创新的主体。

公共产品以分为多种类型，包括俱乐部产品、共同资源性质的产品和纯公共产品，公共技术开发和公共产品技术创新也可以相应分为多种类型。因此，公共技术开发和公共产品技术创新中的科技公共服务供给除可以采用政府服务外，还可以采用或结合采用特许经营、合同外包和凭单等其他多种方式。

首先，对俱乐部产品的技术开发和技术创新，如城市生活污水的处理和环境保护就可以运用或组合运用多种方式，如常见的方式：一是合同外包和政府服务相结合，就是采取合同外包和政府采购的方式将污染水处理技术和设备的研发和生产外包给私人企业，染水处理厂的日常运行维护由政府部门直接负责。二是特许经营和补助相结合，就是采取特许经营的方式在私人企业开发出相应的环保技术和生产出相应的设备后允许其在规定的区域内投入运行，政府将收取的居民和企业污水处理费交给企业，给予企业回报。同时，通过财政科技投入给予企业适当的补助。三是特许经营和凭单相结合，就是采取特许经营的方式在私人企业开发出相应的环保技术和生产出相应的设备后允许其在规定的区域内投入运行，政府采取凭单方式给予居民发放补贴，企业向居民收取污水处理费用。

其次，对具有共同资源性质的产品和纯公共产品的技术开发和技术创新，如国防安全保障、社会治安等，也不必完全采用政府服务的方式，可以将为保障国防安全而需要的武器装备的研发和生产采取合同外包方式，让符合条件的私人企业参与武器装备的研发和生产，提供公共服务。

最后，志愿服务也是开展公共技术开发和公共产品技术创新的一种有效方式。目前国际上特别是一些发达国家，许多私人募捐形成的基金会大力支持开展公共医疗卫生、环境保护等技术的开发，对促进公共技术开发和公共产品技术创新发挥了积极作用，取得了比较好的成效。

在公共技术开发和公共产品技术创新中，相比政府服务，采用特许经营、凭单、补助和合同外包等方式有许多优点。首先，政府支出会大大减少，人们接受公共服务的自由选择权会显著提升；其次，可以提高公共技术开发和公共产品技术创新的效率和效益，实现规模经济；最后，又可以使公共技术开发和公共产品技术创新的收益和成本更紧密地结合起来，增强对消费者的回应性。进一步地，对特许经营、凭单、补助和合同外包等几种方式进行比较，从政府支出水平和人们接受公共服务的自由选择权考虑，特许经营和凭单又优于补助和合同外包。

特别重要的是，采取合同外包和特许经营方式，让私人企业参与公共技术开发和公共产品技术创新，一方面可以通过公共产品技术创新带动企业的技术创新，加快增强企业技术创新能力；另一方面可以加快公共技术和私人技术之间的相互转移和扩散，促进新技术的应用，提升研发成果应用的规模经济水平和效益。

8.3.2 科技创新环境营造及资源供给中科技公共服务的供给方式

科技创新需要良好的环境保障，有什么样的科技创新环境，直接决定着有什么样的科技创新行为选择。一个国家和地区的科技创新环境直接由其政治、经济、社会、文化以及科技体制和机制等所决定。毋庸置疑，营造良好的科技创新环境是政府的基本职责，是科技公共服务的核心内容之一，只能由政府为主体承担，只能采用政府服务方式。

科技创新还需要多种资源，由于不同科技创新资源的特点不同，资源供给需要的科技公共服务也不相同，应采取的科技公共服务供给方式也应要有所不同。

1. 政府主导供给的科技创新资源

在各类科技创新资源中，科技文献、科学数据、科学仪器设备和自然科学资源等的收集、管理和服务属于科技创新基础设施建设范畴，具有明显的公共产品特征，应该由政府作为责任主体保障其有效供给。

相比科技创新活动，科技文献、科学数据、科学仪器设备和自然科技资源等的公共产品特征有自己的特点。首先，一般情况下，科技文献、科学数据、科学仪器设备和自然科技资源等的消费具有非竞争性但有排他性特点，属于可收费的科技公共服务；其次，科技创新过程中获得了什么样的科技文献、科学数据、科学仪器设备和自然科技资源等方面的服务，相对而言容易测度和评价，具有公共服务的具体性强特点；最后，科技创新资源不仅要强调建设和拥有，更要重视利用。这些科技资源的供给必须关注科技创新资源供给对消费者的回应性，必须关注效率和效益，必须强调成本和收益的直接联系，必须关注实现规模经济。因此，科技文献、科学数据、科学仪器设备和自然科技资源等的供给不仅可以采取政府服务方式，即由政府部门或直属单位直接为各类科技创新活动供给资源，也可以采用特许经营、合同外包、补助、凭单等方式鼓励私营组织参与供给，还可以通过政府间协议方式提升科技创新资源的利用率和规模经济水平。

特许经营、合同外包、补助和凭单等方式可以广泛应用于政府主导的科技资源的供给。既可以采取合同外包方式将科技文献、科学数据和自然科技资源等的收集、管理和服务承包给私营组织；也可以对愿意提供科技文献、科学数据、科学仪器设备和自然科技资源等支持其他个人和组织开展科技创新活动的私营组织给予补助；还可以通过对开展科技创新活动的个人和组织发放凭单，允许和鼓励其利用私营组织拥有的各种科技创新资源；进一步地，还可以采取特许经营的方式，将技术和产品性能检测和鉴定、质量认证等工作交由私营组织完成，支持其提供科学仪器设备等方面的资源；另外，还可以利用政府间协议方式，支持开展科技创新活动的个人和组织不仅能利用本地区政府拥有的科技创新资源，还可以利用其他地区或其上级、下级政府拥有的资源。

相比单一的政府服务方式，在政府主导的科技资源供给上广泛运用特许经营、合同外包、补助和凭单等方式，可以增加资源使用者的选择权，显著提升全社会各类科技创新资源的运用效率和效益，扩大资源利用的规模经济水平，提高成本和收益的关联度，增强对消费者的回应性，从整体上提升科技公共服务水平。

2. 政府和市场相结合供给的科技创新资源

在各类科技创新资源中，人才和资金不具有显著的公共产品特点，应该由政府和市场相结合进行供给。在这些资源的供给中，政府主要通过制度安排和政策制定，支持利用全社会的力量建立完善和高效的高素质科技创新人才教育和培养体系以及科技金融服务体系，保障开展科技创新活动的个人和组织能获得其需要的人才和资金。

政府提供这方面的科技公共服务，一方面必须加强鼓励创新的体制、机制和文化建设；另一方面可以采取补助、凭单等方式，支持和促进高素质人才教育和培养体系以及科技金融服务体系的建设。

相比科技文献、科学数据、科学仪器设备等科技资源的供给而言，科技创新人才和资金的供给更具有服务的具体性差的特点。因此，在支持科技创新人才教育和培养体系以及科技金融服务体系建设过程中，政府提供科技公共服务既要注意利用补助的方式，对人才教育和培训部门、支持科技创新的金融部门直接给予补贴，更要注意利用凭单方式支持科技创新部门提升吸引人才和利用科技创新服务体系的能力，通过需求拉动方式增强科技创新资源的供给能力和水平。

8.3.3 科技创新服务供给和系统建设中科技公共服务的供给方式

1. 科技创新服务

开展科技创新活动需要教育和培训、科技金融、信息、技术开发、技术转移、创业孵化、管理咨询等多种科技创新服务，虽然他们的公共产品特征有所不同，政府在这些科技创新服务供给中承担的责任有所不同，但是总体而言政府都必须承担一系列的责任，提供科技公共服务。在这些科技公共服务的供给中，政府可以采用的方式比较多，包括政府服务、合同外包、补助、凭单、自由市场和志愿服务等。

根据各类科技创新服务具有的公共产品特征的强弱程度不同，政府部门可以采用不同的方式提供科技公共服务。如教育和培训服务、金融服务以及管理咨询服务等，可以采取补助和凭单等方式；科技信息服务、技术开发服务、技术转移服务和创业孵化服务等既可以采取政府服务方式，也可以采取合同外包、补助、凭单和自由市场等方式。

目前，我国企业技术创新过程中广泛需要科技信息、技术开发、技术转移和创业孵化等多种服务。由于我国科技创新服务业的总体发展水平不高，多数科技创新服务机构建设处于起步阶段，依靠市场机制无法有效满足企业的需求。这种情况下，政府部门为大力支持企业技术创新，主要采用政府服务方式，通过建立政府直属的科技信息服务中心、生产力促进中心、创业服务中心等为企业提供服务，这在过去一段时间为加快提升企业技术创新能力发挥了重要的作用。但是，目前科技信息、技术开发、技术转移和创业孵化等各种服务中单一的政府服务方式的弊端也日益显现，企业需要的多种服务缺失、服务水平不高、效率低等问题越来越突显。

为此，在这类科技公共服务的供给上，一是要大力支持发展和壮大一批民营科技创新服务机构，尽快改变目前有关科技信息、技术开发、技术转移和创业孵化等服务主要由政府提供的状况，形成多元化的科技创新服务格局。二是在支持科技创新服务机构的建设和发展上，加快改变目前以补助方式为主的局面，更多地运用凭单方式，给需要科技创新服务的组织和个人发放凭单，支持其选择和接受科技创新服务机构提供的科技创新服务。一方面提升科技创新组织运用科技创新服务的积极性和能力，另一方面通过需求拉动方式支持科技创新服务机构的发展。三是可以加快改变目前的补助发放主要针对政府直属的科技创新服务机构的状况，广泛采用补助和凭单等方式支持私营科技创新服务机构的发展。

2. 纠正国家创新体系建设中的系统失灵

在国家创新体系建设过程中，政府还必须通过提供科技公共服务解决国家创新体系中经常出现的系统失灵问题，使得国家创新体系中各类主体之间、各类活动之间以及资源、服务和环境等各要素之间能够相互配套，相互协调。

政府提供科技公共服务解决系统失灵问题，在服务供给方式的选择上应特别重视以下几个方面：

首先，要注意广泛运用各种科技公共服务供给方式。科技公共服务的供给不仅可以采用政府服务方式，还可以采用政府间协议、合同外包、特许经营、补助、凭单等其他多种方式，政府提供科技公共服务，不能把服务供给只局限在政府服务、补贴等少数几种方式上，必须注意广泛运用各种方式。

其次，要注意有效运用各种科技公共服务供给方式。分析表明，各种科技公共服务供给方式均有自己的特点，只能适用一定的场合。也就是说，各种科技公共服务供给方式的有效运用需要具备一定的条件。因此，在针对特定的科技公共服务选择相应的供给方式时，要注意保障科技公共服务与其采用的供给方式之间能有效配套和相互对应。

最后，要注意组合运用各种科技公共服务供给方式。实际上，许多科技公共服务的供给可以综合运用多种方式，如特许经营和补助相结合、特许经营和凭单相结合、政府服务和政府间协议相结合等。在针对特定的科技公共服务选择相应的供给方式时，要注意组合运用各种科技公共服务供给方式，大力提升科技公共服务的供给质量和水平。

8.4 本章小结

政府在科技公共服务的供给中承担重要责任，但这并不是所有公共服务都要由政府直接提供，科技公共服务有多种不同的提供途径，需要根据不同的科技公共服务特点选择合适的供给方式。

从提供者的角度看，常见的公共服务供给制度安排可以分为三种类型：公共提供、市场提供和混合提供。从生产者角度，可以分为公共生产和私人生产。公共提供是指公共服务由政府无偿地向消费者提供，以满足社会大众的公共服务需求；市场提供是指由相关组织通过市场向消费者提供，这种方式往往是在政府的管制下采取竞争的方式由市场提供，提供者自负盈亏；混合提供是指以成本价格为基础，通过政府补贴和向受益人收取一定费用提供公共服务。

目前常见的公共服务供给方式有 10 种，分别是：政府服务、政府出售、政府间协议、合同外包、特许经营、补助、凭单、自由市场、自我服务和志愿服务。这些方式既可以单独运用，也可以组合运用，按照不同的组合方式可以形成多种不同的公共服务供给方式组合安排，主要有：多样化安排、混合式安排和局部安排。

从服务的具体性、生产者数量、效率和效益、服务规模、成本与收益的关联度、对消费者的回应性、应对腐败和欺骗行为的能力、经济公平、对政府指导的回应性和政府规模等方面分析各种公共服务供给方式的特点，差异相当大。总体而言，凭单和自由市场两种方式的正面特征最多，几乎各个方面都是正面的；比较而言，政府服务、政府出售和政府间协议等方式具备的正面特征比较少。进一步比较分析还发现，自由市场和凭单是供给私人产品、俱乐部产品比较好的方式，凭单和志愿服务是提供具有共同资源性质的公共产品比较好的方式，合同外包和志愿服务则是提供纯公共产品比较好的方式。

不同的科技公共服务的特点不同，采用的供给方式也应该不同。

首先，在科技创新活动中，政府服务应是基础研究和应用研究中科技公共服务的最主要供给方式，志愿服务和自我服务也可以发挥积极作用；在技术开发和企业技术创新中，政府可以采用补助和特许经营、凭单、合同外包等科技公共服务供给方式；在公共技术开发和公共产品技术创新中，除可以采用政府服务外，还可以采用或结合采用特许经营、合同外包和凭单等其他方式，且相比政府服务，特许经营、凭单、补助和合同外包等方式具有更多优势。

其次，在科技创新环境营造方面，营造良好环境是政府的基本职责，是科技公共服务的核心内容之一，只能由政府为主体承担，主要采用政府服务方式。在科技创新资源供给方面，科技文献、科学数据、科学仪器设备和自然科技资源等具有典型的俱乐部产品特征，既可以采取政府服务方式，也可以采用特许经营、合同外包、补助、凭单等方式鼓励私营组织参与供给，还可以通过政府间协议方式提升科技创新资源的利用率和规模经济水平。在教育和培养以及科技金融服务体系建设过程中政府提供科技公共服务，既可以利用补助方式，直接补贴教育和培训部门以及金融部门，还可以利用凭单方式支持科技创新部门。

再次，在科技创新服务中，根据各类服务具有的公共产品特征的强弱程度不同，政府部门可以采用不同的方式提供科技公共服务。如教育和培训服务、金融服务以及管理咨询服务等，可以采取补助和凭单等方式；科技信息服务、技术开发服务、技术转移服务和创业孵化服务等既可以采取政府服务方式，也可以采取合同外包、补助、凭单和自由市场等方式。

最后，政府提供科技公共服务，解决系统失灵问题。在服务供给方式的选择上，一要注意广泛运用政府间协议、合同外包、特许经营、补助、凭单等各种方式，不能把服务供给只局限在政府服务、补贴等少数几种方式上；二要注意有效运用各种科技公共服务供给方式，保障科技公共服务与其采用的供给方式之间能有效配套和科学对应；三要注意组合运用各种科技公共服务供给方式，大力提升科技公共服务的供给质量和水平。

第9章 国家创新体系建设状况及对策建议

为客观了解我国创新体系和科技公共服务的状况，准确把握其存在的问题，有针对性地提出加快国家创新体系建设、大力提升科技公共服务水平的对策建议，作者于2008年3月和2009年10月分别对江苏的132家创新型企业和位于江苏省南京市的19所高校的科技创新情况进行了问卷调查，同期还与无锡和扬州等地区的20多位企业家进行了座谈。

本章首先分别介绍江苏132家创新型企业和地处南京的19所高校科技创新的调查结果，然后分析我国科技公共服务供给上存在的问题，最后提出相应的对策建议。

9.1 江苏企业技术创新状况

对江苏企业技术创新状况的调查，主要涉及企业基本情况、企业技术创新状况和企业科技公共服务需求几个方面。

9.1.1 江苏被调查企业基本情况

1. 被调查企业基本情况

本次问卷调查的132家企业的基本情况见表9-1。其中，江苏苏南5市（南京、苏州、无锡、常州和镇江）问卷调查企业64家，占被调查企业总数的48.48%；苏中3市（扬州、泰州和南通）问卷调查企业32家，占24.24%；苏北5市（盐城、淮安、连云港、徐州和宿迁）问卷调查企业36家，占27.27%。

表9-1中的数据表明，由于被调查企业均是各市选择出的具有较强自主创新能力的企业，高新技术企业所占比例比较高，达到82.58%。其中，国家级和省级高新技术企业占调查企业数的79.55%。同时，按企业规模看，本次被调查企

业绝大多数是中小企业，占87.12%。显然，从样本情况看，本次调查能反映江苏企业技术创新的状况及其对科技公共服务的评价。

表9-1　企业基本情况

<table>
<tr><th>序号</th><th colspan="2">指标</th><th>数量/家</th><th>所占比例/%</th></tr>
<tr><td rowspan="3">1</td><td rowspan="3">企业所处地区分布</td><td>苏南</td><td>64</td><td>48.48</td></tr>
<tr><td>苏中</td><td>32</td><td>24.24</td></tr>
<tr><td>苏北</td><td>36</td><td>27.27</td></tr>
<tr><td rowspan="4">2</td><td rowspan="4">企业被认定为高新技术企业情况</td><td>合计</td><td>109</td><td>82.58</td></tr>
<tr><td>国家级</td><td>39</td><td>35.78</td></tr>
<tr><td>省级</td><td>66</td><td>60.55</td></tr>
<tr><td>地级</td><td>4</td><td>3.67</td></tr>
<tr><td rowspan="3">3</td><td rowspan="3">企业规模</td><td>大型（职工人数2000人以上）</td><td>17</td><td>12.88</td></tr>
<tr><td>中型（职工人数300～2000人）</td><td>59</td><td>44.70</td></tr>
<tr><td>小型（职工人数300人以下）</td><td>56</td><td>42.42</td></tr>
</table>

表9-2　企业经济规模和效益

序号	指标	2006年	2007年	2007年增长率/%
1	平均注册资本	13 433.70万元	15 408.85万元	14.70
2	平均资产总额	76 895.15万元	96 039.77万元	24.90
3	平均年销售额	90 816.57万元	126 553.83万元	39.35
4	平均利润	6418.94万元	10 328.09万元	60.90
5	平均出口	4442.45万美元	6846.55万美元	54.12
6	平均上缴税收	3933.71万元	5235.19万元	33.09

表9-2中的数据表明，这些企业经济效益比较好，2007年平均销售额超过12亿元，平均利润超过1亿元。同时，企业的成长性也相当不错，2007年销售额平均增长39.35%，利润增长60.90%。

2. 被调查企业人员情况

本次对企业研发人员情况的调查结果见表9-3和表9-4。数据表明，这些企业内研发人员占职工总人数比例比较高，超过12%。在研发人员中，本科毕业的学历占据主导地位。相对而言，硕士学位和博士学位获得者所占比例还比较低，说明企业吸引高层次人才的难度还比较大。

表 9-3　企业员工和研发人员情况

序号	指标	2006 年	2007 年	2007 年增长率/%
1	平均职工总人数	984.27 人	1142.61 人	16.09
2	平均研发人员数	125.89 人	141.14 人	12.11
3	平均本科以上毕业人数	119.51 人	137.86 人	15.35
4	平均硕士以上毕业人数	10.86 人	12.96 人	19.37
5	平均博士以上毕业人数	1.57 人	1.97 人	25.58

表 9-4　企业研发人员中各类学历人员所占比例情况　　（单位：%）

序号	指标	占研发人员比例		占职工总人数比例	
		2006 年	2007 年	2006 年	2007 年
1	平均研发人员数			12.79	12.35
2	平均本科以上毕业人数	94.93	97.68	12.14	12.07
3	平均硕士以上毕业人数	8.63	9.18	1.10	1.13
4	平均博士以上毕业人数	1.25	1.40	0.16	0.17

9.1.2　江苏被调查企业技术创新状况

1. 被调查企业技术创新基本状况

调查发现，这 132 家创新型企业都积极开展技术创新活动。但是，不同企业采用的技术创新方式往往不同，有些企业主要采用一种技术创新方式，有些企业针对不同的项目采用不同的技术创新方式（表 9-5）。总体而言，这些企业运用自主创新和产学研合作技术创新方式的处于主导地位，直接购买他人技术的企业所占比例比较低，只有 6.82%。

表 9-5　企业采用的技术创新方式　　（单位：%）

创新方式	自主创新	产学研合作创新	引进再创新	购买他人技术
企业所占比例	82.58	81.06	34.85	6.82

调查还发现，这些企业普遍建立了研发中心（表 9-6）。其中，约 1/3 的企业被认定为国家级或省级工程技术中心等研发机构。21 家企业与高校或科研院所建立联合研发机构，12 家企业建有企业博士后工作站。

表 9-6　企业建立研发机构情况

项目	建有研发中心企业数	企业研发中心级别					联合研发机构	博士后工作站
		国家级	省级	地级	县级	企业级		
数量	130	7	35	29	1	71	21	12
所占比例/%	98.48	5.38	26.92	22.31	0.77	54.62	15.91	9.09

由于这些企业具有比较强的自主创新能力，积极开展技术创新活动，取得了一定数量的专利等自主知识产权（表 9-7），多个产品被认定为国家重点新产品和高新技术产品。

表 9-7　企业自主知识产权及产品情况

内容	序号	指标	2006 年	2007 年
自主知识产权情况	1	当年申请专利总量平均值/件	7.45	10.51
	2	当年申请发明专利平均值/件	3.19	4.61
	3	当年授权专利总量平均值/件	4.56	5.45
	4	当年授权发明专利平均值/件	1.20	1.16
	5	累计获得授权专利总量平均值/件	18.69	23.15
	6	其中，授权国际专利数平均值/件	0.24	0.38
	7	累计获得发明专利总量平均值/件	3.64	4.84
	8	累计获得软件著作权数平均值/件	0.98	1.11
	9	累计获得省级以上名牌商标数平均值/件	0.70	0.79
产品情况	10	拥有经认定的高新技术产品累计数平均值/个	4.71	5.68
	11	拥有经认定的国家重点新产品累计数平均值/个	1.89	1.93

综上所述，相比较而言，本次被调查企业的技术实力和创新能力均比较强，技术创新比较活跃。

2. 产学研合作水平

通过对江苏 132 家创新型企业的实际调查发现：目前创新型企业中，81.06%的企业都在积极开展产学研合作。在开展产学研合作的企业中，有长期稳定合作对象的占 59.83%。显然，目前我国创新型企业普遍积极开展产学研合作，产学研合作达到了比较高的水平。

3. 产学研合作内容和方式

进一步调查还发现，企业开展产学研合作的内容和方式比较丰富和多样（表9-8），既开展产学研合作技术创新活动，也通过产学研合作为企业培养人才或成为高校人才培养的实习、实践基地，还通过产学研合作共享和利用实验设备和仪器、进行技术交流。调查结果还表明，在各种产学研合作内容中，技术创新和人才培养处于主要地位。

表9-8 产学研合作内容 （单位：%）

合作内容	技术创新	人才培养	技术交流	设施设备共享	产学研合作基地
所占比例	81.20	54.70	14.53	9.40	6.84

对产学研合作技术创新方式进一步分类，可以分为联合开发、委托开发、提供技术咨询服务、企业购买高校和科研院所的成果进行转化等几种具体模式（表9-9）。调查结果表明，在各种产学研合作技术创新方式中，联合开发处于绝对主导地位，其次是技术咨询和委托开发，购买技术进行成果转化处于非常次要的位置。显然，目前购买高校和科研院所的技术进行成果转化不是产学研合作技术创新的主要方式，而处于绝对主导地位的是联合开发方式。所以不能用科技成果转化率来评价产学研合作水平。

表9-9 产学研合作技术创新方式 （单位：%）

合作方式	联合开发	技术咨询服务	委托开发	购买技术进行成果转化
所占比例	87.18	32.48	20.51	6.84

4. 产学研合作作用

关于产学研合作的作用，调查结果表明（表9-10），企业认为其最重要的作用是提升自己的技术创新能力和培养自己的人才，其次是获得信息和缩短技术创新周期，接着是制定更好的技术创新方案和设备资源共享，也有极少数企业是考虑营造更好的创新文化氛围和容易获得政策扶持。可见企业开展产学研合作不仅希望获得自己需要的技术，还非常关注培养自己的人才和提升自己的技术创新能力。

表 9-10　产学研合作的作用　（单位:%）

合作作用	所占比例	合作作用	所占比例
提升技术创新能力	76.92	培养人才	51.92
获得信息	33.65	缩短技术创新周期	31.73
制定更好的技术创新方案	22.12	设备资源共享	18.27
营造创新文化氛围	5.77	容易得到政策扶持	3.85

5. 产学研合作中的主要矛盾

从企业的视角看，调查结果也表明（表 9-11），目前产学研合作过程中还面临一系列的矛盾。首先，企业认为高校和科研院所研发的技术不成熟，直接影响成果的应用；其次，文化观念上差异导致合作目标不一致以及高校和科研院所的研发速度和质量不能达到要求；再次，高校和科研院所帮助企业提升能力不够、知识产权分配难、高校和科研院所要价太高；最后，经济利益分配难、产学研合作信息服务平台建设水平低和政府支持产学研合作的配套政策措施不多等也是产学研合作中面临的矛盾和问题。

表 9-11　企业认为产学研合作中的主要矛盾　（单位:%）

主要矛盾	所占比例	主要矛盾	所占比例
高校和科研院所研发的技术不成熟	37.68	文化观念上差异导致合作目标不一致	30.43
高校和科研院所研发速度和质量不能达到要求	26.09	帮助企业提升能力不够	18.84
知识产权分配难	15.94	高校和科研院所要价太高	15.94
经济利益分配难	11.59	产学研合作信息服务平台建设水平低	11.59
政府配套政策措施不多	11.59	高校和科研院所的研发人员不稳定	4.35
诚信度问题	4.35		

6. 企业技术创新面临的主要困难

目前我国企业开展技术创新的积极性越来越高，能力越来越强，拥有的自主知识产权越来越多，呈现比较好的发展态势。通过调查也发现，企业技术创新过程中还面临一系列的困难（表 9-12），涉及人才、资金、技术、信息、创新管理能力等多个方面。而在企业技术创新面临的各种困难中，最大的困难是缺乏人才和资金，其中缺乏人才又处于更加突出的位置。

表 9-12　企业技术创新面临的主要困难　（单位：%）

面临困难	所占比例	面临困难	所占比例
缺乏人才	77.39	缺乏资金	61.74
缺乏技术	24.35	缺乏技术和市场信息	19.13
创新管理能力不足	17.39	缺乏所需的合作伙伴	7.83

还应引起高度关注的是，在目前信息技术快速发展和广泛应用、信息极大丰富的情况下，被调查的这些与政府部门有比较密切联系的企业中仍然有约五分之一的企业认为缺乏技术和市场信息，说明企业技术创新需要的一些基本服务没有得到基本的保障。

对企业面临的人才问题进一步调查发现（表 9-13），目前半数以上的企业最缺少的是高层次人才，另有约 20% 的企业认为缺少其所需要的专业人才，说明我国高等教育快速发展已经在一定程度上解决了过去人才总量供应不足的矛盾，但是高等教育和人才培养质量还不能满足社会需求。调查结果还表明，目前企业不仅引进人才难，留住人才实际上更难，政府部门通过提供高质量的科技公共服务帮助企业留住人才，应该是其应该履行的基本职责。

表 9-13　企业在人才方面面临的具体困难　（单位：%）

人才方面具体困难	缺高层次人才	缺所需专业人才	引进人才难	培养人才难	留住人难
企业所占比例	50.56	19.10	25.84	10.11	30.34

7. 基本结论

总体而言，调查结果表明：首先，我国 80% 以上的创新型企业都在积极开展产学研合作，而且产学研合作企业中约 60% 的企业都与高校和科研院所建立了长期稳定的合作关系，说明目前我国的产学研合作已经达到一定的水平。其次，企业开展产学研合作的内容和方式多样，既通过产学研合作进行技术创新，还通过产学研合作进行人才培养及实验设备和仪器共享。再次，在产学研合作技术创新中，联合开发处于绝对主导地位，已有科技成果转化不是产学研合作的主要方式，因此不能用科技成果转化率衡量产学研合作水平。企业通过产学研合作不仅希望获得其需要的技术，还希望能培养自己的人才和增强自己的技术创新能力。最后，目前我国广大企业技术创新面临高层次人才和资金短缺等多方面的困难，特别是缺乏人才已经成为影响广大企业技术创新的核心难题。目前企业不仅引进人才比较难，而且留住人才更难。这表明我国高层次人才在企业与高校、科研院所、政府部门之间分布不均衡的问题比较突出，迫切需要得到解决。

9.1.3 江苏被调查企业科技公共服务需求

1. 政策需求

从企业的视角看，在鼓励企业技术创新的政策方面，目前企业有多方面的需求（表9-14）。首先，60%和47.27%的企业分别希望政府进一步增加财政科技投入和税收优惠力度；其次，超过四分之一的企业希望降低享受优惠政策难度，公平选择扶持对象；最后，还有部分企业希望加大政府采购政策的实施力度，完善成果评价和奖励政策。调查结果表明，各级政府制定政策支持企业技术创新，不仅要重视政策的制定，还要高度重视政策能有效落实；不仅要重视加大政策支持的力度，还要高度重视政策扶持的公平性。

表9-14 企业的政策需求 （单位:%）

政策需求	所占比例	政策需求	所占比例
增加财政科技投入	60.00	加大税收优惠	47.27
降低享受优惠政策难度	29.09	公平选择扶持对象	25.45
加大政府采购	13.64	完善成果评价和奖励政策	13.64
鼓励购买国货	4.55		

2. 服务需求

调查结果表明（表9-15），目前约有三分之一的企业希望政府进一步提供信息服务以及人才引进和培养方面的服务，约四分之一的企业希望获得自主创新政策咨询服务和更好技术创新基础设施服务，还有部分企业希望政府提供拓展融资渠道和支持行业共性技术研发等方面的服务。

表9-15 企业的服务需求 （单位:%）

服务需求	所占比例	服务需求	所占比例
信息服务	33.64	支持人才引进和培养	32.73
自主创新政策咨询服务	29.09	更好技术创新设施服务	23.64
拓宽融资渠道	18.18	支持行业共性技术研发	6.36

3. 环境需求

显然，有什么样的发展环境，绝大多数企业就会有什么样的发展战略选择。调查结果表明，目前企业技术创新的环境还不是很好，企业希望各级政府能进一步营造更好的知识产权保护环境、公平的市场竞争环境和鼓励创新的社会文化氛围（表9-16）。

表9-16 希望营造的环境 （单位：%）

希望营造的环境	知识产权保护环境	公平的市场竞争环境	鼓励创新的社会文化氛围
所占比例	26.36	20.00	18.18

总之，调查结果表明，企业希望获得的科技公共服务比较多，但是目前的科技公共服务水平与企业需求之间还存在显著的差距，我国科技公共服务水平迫切需要大幅度提升。

9.2 在宁高校技术研发和技术转移状况

为科学、系统和准确地了解在宁高校技术研发以及向企业技术转移和人才流动的情况，2009年10～12月对在宁高校技术研发和技术转移情况进行了问卷调查。现介绍本次调查的主要结果，讨论调查结果反映出的现状和问题。详细调查结果见附录。

9.2.1 被调查在宁高校基本状况

本次调查针对在宁除军事院校之外的所有高校进行，共发放41份调查问卷，回收19份有效问卷（表9-17），回收率为46.34%。在被调查高校中，教育部、工业与信息化部所属高校6所，省属本科院校10所，职业技术学院3所，分别占被调查高校的31.58%、52.63%和15.79%。由于本次调查样本数量和分布比较合理，调查结果能够比较好地反映目前在宁高校技术研发和技术转移的状况及特点。

为了对不同类别高校的技术研发和技术转移情况进行横向比较分析，将被调查高校按照其隶属关系和优势学科的性质等进行分类，将19所高校分为四种类别，分别是部属高校、省属Ⅰ类高校、省属Ⅱ类高校和职业技术学院（表9-17）。

表 9-17　被调查 19 所高校名单及分类

高校类别	数量/家	占调查高校比例/%	学校名称
部属高校	6	31.58	南京大学、东南大学、南京航空航天大学、南京理工大学、河海大学、中国药科大学
省属Ⅰ类高校	5	26.32	南京工业大学、南京林业大学、南京信息工程大学、南京医科大学、南京中医药大学
省属Ⅱ类高校	5	26.32	南京财经大学、江苏教育学院、南京人口管理干部学院、金陵科技学院、南京晓庄学院
职业技术学院	3	15.79	江苏海事职业技术学院、江苏健康职业技术学院、南京职业技术学院
合计	19	100	

调查结果表明，在宁 19 所高校共有教职工 36 004 人，平均每校 1894.95 人；专任教师 19 061 人，平均每校 1003.21 人，专任教师占教职工总人数的比例为 52.94%。专任教师中，博士生导师 2534 人，占 13.30%；教授及相当职称人员 3426 人，占 17.97%；副教授及相当职称人员 6597 人，占 34.61%；博士 6428 人，占 33.72%。

对调查问卷深入分析还发现，在宁高校的高层次创新人才队伍、高水平学科和国家重点科研基地建设等具有显著的优势和特色。

（1）在宁高校集聚了一批高层次创新人才和拔尖创新人才。按 2008 年底的统计，19 所高校拥有两院院士 56 人，长江学者特聘教授 105 人，国家杰出青年基金获得者 115 人，教育部新世纪优秀人才 218 人，博士生导师 2534 人。与全国同类城市相比，南京的高层次创新人才和拔尖创新人才规模处于领先位置。

（2）在宁高校建设形成了一批高水平的学科和国家级科技创新基地。据 2008 年底的数据，仅 19 所在宁高校就分别拥有国家一级和二级重点学科 22 个和 54 个，一级和二级博士学位授权学科 83 个和 499 个，国家级重点实验室 21 家，国家工程技术中心 12 家。在宁高校的国家级重点学科和国家级科技创新基地建设在全国同类城市中也名列前茅，有非常显著的优势。

（3）在宁高校中，不仅部属高校建设水平高，而且部分省属高校的实力也较强。目前，不管是高层次创新人才队伍建设还是高水平学科和科技创新基地建设，在宁省属高校与部属高校相比还有明显差距。但是，将在宁省属高校与其他同类城市的省属高校相比，甚至将其与中西部部分省和自治区的高校相比，其拥有的高层次创新人才和拔尖创新人才规模仍具有明显优势，形成了较强的科技创新能力。本次调查的在宁省属 I 类高校中，不仅有两院院士、长江学者特聘教授和国家杰出青年基金获得者，还有 600 多名博士生导师、约 800 名教授及 1200 多名博士，占专任教师的比例分别达到 12.77%、16.46% 和 25.67%，就全国而言，均达到了比较高的水平。

9.2.2 在宁高校科研经费状况及特点

据调查，2008 年在宁 19 所高校共获得科研经费 29.13 亿元，平均每校 1.53 亿元。科研总经费中，来自各级政府财政科技投入的纵向科研经费 16.23 亿元，占 55.73%；来自企业的横向科研经费 12.89 亿元，占 44.27%。分析不同类型高校科研经费情况，2008 年部属高校平均达到 39 989.54 万元，省属 I 类高校平均为 9760.91 万元，省属 II 类高校平均为 440.06 万元，职业技术学院平均为 104.77 万元。部属高校和省属 I 类高校的校均科研经费已经达到比较大的规模，平均分别接近 4 亿元和 1 亿元。

深入分析发现，在宁高校的科研经费有以下几个特点：

一是科研经费高速增长，纵向经费增长速度明显高于横向。2006 ~ 2008 年，在宁高校科研经费年均增长达到 23.56%；其中，部属高校增长 21.49%，省属 I 类高校增长 35.52%，省属 II 类高校增长 20.78%，职业技术学院增长 72%，各类高校科研经费均以 20% 以上的速度高速增长，具有很高的增长速度。分别计算 2008 年和 2007 年科研经费增长速度可以发现，2008 年增长率为 31.34%，2007 年为 16.25%，前者明显高于后者，表明高校科研经费还呈现加速增长态势。进一步分析还发现，2006 ~ 2008 年，纵向经费年均增长 29.62%，横向经费年均增长 16.98%，纵向经费年均增长高出横向 12.64 个百分点，相差比较大。由于纵向经费增长更快，其占科研总经费的比重也显著增加，由 2006 年占 50.61% 提高到 2008 年占 55.73%。高校科研总经费构成上，由 2006 年纵向和横向基本持平发展到 2008 年纵向所占比例高出横向 11.46 个百分点，出现了比较大的落差。

二是部属高校和省属 I 类高校的纵向和横向科研经费增长速度明显不同，科研经费构成形成显著差异。2006 ~ 2008 年，部属高校纵向和横向科研经费年平均分别增长 30.11% 和 11.87%，省属 I 类高校分别增长 28.18% 和 42.04%。部属高校纵向科研经费增长速度稍高于省属 I 类高校，省属 I 类高校横向科研经费增长速度大幅度领先于部属高校，超出 30.17 个百分点。由于不同高校各类科研经费增长速度不同，导致部属高校和省属I类高校的科研经费构成显著不同。2008年部属高校纵向和横向经费分别占58.32%和41.68%；省属I类高校分别占43.24%和56.76%。部属高校纵向经费比例更大，省属I类高校横向经费比重更高。

三是在宁部分高校人均科研经费已经达到比较高的水平。2008年在宁部属高校专任教师人均科研经费24.44万元，省属I类高校10.11万元。部属高校中，专任教师人均科研经费最高的是东南大学，为36.91万元，其次是南京航天航空大学和南京大学，分别是27.88万元和26.48万元；省属高校中最高的是南京工业大学，人均20.11万元，其次是南京医科大学7.64万元，南京林业大学5.75万元。

9.2.3 在宁高校专利申请和授权状况及特点

2008年，在宁19所高校的专利申请总量、发明专利和实用新型专利申请量分别为2383件、1843件和300件，授权专利总量、授权发明专利和实用新型专利量分别为1103件、686件和266件，达到比较高的水平。进一步分析发现，近几年在宁高校专利申请和授权存在多方面的特点：

一是各类专利申请和授权量快速增长，发明专利所占比重显著提升。2006～2008年，在宁高校申请专利总数、发明专利和实用新型专利申请数年平均分别增长27.80%、31.99%和20.57%，授权专利总数、授权发明专利和实用新型专利数年平均分别增长27.55%、38.43%和29.75%，其增长速度均超过了20%，达到很高增速。比较2008年和2007年专利申请和授权总数、发明专利申请和授权数的增长速度还可以发现，2008年各项增长速度比2007年均高出10个以上的百分点，说明其呈现加速增长态势。进一步分析还发现，2006～2008年，发明专利申请量占专利申请总量的比重由72.52%提高到77.34%，提高了4.82个百分点；发明专利授权量占授权专利总量的比重由52.80%提高到62.19%，提升了9.39个百分点，发明专利申请和授权量所占比例均在明显提升。

二是省属I类高校与部属高校专利申请上还有比较大的差距，但是这种差距有所缩小。2008年，部属高校百人专利申请和授权量分别是19.95件和9.82件，发明专利申请和授权量分别是14.97件和5.94件；省属I类高校百人专利申请和授权量分别是8.35件和2.72件，发明专利申请和授权量分别是7.50件和2.05件。部属高校百人专利申请和授权量分别是省属I类高校的2.39倍和3.61倍，发明专利申请和授权量分别是2.00倍和2.90倍，存在比较大的差距。

进一步分析也发现，2006～2008 年，部属高校百人专利申请量和发明专利申请量年平均分别增长 24.31% 和 27.77%，省属 I 类高校百人专利申请和发明专利申请年平均分别增长 47.27% 和 52.85%，省属 I 类高校的增长速度明显高于部属高校，它们之间专利产出的差距有所缩小。

三是省属 I 类高校与部属高校科技投入产出效益上的差距比较小。一般而言，在计算科技投入产出效益时，应把科研经费和专任教师人数作为投入，把各类专利申请和授权量作为产出。从 2008 年的情况看，虽然部属高校人均专利申请和授权量明显高于省属 I 类高校，一般是两倍到三倍多，但是由于部属高校的人均科研经费是省属 I 类高校的 2.42 倍，这样两类高校之间科技投入产出效益上的差距比较小，在专利申请总量和发明专利申请上，省属 I 类高校还略好于部属高校。

9.2.4 在宁高校向企业技术转移和人才流动情况

调查和分析在宁高校向企业技术转移和人才流动情况，获得了多方面有意义的结论。

高校向企业技术转移和人才流动，可以运用的方式多样。将常见的方式进行归类，可以分为三种主要类型：一是高校科技人员和成果服务企业，二是科技人才流动和创新创业，三是联合申报项目和共建合作基地。对这几类技术转移方式，本次重点调查的内容见表 9-18。通过对 19 所高校的调查结果进行分析，得出了下列结论：

表 9-18 调查的技术转移方式

类别	方式
高校科技人员和成果服务企业	技术转让，技术开发，技术咨询和服务，其他
科技人才流动和创新创业	在岗教师创办企业，教师保留高校身份离岗创业或到企业任职，调离高校创办企业或到企业工作，接受企业专业技术人员调入担任专任教师
联合申报项目和共建合作基地	高校与企业联合申报各级政府的科技计划项目，高校与企业联合共建产学研合作基地，高校与政府和企业联合共建产学研合作基地

一是高校科技人员和成果服务企业时，主要采用技术开发以及技术咨询和服务方式，技术转让和其他服务方式处于相对次要的位置。2006～2008 年，在宁

19 所高校从企业获得的横向科研经费中，技术开发经费所占比例分别为 39.6%、45.01%和 45.59%，技术咨询和服务经费所占比例分别是 41.89%、33.24%和 32.46%，两者相加，一直占据了约 80%的份额。技术转让经费所占比例非常小，三年中均没有超过 7%；其他服务只约占 15%。显然，在高校科技人员和成果服务于企业的各种具体技术转移方式中，技术开发、技术咨询和服务得到非常广泛的运用，技术转让和其他服务方式处于比较次要的位置。实际上，通过比较分析发现，这样的技术转移方式运用分布结构与欧美等发达国家的情况比较相似，欧美发达国家高校向企业技术转移，其技术转让方式所占比例一般也不超过 10%。

二是高校专利转让数量逐年增加，但是转让专利占当年授权专利的比例在明显下降。2006～2008 年，在宁高校专利转让数量逐年增加，从 180 件增加到 212 件，年均增长 8.53%。但是，需要高度重视的是，转让专利占当年授权专利比例不升反降，从 2006 年的 26.55%下降为 2008 年的 19.22%，下降了约 7 个百分点。

三是目前高校专任教师中担任横向科研项目负责人的比例还比较低，部属高校和省属 I 类高校专任教师担任横向科研项目负责人的比例没有显著差异。2006～2008 年，在宁高校专任教师中担任横向项目负责人的比例由 12.49%提高到 15.16%；平均每个项目负责人获得的横向科研经费从 44.13 万元增长到 50.15 万元，年均增长 6.60%；每个项目负责人平均承担的横向项目数稳定在 1.9 项上下。调查数据直观说明，2008 年高校专任教师中每 10 人只有约 1.5 人担任横向科研项目负责人，该比例还比较低，高校科技人才服务企业可以挖掘和利用的空间还比较大。调查还发现，2008 年，部属高校专任教师担任横向科研项目负责人的比例为 18.58%，省属 I 类高校为 17.73%，相差很小，这说明省属高校向企业技术转移上已经发挥了比较大的作用。

四是目前高校与企业间的人才流动率极低，高校教师即使实现流动，也非常不愿意放弃高校的身份。据调查，19 所高校中，在岗教师创办企业的只有 59 人，占专任教师的比例仅为 0.31%。2006～2008 年，保留高校身份离岗创业或到企业任职的只有 3 人，占专任教师的比例仅为 0.02%；调离高校创办企业或到企业工作的有 23 人，只占 0.12%；接受企业调入并担任专任教师的有 43 人，占 0.23%。即使把各种科技人才流动方式累加，其流动人数占专任教师的比例仅有 0.82%，还不到 1%。可见高校与企业间的人才流动率极低。同时，对各种人才流动方式比较发现，相对比较多的是教师在岗创办企业，其次是接受企业科技人员调入担任高校专任教师，保留高校身份离岗创业或到企业任职、调离高校创办企业或到企业工作的都非常少。这实际上说明，高校教师即使实现流动，也非常不愿意放弃高校教师的身份。

五是在宁高校与企业联合成功申报的各级政府科技计划项目数快速增长，而且部属高校占据了绝大多数。2006～2008年，在宁19所高校平均每个学校与企业联合成功申报的各级政府科技计划项目由8.37项迅速增加到14.47项，年平均增长31.51%，大大高出同期高校横向项目数年均7.71%的增长速度。调查还发现，2006～2008年，部属高校联合企业成功申报纵向项目所占比例分别为91.19%、89.13%和88.36%，所占比例极高，省属高校和职业技术学院所占比例很低。比较发现，2008年部属高校校均横向项目数只是省属I类高校的2.73倍，联合申报纵向项目数竟相差67.5倍，部属高校与省属高校在联合企业申报纵向项目上的差距极大。

六是建立各种类型的产学研合作基地，已经成为高校向企业技术转移的重要途径，并且部属高校占据主导地位。目前在宁19所高校与企业联合共建的产学研合作基地达到1188家，平均每个学校62.53家；与政府和企业联合共建产学研合作基地143家，平均每个学校7.53家。不同类别高校之间比较还发现，在宁高校与企业联合建立的产学研合作基地中，部属高校占83.50%，省属I类、II类高校和职业技术学院分别占11.45%、1.85%和3.20%；在宁高校与地方政府和企业共建的产学研合作基地中，部属高校占93.01%，省属I类、II类高校和职业技术学院分别占4.20%、0.70%和2.19%，部属高校占据绝大多数。

9.3 提升科技公共服务水平需要解决的问题

江苏企业和在宁高校技术创新和技术转移调查结果带来许多启示，说明我国的科技公共服务还存在多方面的问题。

9.3.1 弥补市场失灵需要解决的科技公共服务问题

从弥补市场失灵的角度看，目前的科技公共服务还明显存在下列诸多问题。

1. 科技公共服务供给严重不足

开展科技创新活动，需要各种资源和服务，需要有良好的环境。但是，由于长期以来我国对开展科技创新活动需要的科学数据、科技文献、自然科技资源、科学仪器和设备等各类科技资源的收集、研发和管理重视不够，对包括科技信息、技术开发、技术转移和推广、管理和政策咨询等在内的科技创新服务体系的建设重视不够，广大高校和科研院所及企业普遍反映其需要的科技资源和服务严重缺乏，科技公共服务水平低，直接影响各项科技创新活动的开展和企业技术创新能力的提升。

调查结果表明，77.39%的企业感到非常缺少其需要的高水平人才，61.74%的企业认为非常缺少资金和科技金融服务。同时，在信息技术广泛应用、信息资源非常丰富的今天，仍然有33.64%的企业感到非常缺少科技信息服务，29.09%的企业感到非常缺少自主创新政策等方面的咨询服务，充分反映了科技公共服务供给不足问题的严重性。

2. 各类创新主体应当承担的科技公共服务责任不明确

科技公共服务的特点和性质决定了政府必须是其供给的主要责任者。然而，发达国家的经验表明，政府是科技公共服务供给的主要责任者并不意味着所有科技公共服务都要由政府直接提供，政府应该充分发挥引导作用，调动高校和科研院所、科技中介服务机构、企业等各类参与者参与提供科技公共服务的积极性。显然，要实现这样的目标，首先要科学地界定政府、高校和科研院所、科技中介服务机构和企业提供科技公共服务的责任。但是，目前我国各类参与者在国家创新体系建设中应履行的职责还不够清晰，应该承担的科技公共服务责任也不够明确。

例如，前几年少数几个大学的个别科研人员由于其个人既具有很好的可产业化科研成果，又有良好的经营管理能力，成功创办了高技术企业并成功上市，取得了良好的经济效益。几个个案的成功极大地刺激了许多地方政府，他们不管本区域内高校是擅长基础研究还是应用研究，是教学型还是研究型大学，纷纷要求其创办高技术企业，并争取上市。实际上，不管是从理论上还是从实践上，高校都不擅长办企业，高校也不应该去办企业，高校必须支持企业技术创新并不意味着能要求其代替企业技术创新，高校最基本的任务是培养创新人才、开展科学研究和技术开发，由此提供科技公共服务。这实际上反映了当前对我国各类创新主体应当承担的科技公共服务责任缺乏科学的界定，对高校和科研机构应该提供的科技公共服务提出了不科学和不合理的要求，严重影响了科技公共服务水平的提高。

3. 科技公共服务供给机制不尽合理和有效

创新型国家的经验表明，提供科技公共服务，提升科技公共服务供给的质量和效率，除可以采用政府服务外，还可以引入市场机制，广泛运用特许经营、凭单、补助、合同外包等多种方式，广泛支持私人企业、科技中介服务机构等的积极参与。然而，目前我国各级政府提供科技公共服务往往采取包揽一切事务的做法，不注意在科技公共服务的提供上引入市场机制，主要采用自己组织成立事业性质的单位直接提供，形成了科技公共服务的垄断供给。由于垄断，再加上政府部门对其直属的科技公共服务机构的科学管理水平还不高，科技公共服务质量比较差，效率比较低。

目前政府直属的部分非营利性科技公共服务机构的发展定位出现了两类明显偏差：一类是由非营利的科技公共服务机构蜕变为营利机构。它们不是以提供良好的科技公共服务作为自己的核心任务，而是什么服务能赚钱就提供什么服务，追求自身利润最大化，导致企业技术创新需要的多方面的服务不能得到有效供给。另一类是由服务于企业蜕变为服务于政府部门。其上级政府管理部门不愿意做的事、来不及做的事就交给这些机构，成为政府的事务处理部门，为企业技术创新提供服务反而成为其可有可无的任务，严重影响了科技公共服务的供给和水平的提高。

9.3.2 纠正系统失灵需要解决的科技公共服务问题

从纠正系统失灵的角度看，目前的科技公共服务也存在多方面问题。

1. 对通过提供科技公共服务纠正系统失灵重视不够

不管是在发达国家还是在发展中国家，国家创新体系建设中往往既存在市场失灵，也存在系统失灵。应该说，目前我国创新体系建设中，各类科技创新活动之间、科技创新活动开展与其需要的资源和服务及环境之间相互不够协调和配套的问题严重存在，人才和资金等各类重要科技资源在企业、高校和科研院所、科技中介服务机构和政府部门之间分布不合理的问题严重存在。

但是，目前各级政府对国家创新体系建设中系统失灵问题的严重性认识不清，对纠正系统失灵的重要性认识不清，很少从纠正系统失灵的角度提供科技公共服务，导致有关部门、各地方在创新活动中彼此分割、政出多门、各行其是、相互脱节，科研活动分散重复的现象比较严重，各种科技资源的共享利用水平低，国家科技资源浪费严重。

2. 通过提供科技公共服务纠正系统失灵的措施不当

政府有关部门对部分系统失灵问题的把握不准，措施不当，直接影响科技公共服务水平。如在支持企业为主体、市场为导向的产学研合作技术创新体系建设问题上，许多政府部门总是认为产学研合作就是把高校和科研院所的专利等已经开发出的技术转移到企业实行科技成果转化，认为产学研合作就是科技成果转化。而实际调查又发现，目前高校和科研院所的科技成果转化率很低，往往都不超过15%，由此认为目前我国的产学研合作水平很低，高校和科研院所支持企业技术创新发挥的作用不大，并出台一系列政策试图提高科技成果转化率，但是多年来科技成果转化率始终没有明显提高。

实际上，调查结果表明，目前81.06%的企业在技术创新过程中都在开展产学研合作，也就是说绝大多数自主创新比较活跃的企业都在积极开展产学研合作，似乎产学研合作水平并不是想象的那么低。为什么政府部门的判断和实际情况存在偏差？因为科技成果转化不是产学研合作的主要方式。调查结果表明，目前87.18%的产学研合作企业选择与高校和科研院所联合进行技术开发，只有6.84%的企业直接购买高校和科研院所的专利和已开发出的技术进行转化。显然，科技成果转化不是产学研合作的主要方式，企业与高校和科研院所联合进行技术开发才是其主要形式，以科技成果转化水平衡量产学研合作水平，把支持产学研合作政策的主要着力点放在科技成果转化上，由此提供科技公共服务必然会出现偏差，不能达到预期的效果。

3. 财政科技投入结构不尽合理和效率不高

毋庸置疑，财政科技投入的规模和结构是科技公共服务水平最重要和最直接的影响因素之一。目前，我国各级政府财政科技投入存在显著的问题，直接影响科技公共服务水平的提高。

首先，财政科技投入结构不合理。绝大多数地区的财政科技资金主要投入在能产生直接经济效益的科技创新活动上，而在科技文献、科学数据、自然科技资源等的收集和管理，科技信息、技术开发、技术转移和推广等科技创新服务提供上的财政科技投入明显偏少，导致多种科技资源和服务不能得到有效供给。对江苏132家企业调查发现，33.64%的企业感到非常缺少科技信息服务，29.09%的企业感到非常缺少自主创新政策等方面的咨询服务，直接说明了这一问题的严重性。

其次，财政科技投入效率不高。例如，目前有些地区为了支持科技成果尽快转化为现实生产力，对评选出的科技成果转化项目，政府能直接给企业无偿投入上千万元，对企业引进一个人才直接奖励上百万元。这样大的投入规模是否合适，往往缺少科学的论证和分析，这既降低了财政科技投入的效率，实际上还带来了一定的负面影响。对江苏 132 家企业调查发现，虽然这些企业几乎都获得过政府财政科技投入的支持，但是仍然有 25.45% 的企业要求政府公平扶持企业技术创新。

4. 高层次人才分布不合理问题趋于严重

要建立高水平的国家创新体系，必须使得高层次人才在各类科技创新活动上有合理的分布，也就是要求高层次人才在高校和科研院所、企业、科技中介服务机构和政府部门之间有合理的分布。然而，分析最重要的科技资源——高水平人才在我国的分布情况可以发现，绝大多数高素质的科技创新人才集中在高校和科研院所及政府部门，只有少数在从事技术开发和企业技术创新工作。这与美国等发达国家的情况正好相反，他们的绝大多数高素质科技创新人才集中在企业，美国宝洁公司拥有的博士学位获得者人数比美国也是世界最著名的三所大学，即哈佛大学、麻省理工学院和斯坦福大学的博士学位拥有者人数总和还要多。由于我国企业内高素质的科技创新人才非常短缺，技术吸收能力和创新能力薄弱，导致即使高校和科研院所有大量的科研成果，但也很难在企业得到转化和应用并产生经济效益，使本来就不多的财政科技投入还大量浪费，出现严重的“学习失灵”和“技术转移失灵”问题。

同时目前更严重的问题是：一方面，大量的高层次创新人才如研究生毕业时面临就业选择，首先选择政府部门和事业单位，或者是外资企业和大型跨国公司，很少有人把本国私人企业作为自己就业的主要选择。另一方面，企业培养出高素质人才，留住的难度越来越大，人才流失情况越来越严重。这导致高素质人才分布不均衡的问题更加突出。显然，如果高素质的科技创新人才不能向企业集聚，要让企业成为技术创新的主体很难实现。

分析广大企业特别是处于中小城市的中小企业吸引和留住人才难度很大的原因是企业人力资源开发水平需要提高，更为重要的原因是目前政府营造的整体社会环境非常不利于企业吸引和留住人才。实际上，一个高层次人才选择是到企业还是到政府部门、高校和科研院所工作，是在对到不同的单位可能获得的当期收入和退休后的收入、事业上的发展机会、文化环境、面临的风险、政治地位等因素综合权衡后作出的。由于我国绝大多数企业发展时间短，再加上承担的税费等各种社会负担比较重，整体实力比较弱，能够为各类高层次人才提供的生活和工作条件非常有限。反观高校和科研院所以及政府部门，待遇比较优，文化环境比较好，风险很低，政治地位还比较高。这样的反差必然会导致高层次人才往往不会选择到企业工作。

目前政府出台的各种人才政策，更关注如何引进人才，很少支持企业培养人才和留住人才；更关注国际和国内已经处于顶尖地位、从事战略高技术研究的人才，很少关注广大企业最实用、能应用先进技术开发新产品和新工艺的实战型创新人才。政府部门人才政策上的偏差增加了企业吸引和留住人才的难度。这些问题在中小城市的中小企业尤其严重。因此，实际上是政府营造的整体社会环境使得企业在吸引和留住人才上处于非常被动的地位，难度很大。因此，政府部门必须高度重视这些问题，并通过加快科技公共服务水平，解决目前企业高层次人才短缺问题。

9.4　加快提升科技公共服务水平的对策建议

不管是从市场失灵角度还是从系统失灵角度进行分析，均可以发现，我国政府在国家创新体系建设中的作用还可以更好地发挥，科技公共服务的质量还需要进一步提高，建议目前政府部门应特别重视解决下列有关的问题。

（1）要加快科技管理体制机制改革，促进国家创新体系建设中的各参与方紧密联系和相互协调。

国家创新体系概念表明，科技创新涉及企业、高校和科研院所以及科技中介服务机构等，是一个有众多参与者的复杂系统。按照系统的观点，要使得国家创新体系高效运转，需要各类参与者之间必须紧密联系，高度协调；否则，如果在国家创新体系中出现系统失灵现象，再多的科技投入、再好的优惠政策也不能保障系统的有效运行。

按照我国的现行科技管理体制，各类科技创新机构横向上分属科技部、教育部、中国科学院、工业和信息化部等各个部门，纵向上既有国家直属机构，又有大量省属和地方所属机构。要建立高效的国家创新体系，既要协调好科技部、教育部、中国科学院、工业和信息化部等各个部门之间的科技管理关系，又要协调好中央和地方之间的科技管理关系。然而目前我国中央政府的各个部门之间、中央和地方之间在科技管理上的协调水平还不高，仅仅从科研项目的立项来看，由于协调水平不高出现了大量的重复立项和重复研究现象，既浪费了大量的科技资源，又导致低水平的徘徊。因此，要提供高质量的科技公共服务，应把加快科技管理体制和机制改革摆在特别重要的位置。

在提供科技公共服务的过程中，还要特别注意其科学性。政府失灵问题的存在表明，政府不是万能的，在国家创新体系建设中，许多事政府做不了或者做不好。因此，政府部门在考虑提供什么样的科技公共服务时，要有非常强烈的意识，政府不是万能的，不是政府想干什么就能干成什么。同时，还必须注意尊重客观规律，按客观规律办事，做到科学有为，使得政府的干预成本尽可能低，成效尽可能高。

为此，在采取措施支持企业技术创新的过程中，任何措施正式实施之前，不能只是召集几个专家做简单的座谈，必须深入研究、充分论证和准确回答这样几个问题：一是深入研究拟采取措施的有效性，分析拟采取的措施能否有效或有助解决问题；二是分析拟采取措施的可行性，深入研究拟采取的措施能否方便和有效地实施；三是深入研究拟采取措施的科学性，深入研究如何以比较小的成本获得比较好的效果，效果比较好但成本很高的措施也不是有效的措施。

(2) 要从加强国家创新体系建设全局的角度考虑政府应该提供的科技公共服务，确定财政科技投入的规模和结构。

国家创新体系概念还表明，国家创新体系的运行既要开展各类科技创新活动，又要保障各类科技创新资源的供给，还要营造良好的环境，提供良好的服务，各个方面必须相互配套和有机结合，缺少其中的任何一个环节都会直接和显著影响国家创新体系的建设水平。分析科技公共服务的内容可以发现，不管是在科技创新活动的开展，还是资源、环境和服务的保障上，政府都应该发挥极其重要的作用，提供多方面的科技公共服务。

目前，由于开展基础研究、应用研究、技术开发、技术转移、企业技术创新和公共产品技术创新等各类科技创新活动有非常直接和显著的产出，其成效更有显示度，因此得到了各级政府更多的支持和重视，而在科技创新资源供给、环境营造和服务提供等方面，重视程度明显不够，科技公共服务水平明显比较低，如开展基础研究和应用研究过程中需要的科学数据、自然科技资源非常缺乏，企业技术创新需要的信息服务、技术开发服务等水平比较低。从系统失灵的角度看，我国创新体系建设中还存在学习失灵、技术转移失灵、科技基础设施投资不足和供给失灵等多方面的系统失灵问题。

因此，政府干预国家创新体系建设，要从整个系统的角度出发，站在国家创新体系建设全局的战略高度，既促进开展更多、更高质量的科技创新活动，又保证科技创新活动开展能在良好的创新环境下有效地获得其需要的各种科技创新资源及服务。政府部门在利用财政科技投入促进国家创新体系建设的过程中，既要注意不断加大财政科技投入，迅速增加其在政府财政总支出中的比例，又要注意通过调整财政科技投入的结构更好地解决系统失灵问题，即注意财政科技投入在各个领域有合理的分布，既要通过财政科技投入大力支持开展科技创新活动，也要通过财政科技投入大力支持科学数据、科技文献、自然科技资源等的建设，还要通过财政科技投入大力支持科技创新服务体系的建设。通过调整和优化财政科技投入的结构，使得整个国家创新体系能更协调、高效地运行。

(3) 科学和系统地认识科技创新以及科技公共服务能产生的成效，大力改革现有的科技评价机制。

人类社会不同的活动会产生不同的成效，而且不同的成效的表现方式也不同，有些活动的成效很直接可定量度量，有些活动的成效很难定量反映，由此各种活动的成效衡量方法也要不同。科技创新是人类社会一类极其重要的活动，与经济活动不同，科技创新活动及其产生的成效就有自己非常显著的特点：

一是科技创新产生的成效具有多样性。所谓成效的多样性，首先是指不同的科技创新活动会产生不同类型的效益。基础研究成果可以极大地提升人类认识自然的能力，应用研究和技术开发成果可以极大地增强利用自然的能力，成功的企业技术创新能产生巨大的经济效益，而公共产品技术创新主要产生社会效益。其次是指同一类科技创新活动可以产生多种多样的效益，如基础研究既可以产生新知识，又能培养高素质的人才，还能产生新的科学仪器设备和方法，促进社会联系和网络的形成以及新企业的创建。因此科技创新活动产生的效益，不能只用单一的指标特别不能只用经济效益指标衡量。

二是科技创新产生经济效益具有间接性。一般而言，基础研究和应用研究成果要经过多个环节的转化才能产生经济效益。实际上，企业技术创新产生巨大的经济效益也不是有了技术就行的，还要有有效的生产组织管理和市场营销。也就是说，企业技术创新开发出新产品后，要通过有效的生产组织管理和市场营销进入市场后才能产生经济效益。企业技术创新产生巨大经济效益，实际上是技术、生产组织管理和市场营销等诸多因素共同作用的结果。而企业技术创新不能获得成功，既可能是技术本身的问题，也可能是生产组织管理的问题，还可能是市场营销的问题，或者是其中多方面问题共同作用的结果。这些均说明，企业技术创新产生经济效益具有间接性，只用直接产生多少经济效益评价其价值也不尽合理。

三是科技创新产生效益具有长期性。所谓长期性，有两种可能的情况，一种情况是与经济投资能很快产生效益不同，科技投入后产生科研成果、再产生经济和社会效益，由于需要经过一系列的转化过程，可能需要比较长的时间，如新药的研制甚至要 10 年才能上市，因此科技创新产生效益具有长期性；另一种情况是科研成果一旦产生经济和社会效益，其产生效益的持续时间可能相当长，甚至引起人类经济社会发生巨大的变革，像信息技术等就是如此。

显然，科技创新成效具有多样性、间接性和长期性等特点，导致科技公共服务产生的效益也有这样一些特点。因此，评价科技创新以及科技公共服务产生的效益，既不能只看其产生了多大的经济效益，也不能只评价当前产生了多大的效益，需要从长远的、综合的角度进行系统的评价。

（4）大力引入市场机制采取多种方式提供科技公共服务，加快改变目前科技公共服务供给方式比较单一的局面。

科技公共服务内容丰富，可以采取的供给方式比较多样。目前，我国各级政府采用的供给方式主要集中在政府服务、补助等少数几种方式上，科技公共服务供给上引进市场机制明显落后于发达国家，服务水平受到很大的影响。

目前在科技公共服务的供给上，迫切需要大力引进和广泛运用市场机制，加快改变目前科技公共服务供给方式单一的格局，通过丰富供给方式大力提升科技公共服务水平。为此，首先要扶持一批民营科技创新服务机构的建设和发展；其次要注意广泛运用政府间协议、合同外包、特许经营、补助、凭单等各种科技公共服务供给方式；再次要注意科技公共服务与其采用的供给方式之间能有效配套和相互对应；最后要注意组合运用各种科技公共服务供给方式，大力提升科技公共服务水平。

（5）重视通过公共产品技术创新带动企业的技术创新。

企业技术创新的特点表明，由于面临着巨大的市场风险和技术风险，政府部门越俎代庖直接组织开展企业技术创新，很难取得预想的效果。然而，虽然公共产品技术创新与企业技术创新之间有很大的差别，但是又存在紧密的联系。利用公共产品技术创新和企业技术创新之间的关联性，通过加强公共产品技术创新带动企业技术创新，既是一条非常有效的途径，又不违反 WTO 有关规则和公平竞争原则。因此，各级政府支持企业技术创新，应该重视通过加强公共产品技术创新带动企业技术创新。实际上，美国等国家在军品的创新中大量利用民间的创新和生产能力，建设军民融合的创新体系，就是这方面的成功典型。

通过公共产品技术创新带动企业技术创新，最有效的方式是广泛吸纳企业参与公共产品技术创新，并积极支持两用技术的开发，形成公共产品和私人产品相融合的创新体系。因此，可以让企业形成比较稳定的市场和获取稳定的利润，支持企业将参与公共产品技术创新积累的能力和利润转移到私人产品的创新中来，带动企业技术创新能力的提升。为此，各级政府一方面要加大在公共产品技术创新上的投入，另一方面要大力破除私人企业不能参与公共产品技术创新的各种障碍和壁垒，加快建立私人产品和公共产品相互融合的技术创新体系。

（6）大力支持高水平科技人才的流动和向企业集聚，让企业尽快成为技术创新主体。

提高我国的自主创新能力，关键是要让企业成为技术创新的主体，由此必须支持高素质人才向企业集聚。然而，分析目前我国高水平科技创新人才，大多集中在高校和科研院所及政府部门，在企业从事技术开发和技术创新工作的只占小部分。显然，如果高素质的科技创新人才不能向企业集聚，企业很难成为技术创新的主体。因此，必须把解决我国科技创新人才分布不合理的问题作为增强自主创新能力中的核心问题加以对待。

要解决我国企业高水平科技创新人才严重缺乏的问题，不仅要改善企业内科技创新人才的工作条件，还要大力提升其政治地位、经济收入、乃至退休后的待遇和职业稳定性等，使得其相比在高校和科研院所及政府部门工作的科技创新人才没有明显差距，甚至更好。只有这样，企业对高水平科技创新人才的吸引力才能增强，高素质的科技创新人才才能向企业集聚。

必须注意到，要改善企业内人才的工作条件和生活待遇，只依靠企业自身的力量是不够的，政府必须发挥极其重要的作用。目前我国许多企业在吸引人才上的投入不大、人力资源开发力度不够，核心问题不是企业认识不到人才的重要性，不是企业不知道要重视人才和吸引人才，而是由于企业的发展环境不太好、负担太重导致其赢利能力不强、利润不高，很难有条件和能力吸引人才。因此，政府部门支持企业大力吸引高水平科技创新人才，最核心的是要为企业减轻税收和收费等各方面的负担，营造企业更好的发展环境，支持企业增强发展和竞争能力，使企业具有更强的赢利能力，赢得更多的利润。只有在企业形成比较强的赢利能力和拥有一定的利润后，才可能大力投入改善人才的待遇，吸引更多的高素质人才到企业工作。

9.5 本章小结

对江苏的132家创新型企业问卷调查发现，不同企业采用的创新方式不尽相同，有些企业主要采用一种技术创新方式，有些企业则针对不同的项目采用不同的技术创新方式。具体而言，采用自主创新的企业占82.58%，采用产学研合作创新的占81.06%，采用引进再创新的占34.85%，而直接购买他人技术的企业所占比例比较低，只有6.82%。

企业认为产学研合作技术创新对其增强自主创新能力发挥了很重要的作用。

76.92%的企业认为提升了自己的技术创新能力，51.92%的企业认为为自己培养了人才，另外在获得信息和缩短技术开发周期等方面也发挥重要的作用。调查结果也表明，产学研合作上也面临着一些问题，37.68%的企业认为高校和科研院所的技术不成熟，30.43%的企业认为文化观念上差异导致合作目标不一致，26.09%的企业认为高校和科研院所的研发速度和质量不能满足企业的需求。

调查数据反映，目前我国企业在技术创新过程中面临着多方面的困难，最大的困难是缺乏人才和资金，其中人才缺乏更加突出。77.39%的企业认为缺少人才，61.74%的企业感觉缺乏资金。同时，企业对科技公共服务有多方面的诉求。在政策方面，分别有60%和47.27%的企业希望政府进一步增加财政科技投入和税收优惠力度，超过1/4的企业希望降低享受优惠政策难度和公平选择扶持对象，另外还有部分企业希望政府加大政府采购政策的实施力度和完善成果评价和奖励政策。在服务需求方面，有约1/3的企业希望政府进一步提供信息服务以及人才引进和培养方面的服务，约1/4的企业希望获得自主创新政策咨询服务和更好技术创新设施服务。在环境营造方面，分别有26.36%、20.0%和18.18%的企业认为政府在知识产权保护环境、公平的市场竞争环境和鼓励创新的社会文化氛围方面有待加强。

对位于南京的19所高校技术研发和技术转移情况进行问卷调查，也得出了许多有意义的结论。首先，高校科研经费快速增长，纵向经费增长速度快于横向经费增长。2006~2008年，高校科研经费年均增长达到29.62%，纵向经费年均增长29.62%，横向经费年均增长16.98%；其次，高校的专利产出快速增长，且发明专利所占比例越来越高。2006~2008年，在宁高校申请专利总数和授权专利总数分别增长27.80%、27.55%，且其中发明专利申请量占专利申请总量的比重由72.52%提高到77.34%，发明专利授权量占授权专利总量的比重由52.80%提高到62.19%，提升了9.39个百分点。

调查高校与企业间技术转移和人才流动的情况发现：一是高校科技人员服务企业时，主要采用技术开发以及技术咨询和服务方式，技术转让和其他服务方式处于相对次要的位置。2006~2008年，在宁19所高校从企业获得的横向科研经费中，技术开发经费所占比例分别为39.6%、45.01%和45.59%，技术咨询和服务经费所占比例分别是41.89%、33.24%和32.46%，两者相加，几乎一直占据了约80%的份额。而技术转让经费所占比例非常小，三年中均没有超过7%；其他服务只约占15%。二是高校专利转让数量逐年增加，但是转让专利占当年授权专利的比例在明显下降。2006~2008年，在宁高校专利转让数量逐年增加，从180件增加到212件，年均增长8.53%。但是转让专利占当年授权专利比例不升反降，从2006年的26.55%下降为2008年的19.22%，下降了约7个百分点。三是目前高校与企业间的人才流动率极低，高校教师即使实现流动，也非常不愿意放弃高校的身份。据调查，19所高校中在岗教师创办企业的占专任教师的比例仅为0.31%。2006~2008年，保留高校身份离岗创业或到企业任职的占专任教师的比例仅为0.02%；调离高校创办企业或到企业工作的占0.12%；接受企业调入并担任专任教师的占0.23%。即使把各种科技人才流动方式累加，流动人数占专任教师的比例仅有0.82%。

综合分析企业和高校科技创新情况调查结果可以发现，当前我国的科技公共服务还存在多方面的问题，最突出的体现在这样几个方面：一是科技公共服务供给严重不足；二是各类创新主体应当承担的科技公共服务责任不明确；三是科技公共服务供给机制不尽合理和有效；四是对通过提供科技公共服务纠正系统失灵重视不够；五是通过提供科技公共服务纠正系统失灵的措施不当；六是财政科技投入结构不尽合理和效率不高；七是高层次人才分布不合理问题趋于严重。

目前，要积极采取多种措施加快提升我国的科技公共服务水平。一是要加快科技管理体制和机制改革，促进国家创新体系建设中的各参与方紧密联系和相互协调；二是要从加强国家创新体系建设全局的角度考虑政府应该提供的科技公共服务，确定财政科技投入的规模和结构；三是科学和系统地认识科技创新以及科技公共服务能产生的成效，大力改革现有的科技评价机制；四是大力引入市场机制采取多种方式提供科技公共服务，加快改变科技公共服务供给方式比较单一的局面；五是重视通过公共产品技术创新带动企业技术创新；六是大力支持高水平科技人才的流动和向企业集聚，让企业尽快成为技术创新主体。

参考文献

陈光，王永杰 . 1999. 国家创新系统：过去、现在和未来 . 大自然探索，(3)：13-17.

陈劲 . 1994. 从技术引进到自主创新的学习模式 . 科研管理，(2)：32-34.

陈清泰 . 2007-05-30. 企业自主创新的几个政策性问题 . 科技日报，1.

程源，雷家骕，杨湘玉，等 . 2005. 技术创新：战略与管理 . 北京：高等教育出版社 .

丹尼斯 · C. 缪勒 . 1999. 公共选择理论 . 韩旭，杨春学，等译 . 北京：中国社会科学出版社 .

恩格斯 . 1972. 路德维希 · 费尔巴哈和德国古典哲学的终结//马克思，恩格斯 . 马克思恩格斯选集 . 第四卷 . 中共中央马克思恩格斯列宁斯大林著作编译局译 . 北京：人民出版社：239-240.

冯之浚 . 1999. 国家创新系统的理论与政策 . 北京：经济科学出版社 .

高培勇 . 2004. 公共经济学 . 北京：中国人民大学出版社 .

顾培亮 . 2008. 系统分析与协调 . 第 2 版 . 天津：天津大学出版社 .

国家中长期科技发展规划领导小组办公室 . 2006. 国家中长期科技发展规划研究报告 . 北京：科学技术文献出版社 . 3-11.

何树全 . 2005. 试论我国国家创新体系的框架、问题与思路 . 中国科技论坛，(3)：5，64-68.

黄平利，周凌峰 . 2007. 国家创新体系理论综述 . 湖北行政学院学报，(5)：25-26.

经济合作与发展组织 . 2006. OECD 科学技术和工业展望（2004）. 北京：科学技术文献出版社 .

玖 · 笛德，约翰 · 本珊特，凯思 · 帕维特 . 2004. 创新管理——技术变革、市场变革和组织变革的整合 . 金马工作室译 . 北京：清华大学出版社 .

句华 . 2006. 公共服务中的市场机制：理论、方式与技术 . 北京：北京大学出版社 .

凯恩斯 . 1983. 就业、利息和货币通论 . 北京：商务印书馆 .

科学技术部 . 2007. 国家技术转移示范机构管理办法 . 国科发文字［2007］565 号 .

科学技术部办公厅调研室，东南大学企业技术创新研究中心 . 2006. 产学研合作创新的有效模式分析——兼论高校科技成果转化率问题 . 2006 年科技发展重大问题研究报告之三 .

科学技术部办公厅调研室，东南大学企业技术创新研究中心 . 2007. 公共产品创新——以公共产品技术创新带动企业技术创新 .

科学技术部办公厅调研室，我国军民融合创新体系研究课题组 . 2004. 我国军民融合创新体系研究 .

科学技术部办公厅调研室 . 2004. 国家重大工程与国家创新能力 .

李楠 . 2008. 借鉴美日经验完善我国国家创新体系 . 保定：河北大学硕士学位论文 .

李正风，曾国屏 . 1999. 中国创新系统研究：技术、制度与知识 . 济南：山东教育出版社 .

李正风，曾国屏 . 2004. OECD 国家创新系统研究及其意义——从理论走向政策 . 科学学研究，22（2）：206-211.

刘立 . 2011. 科技政策学研究 . 北京：北京大学出版社 .

刘燕华 . 2007-03-02. 将科学仪器设备自主创新摆在科技工作的突出位置 . 科技日报 . 第 1 版 .
刘志春 . 2010. 国家创新体系概念、构成及我国建设现状和重点研究 . 科技管理研究，(15)：5-8.
柳卸林 . 2000. 21 世纪的中国技术创新系统 . 北京：北京大学出版社 .
柳卸林 . 2008. 全球化、追赶与创新 . 北京：科学出版社 .
柳卸林，马驰 . 1999. 什么是国家创新体系 . 数量经济技术经济研究，(5)：20-22.
萨瓦斯 ES. 2002. 民营化与公私部门的伙伴关系 . 北京：中国人民大学出版社 .
萨伊 . 1963. 政治经济学概论 . 陈福生，陈振骅译 . 北京：商务印书馆 .
世界银行 . 1997. 1997 年世界发展报告——变革世界中的政府 . 蔡秋生等译 . 北京：中国财政经济出版社 .
王春法 . 2003. 关于国家创新体系研究的几个问题 . 社会科学管理与评论，(1)：1-12.
王海燕 . 2000. 国家创新系统的内涵及其运行绩效的评估 . 中国科技论坛，(6)：31-33.
王邻农 . 1999. 国家创新系统初探 . 北京：中共中央党校硕士学位论文 .
王众托 . 2004. 知识系统工程 . 北京：科学出版社 .
威廉姆 · A. 尼斯坎南 . 2004. 官僚制与公共经济学 . 王浦劬译 . 北京：中国青年出版社 .
谢伟 . 1999. 技术学习过程的新模式 . 科研管理，(4)：1-7.
徐南荣，仲伟俊 . 2002. 现代决策理论和方法 . 南京：东南大学出版社 .
亚当 · 斯密 . 1972. 国民财富的性质与原因的研究 . 郭大力，王业楠译 . 北京：商务印书馆 .
银路 . 2004. 技术创新管理 . 北京：机械工业出版社 .
约瑟夫 · 熊彼特 . 1990. 经济发展理论 . 北京：商务印书馆：102-106.
詹姆斯 · M. 布坎南 . 1988. 自由、市场与国家 . 吴良健，桑伍，曾获译 . 北京：北京经济学院出版社 .
张建东，高建奕 . 2006. 西方政府失灵理论综述 . 云南行政学院学报，(5)：82-85.
张润彤，蓝天 . 2005. 知识管理导论 . 北京：高等教育出版社 .
张晓波 . 2011. 国家创新体系相关问题研究 . 北京：中共中央党校硕士学位论文 .
赵晓庆 . 2003. 技术学习的模式 . 科研管理，(3)：39-44.
钟荣丙 . 2008. 国家创新体系的系统构成及其建设重心 . 系统科学学报，16 (3)：59-64.
仲伟俊，胡钰，梅姝娥 . 2005. 民营科技企业的技术创新战略和政策选择 . 北京：科学出版社 .
仲伟俊，梅姝娥 . 2009. 企业技术创新管理理论与方法 . 北京：科学出版社 .
Baier B, Griessler E. 2000. Renate Martinsen: European Biotechnology Innovation System, National Case Study of Austria. Viena: Institute of Advanced Study.
Bergek A, Jacobsson S, Carlsson B, et al. 2008. Analyzing the functional dynamics of technological innovation systems: a scheme of analysis. Research Policy, 37: 407-429.
Carlsson B, Jacobsson S. 1997. In Search of Useful Public Policies: Key Lessons and Issues for Policy Makers. Economics of Science Technology and Innovation, 10: 299-315.

Cohen WM, Nelson RR, Walsw JP. 2002. Links and impacts: the influence of public research on industrial R&D. Management Science, 48 (1): 1-23.

Desai AV. 1984. Achievements and limitations of India's technological capability. Technological capability in the Third World. New York: St. Martin's. Press: 245-261.

Edquist C. 2004. Systems of Innovation: Perspectives and Challenges//Fagerberg J, Mowery D, Nelson R, eds. The Oxford Handbook of Innovation. Norfolk: Oxford University Press.

Edquist C, Hommen L. 2008. Small Country Innovation Systems: Globalization, Change and Policy in Asia and Europe. Cheltenham: Edward Elgar Publishing.

Fransman M, King K. 1984. Technological Capability in the Third World. London: Macmillan.

Freeman C. 1987. Technology Policy and Economic Performance: Lessons from Japan. London: Pinter.

Furman JL, Porter ME, Stern S. 2002. The determinants of national innovative capacity, Research Policy, 31: 899-933.

Galli R, Teubal M. 1997. Paradigmatic shifts in national innovation systems// Edquist C, ed. Systems of Innovation: Technologies, Institutions and Organizations. Pinter: 342-370.

Hekkert MP, Negro SO. 2009. Functions of innovation systems as a framework to understand sustainable technological change: empirical evidence for earlier claims. Technological Forecasting and Social Change, 76 (4): 584-594.

Hekkert MP, Suurs RAA, Negro SO, et al. 2007. Functions of innovation systems: a new approach for analysing technological change. Technological Forecasting and Social Change, 74 (4): 413-432.

Hobday M. 1994. Technological learning in Singapore: a test case of leapfrogging. The Journal of Development Studies, 30 (3): 831-858.

Karaoz M, Albeni M. 2005. Dynamic technological learning trends in Turkish manufacturing industries. Technological Forecasting & Social Change, 72 (7): 866-885.

Kim L. 1998. Crisis construction and organizational learning: capability building in catching- up at Hyundai Motor. Organization Science, 9 (4): 506-521.

Kim L. 2000. The dynamics of technological learning in industrialization. United Nations University, Institute of New Technologies. Discussion Paper series.

Link A, Tassey G. 1987. Strategies for Technology- based Competition: Meeting the New Global Challenge. Lexington, MA: D. C. Heath.

Liu XL, White S. 2001. Comparing innovation systems: a framework and application to China's transitional context. Research Policy, 30: 1091-1114.

Lundvall B- A. 1985. Product Innovation and User Producer Interaction. Industrial Development Research Series. Vol. 31. Alborg: Alborg University Press.

Lundvall B- A. 1992. National Systems of Innovation: Toward a Theory of Innovation and Interactive

Learning. London: Pinter.

Lundvall B-A, Christensen JL. 1999. Extending and Deepening the Analysis of Innovation Systems-With Empirical Illustrations from the DISKO-project. Paper for DRUID Conference on National Innovation Systems, Rebild.

Malerba F. 1998. Public Policy and Industrial Dynamics: An Evolutionary Perspective. ISE report project 3. 1. 1, ISE CD-ROM, Systems of Innovation Research Program, Department of Technology and Social Change, Linköping University.

Mowery D, Ziedonis A. 1998. Market failure or market magic? Structural change in the US National Innovation System. STI Review, 22: 101-136.

Nelson RR. 1993. National Innovation Systems: A Comparative Analysis. Oxford: Oxford University Press.

Niosi J . 2002. National systems of innovations are "x- efficient" why some are slow learners. Research Policy , 31: 291-302.

OECD. 1998. New Rationale and approaches in technology and innovation policy. STI Review, 22.

OECD. 1999. Managing National Innovation Systems. Paris. http://www. oecd. org/general.

OECD. 2006. Government R&D funding and company behaviour. Measuring Behavioural Additionality.

OECD. 2008. The Global Competition for Talent—Mobility of Highly Skilled. http://www. oecd. org / publishing / corrigenda.

Salmenkaita J , Salo A. 2002. Rationales for government intervention in the commercialisation of new technologies. Technology Analysis & Strategic Management, 14 (2): 183-200.

Schilling M. A. 2005. 技术创新的战略管理. 谢伟, 王毅译. 北京: 清华大学出版社.

Smith K. 1998. System Approaches to Innovation: Some Policy Issues . ISE report project 3. 1. 1, ISE CDROM, Systems of Innovation Research Program, Department of Technology and Social Change, Linköping University.

Stevens G, Burley J. 1997. 3000 raw ideas equals 1 commercial success! Research Technology Management, 40 (3): 16-27.

Stewart F. 1981. Information processing and organization structure. Journal of Economic Behavior and Organization, (36): 275-294.

Teece D. 1996. Firm organization, industrial structure, and technological innovation. Journal of Economic Behavior & Organization, 31: 193-224.

Teece D, Pisano G, Schuen A. 1990. Firm capabilities, resources, and the concept of strategy. CCC Working Paper No. 90-8. Berkeley, CA: University of Berkeley.

|附录| 在宁高校技术研发和技术转移情况

为科学、系统和准确地了解在宁高校技术研发以及向企业技术转移和人才流动的情况，2009 年 10 ~ 12 月对在宁高校技术研发和技术转移情况进行了问卷调查。现详细介绍本次调查结果。

附录 1.1　被调查高校基本情况

除军事院校外，南京共有 41 所高等院校。本次调查收集到 19 所高校的调查问卷（附表 1），占 46.34%。在 19 所被调查高校中，教育部、工业和信息化部所属高校 6 所，省属本科院校 10 所，职业技术学院 3 所，分别占 31.58%，52.64% 和 15.79%。由于本次调查样本数量和分布比较合理，在宁部属和省属主要高校均提交了调查问卷，调查结果能够比较好地反映南京高校技术转移状况和特点。

附表 1　被调查 19 所高校名单及分类

高校类别	数量/家	占调查高校比例/%	学校名称
部属高校	6	31.58	南京大学、东南大学、南京航空航天大学、南京理工大学、河海大学、中国药科大学
省属 I 类高校	5	26.32	南京工业大学、南京林业大学、南京信息工程大学、南京医科大学、南京中医药大学
省属 II 类高校	5	26.32	南京财经大学、江苏教育学院、南京人口管理干部学院、金陵科技学院、南京晓庄学院
职业技术学院	3	15.78	江苏海事职业技术学院、江苏健康职业技术学院、南京职业技术学院
合计	19	100	

附录 1.1.1 人员情况

本次调查的 19 所高校中（附表 2 ~ 附表 4），教职工总人数为36 004人，平均每校 1894.95 人；专任教师 19 061 人，平均每校 1003.21 人，专任教师占教职工总人数的比例为 52.94%（附表 4）。在专任教师中，博士生导师 2534 人，占 13.30%；教授及相当职称人员 3426 人，占 17.97%；副教授及相当职称人员 6597 人，占 34.61%；博士 6428 人，占 33.72%。南京高校集聚了一批高层次创新人才。

特别可喜的是，南京高校拥有一批高层次拔尖创新人才（附表 5）。仅在被调查的 19 所高校中，就有两院院士 56 人，长江学者特聘教授 105 人，国家杰出青年基金获得者 115 人，教育部新世纪优秀人才 218 人。南京的高层次拔尖创新人才规模在全国同类城市中处于明显领先地位。

附表 2　2008 年底在宁 19 所高校人员总体情况　　（单位：人）

高校类别	教职工总人数	专任教师总人数	博士生导师总人数	正高职称总人数	副高职称总人数	博士总人数
部属高校	20 919	9 819	1 918	2 334	3 780	4 809
省属 I 类高校	8 510	4 825	616	794	1 518	1 239
省属 II 类高校	4 881	3 060	0	278	995	373
职业技术学院	1 694	1 357	0	20	304	7
合计	36 004	19 061	2 534	3 426	6 597	6 428

附表 3　2008 年底在宁 19 所高校人员平均情况　　（单位：人）

高校类别	教职工平均人数	专任教师平均人数	博士生导师平均数	正高职称平均人数	副高职称平均人数	博士平均人数
部属高校	3 486.50	1 636.50	319.67	389.00	630.00	801.56
省属 I 类高校	1 702.00	965.00	123.20	158.80	303.60	247.76
省属 II 类高校	976.20	612.00	0	55.60	199.00	74.55
职业技术学院	564.67	452.33	0	6.67	101.33	2.28
平均	1 894.95	1 003.21	133.37	180.32	347.21	338.32

附表 4　2008 年底在宁 19 所高校中各类人才占专任教师比例　（单位：%）

高校类别	专任教师占教职工总数比例	正高占专任教师比例	副高占专任教师比例	博士占专任教师比例	博导占专任教师比例
部属高校	46.94	23.77	38.50	48.98	19.53
省属Ⅰ类高校	56.70	16.46	31.46	25.67	12.77
省属Ⅱ类高校	62.69	9.08	32.52	12.18	0.03
职业技术学院	80.11	1.47	22.40	0.51	0.00
总平均	52.94	17.97	34.61	33.72	13.30

附表 5　2008 年底 19 所高校拥有的高层次拔尖创新人才　（单位：人）

高校类别	两院院士总数	长江学者特聘教授	国家杰出青年基金获得者	教育部新世纪优秀人才
部属高校	51	104	110	208
省属Ⅰ类高校	5	1	5	8
省属Ⅱ类高校	0	0	0	2
职业技术学院	0	0	0	0
合计	56	105	115	218

对在宁部属高校和省属高校进行比较可以发现，在拥有的高层次创新人才、特别是拔尖创新人才上，两者之间还有很大的差距，在宁高校中的高层次拔尖创新人才主要集中在部属高校。其中，两院院士占 91.07%，长江学者特聘教授占 99.05%，国家杰出青年基金获得者占 95.65%。

虽然在宁省属高校与在宁部属高校还有很大的差距。但是，将在宁省属高校与其他地区的省属高校相比，甚至将其与中西部部分省和自治区拥有的所有高校相比，其拥有的高层次创新人才和拔尖创新人才规模还是毫不逊色，甚至相比某些地区还具有一定的优势①。本次调查的在宁省属Ⅰ类高校中，不仅有两院院士、长江学者特聘教授和国家杰出青年基金获得者，还有一批教授和博士生导师。其博士生导师占专任教师比例达到 12.77%，正高职称占专任教师比例达到 16.46%，博士占专任教师比例达到 25.67%，就全国而言，这些都达到了比较高的水平。

① 作者曾经对全国各省、自治区、直辖市所属高校的科技创新能力进行比较研究，江苏省属高校的科技创新能力排名全国第一

总之，调查结果表明，南京高校确实集聚了一批高层次创新人才，人才优势非常明显。同时，调查结果还表明，南京不仅部属高校集聚的人才比较多，省属高校高层创新人才优势也比较明显，潜力比较大。

附录 1.1.2 学科建设情况

国家重点学科和博士学位授权学科数量是反映一个地区高校办学水平和学科专业实力非常直接、非常核心的指标。调查结果表明（附表 6），在宁高校的学科建设水平相当高，19 所高校中国家一级和二级重点学科分别有 22 个和 54 个，一级和二级博士学位授权学科分别有 83 个和 499 个，达到比较大的规模。

附表 6 2008 年底学科建设情况

	国家一级重点学科	国家二级重点学科	国家重点学科培育点学科	一级学科博士点	二级学科博士点	硕士点
部属高校	19	43	14	71	380	843
省属 I 类高校	3	11	4	12	119	230
省属 II 类高校	0	0	1	0	0	23
职业技术学院	0	0	0	0	0	0
合计	22	54	19	83	499	1096

调查数据还表明，在宁省属高校也发展形成了一批实力很强的优势学科。被调查的在宁省属高校中，拥有国家一级和二级重点学科分别有 3 个和 11 个，分别占 13.64% 和 20.37%；一级和二级博士学位授权学科分别有 12 个和 119 个，分别占 14.46% 和 23.85%。总体而言，不仅在宁部属而且省属高校的学科建设水平均比较高。

附录 1.1.3 科研基地建设情况

科研基地是集聚人才、提升科研水平的重要平台和载体。在宁高校建设了一批高水平的科研基地（附表 7）。到 2008 年底，拥有国家级重点实验室 21 家，国家工程技术中心 12 家，省级重点实验室 67 家，省级工程技术中心 67 家，另外还建设了一批市级重点实验室和工程技术中心。

再将南京与杭州进行比较。浙江大学拥有国家级重点实验室10家，国家工程技术中心5家。南京相比杭州，在国家级科技创新基地建设上也是遥遥领先的。

附表7　2008年底科研基地建设情况　（单位：家）

指标	部属高校	省属高校Ⅰ类	省属高校Ⅱ类	职业技术学院	合计
国家级重点实验室	19	2	0	0	21
国家级工程技术中心	10	2	0	0	12
省级重点实验室	28	37	1	1	67
省级工程技术中心	44	22	0	1	67
市级重点实验室	12	0	0	0	12
市级工程技术中心	18	7	0	0	25

比较不同类别高校科研基地建设情况。显然，国家级科研基地主要建设在部属高校。2008年底，部属高校建立的国家级重点实验室和工程技术中心分别占90.48%和83.33%。省属高校在省级科研基地建设上发挥重要作用，省级重点实验室和工程技术中心建设包括省属Ⅰ、Ⅱ类高校和职业技术学院的分别占58.21%和34.33%。

附录1.2　在宁高校科研工作情况

由于本次主要调查在宁高校技术转移情况，因此对其科研工作主要了解两个方面的情况，一方面是科研经费，另一方面是专利申请和授权。调查结果显示，近几年在宁高校科研经费额以及专利申请和授权量均呈高速增长态势。

附录1.2.1　科研经费情况

科研经费是反映高校科研工作开展情况的核心指标。调查发现，近几年在宁高校获得的来自政府的纵向科研经费和来自企业的横向科研经费，均呈加速增长态势，反映高校的科研工作非常活跃。

1. 科研总经费

2006～2008年，19所高校科研总经费从19.08亿元猛增到29.13亿元，年均增长23.56%（附表8）。计算2008年和2007年的科研总经费增长速度，分别为31.34%和16.25%，前者明显高于后者。数据表明，近几年在宁高校的科研经费不仅在高速增长，而且明显呈现加速增长态势。

附表8　2006～2008年科研总经费及其构成情况　（单位：万元）

指标		部属高校	省属Ⅰ类高校	省属Ⅱ类高校	职业技术学院	合计
科研经费总量	2006年	162 573.14	26 572.93	1 508.07	106.2	190 760.34
	2007年	184 053.32	35 736.29	1 636.61	338.2	221 764.42
	2008年	239 937.21	48 804.54	2 200.3	314.3	291 256.35
纵向科研经费总量	2006年	82 669.20	12 825.34	1 036.43	21.20	96 552.17
	2007年	98 854.38	18 912.45	950.28	230.70	118 947.81
	2008年	139 945.09	21 071.57	1 121.28	186.30	162 324.24
横向科研经费总量	2006年	79 903.94	13 747.59	471.64	85.00	94 208.17
	2007年	85 198.94	16 823.84	686.33	107.50	102 816.61
	2008年	99 992.12	27 732.97	1 079.02	128.00	128 932.11

分析科研总经费构成及其变化情况。2006～2008年，纵向经费从9.66亿元增长到16.23亿元（附表8），年均增长29.62%；横向经费从9.42亿元增长到12.89亿元，年均增长16.98%。显然，纵向经费增长速度明显高于横向经费，超出12.64个百分点，相差比较大。由于纵向经费增长更快，其占总经费的比重也显著增加，由2006年的50.61%提高到2008年的55.73%（附图1），提高了5.12个百分点。科研总经费构成上，由2006年纵向经费和横向经费基本持平发展到2008年纵向经费所占比例高出横向经费11.46个百分点，出现了比较大的落差。这在一定程度上说明，近几年政府增加科技投入的积极性非常高，力度非常大，能力非常强。企业与政府相比，还有明显的差距。

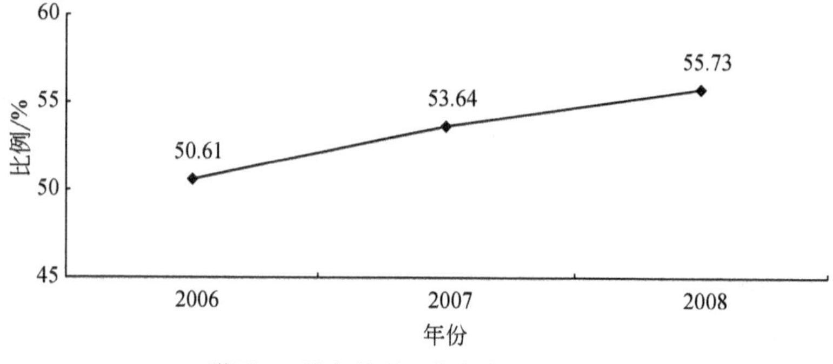

附图1　纵向科研经费占总经费的比例

2. 不同类别高校科研经费增长及构成情况

2006~2008 年，各类高校科研经费均呈快速增长态势。其中，部属高校年均增长 21.49%，省属Ⅰ类高校增长 35.52%，省属Ⅱ类高校增长 20.78%，职业技术学院增长 72.03%。省属Ⅰ类高校科研总经费的增长速度明显高于部属高校①。

分别分析部属高校和省属Ⅰ类高校纵向和横向经费及其增长情况。2006~2008 年，部属高校纵向和横向科研经费年平均分别增长 30.11% 和 11.87%，省属Ⅰ类高校分别增长 28.18% 和 42.04%。显然，部属高校纵向科研经费增长速度稍快；省属Ⅰ类高校横向科研经费增长速度非常快，高出部属高校 30.17 个百分点。

进一步分析部属高校和省属Ⅰ类高校科研经费的构成情况。2008 年部属高校科研总经费 23.99 亿元。其中，纵向和横向经费分别为 13.99 亿元和 10.00 亿元，分别占 58.32% 和 41.68%。省属Ⅰ类高校科研总经费 4.88 亿元。其中，纵向和横向经费分别为 2.11 亿元和 2.77 亿元，分别占 43.24% 和 56.76%。

这些数据说明，部属高校在科技创新方面更多地在发挥国家队的作用，更多的承担各级政府的项目；省属高校的科技创新更多的与地方经济社会发展结合起来，更多的与企业结合起来，产学研合作越来越活跃，对支持企业技术创新发挥的作用越来越大。

3. 校均科研经费情况

目前，在宁高校校均科研经费达到比较高的水平。2008 年，19 所高校平均科研经费达到 15329.28 万元。同时，部属高校平均达到 39989.54 万元，省属Ⅰ类高校达到 9760.91 万元，均达到比较高的水平（附表 9）。

比较分析不同类型高校科研经费上的差距。2006~2008 年，部属高校与省属Ⅰ类高校之间科研经费上的差距在明显缩小。2006 年部属高校平均科研经费是省属Ⅰ类高校的 5.10 倍，2008 年只有 4.10 倍。进一步分析还发现，之所以这两类高校科研总经费的差距在缩小，是由于省属Ⅰ类高校横向经费增长速度非常快。2006 年，部属高校是省属Ⅰ类高校的 4.84 倍，2008 年下降为 3.00 倍。但是，他们之间纵向经费的差距还是在扩大，由 2006 年的 5.37 倍扩大为 2008 年 5.53 倍。

---

① 由于省属Ⅰ类高校与部属高校之间的可比性更强，本报告重点对这两类高校进行横向比较

附表 9　2006 ~ 2008 年校均科研经费情况　　(单位：万元)

指标		部属高校	省属 I 类高校	省属 II 类高校	职业技术学院	总平均
科研总经费校均量	2006 年	27 095. 52	5 314. 59	301. 61	35. 40	10 040. 02
	2007 年	30 675. 55	7 147. 26	327. 32	112. 73	11 671. 81
	2008 年	39 989. 54	9 760. 91	440. 06	104. 77	15 329. 28
纵向科研经费校均量	2006 年	13 778. 20	2 565. 07	207. 29	7. 07	5 081. 69
	2007 年	16 475. 73	3 782. 49	190. 06	76. 90	6 260. 41
	2008 年	23 324. 18	4 214. 31	224. 26	62. 10	8 543. 38
横向科研经费校均量	2006 年	13 317. 32	2 749. 52	94. 33	28. 33	4 958. 32
	2007 年	14 199. 82	3 364. 77	137. 27	35. 83	5 411. 40
	2008 年	16 665. 35	5 546. 59	215. 80	42. 67	6 785. 90

从各个学校的情况看，部属高校中 2008 年科研总经费最高的是东南大学，达到 8. 06 亿元，在全国高校中名列前茅；其次是南京大学 5. 51 亿元，南京航天航空大学 4. 46 亿元；科研总经费增长最快的是南京大学，增长了 50. 12%，其次是南京航天航空大学为 39. 62%。省属 I 类高校中科研经费最多的是南京工业大学 3. 01 亿元，其次是南京林业大学 6320 万元；增长速度比较快的分别是南京信息工程大学和南京中医药大学，几乎在以 100% 的速度增长。

4. 人均科研经费情况

统计数据表明（附表 10），2006 ~ 2008 年，人均科研经费也快速增长。按所有 19 所高校平均，专任教师人均科研经费从 10. 01 万元增长到 15. 28 万元，年均增长 23. 55%。其中，部属高校专任教师人均科研经费达到了比较高的水平，2008 年为 24. 44 万元。虽然省属 I 类高校专任教师人均科研经费与部属高校还有比较大的差距，不到部属高校的一半，但是也已经超过 10 万元，达到 10. 11 万元。

附表 10　2006 ~ 2008 年人均科研经费情况　　(单位：万元)

指标		部属高校	省属高校 I 类	省属高校 II 类	职业技术学院	总平均
专任教师人均经费	2006 年	16. 56	5. 51	0. 49	0. 08	10. 01
	2007 年	18. 74	7. 41	0. 53	0. 25	11. 63
	2008 年	24. 44	10. 11	0. 72	0. 23	15. 28

续表

指标		部属高校	省属高校 I 类	省属高校 II 类	职业技术学院	总平均
专任教师人均纵向经费	2006 年	8.42	2.66	0.34	0.02	5.07
	2007 年	10.07	3.92	0.31	0.17	6.24
	2008 年	14.25	4.37	0.37	0.14	8.52
专任教师人均横向经费	2006 年	8.14	2.85	0.15	0.06	4.94
	2007 年	8.68	3.49	0.22	0.08	5.39
	2008 年	10.18	5.75	0.35	0.09	6.76

特别可喜的是，近几年省属 I 类高校专任教师人均科研经费表现出了更快的增长速度。2006 ~ 2008 年，部属高校专任教师人均科研经费年平均增长 21.48%，省属 I 类高校增长 35.46%。由于省属 I 类高校人均科研经费增长更快，它们之间的差距在明显缩小，由 2006 年部属是省属的 3.01 倍缩小到 2008 年的 2.42 倍。

进一步分析部属高校和省属 I 类高校人均纵向和横向经费的增长情况。2006 ~ 2008 年，部属高校人均纵向科研经费从 8.42 万元增长到 14.25 万元，年均增长 30.09%；省属 I 类高校从 2.66 万元增长到 4.37 万元，年均增长 28.17%，部属高校明显高于省属 I 类高校，导致它们之间人均纵向经费的差距在拉大，由 2006 年部属是省属的 3.17 倍扩大到 2008 年的 3.26 倍。

对于横向经费，部属高校人均经费从 8.14 万元增长到 10.18 万元，年均增长 11.83%；省属 I 类高校从 2.85 万元增长到 5.75 万元，年均增长 42.04%，省属 I 类高校明显高于部属高校，导致它们之间横向经费的差距在显著减少，由 2006 年部属是省属的 2.86 倍减小到 2008 年的 1.77 倍。目前，部属和省属 I 类高校之间在人均横向经费上的差距相对而言已经比较小。

再分析部分高校人均科研经费情况。2008 年部属高校中，专任教师人均科研经费最高的是东南大学，人均 36.91 万元，其次是南京航天航空大学和南京大学，分别是人均 27.88 万元和 26.48 万元；省属高校中最高的是南京工业大学，人均 20.11 万元，其次是南京医科大学人均 7.64 万元，南京林业大学人均 5.75 万元。显然，部分高校人均科研经费已经达到比较高的水平。

附录 1.2.2　专利申请和授权情况

在高校各类科技产出中，与技术转移最密切相关、最重要的产出之一是专利。现系统分析近几年在宁部分高校专利申请和授权情况。

1. 高校专利申请和授权总体情况

近几年在宁高校各类专利申请和授权量均呈快速增长态势（附图 2 和附图 3）。2006～2008 年，专利申请总数、发明专利申请数和实用新型专利申请数年平均分别增长 27.80%、31.99% 和 20.57%，授权专利总数、授权发明专利数和授权实用新型专利数年平均分别增长 27.55%、38.43% 和 29.75%，其增长速度均超过了 20%，达到很高的水平。

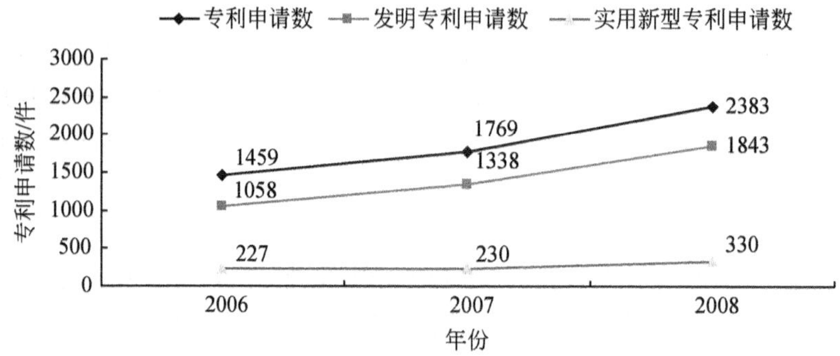

附图 2　2006～2008 年 19 所高校专利申请情况

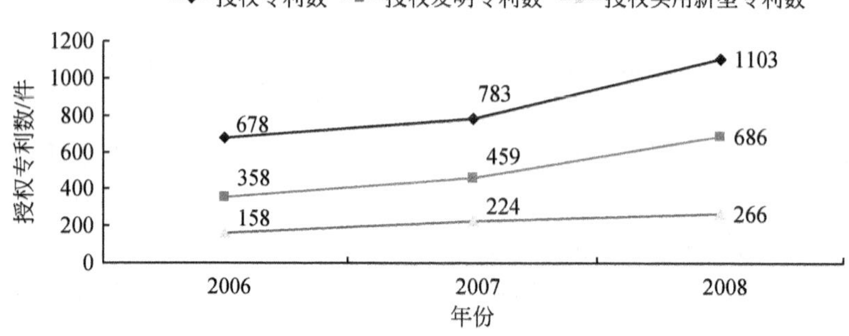

附图 3　2006～2008 年 19 所高校授权专利情况

比较 2008 年和 2007 年专利申请和授权总数以及发明专利和授权数的增长速度，可以发现其呈现加速增长态势。2008 年专利申请总数、发明专利申请数分别增长 34.71% 和 37.74%，授权专利总数和授权发明专利数分别增长 40.89% 和 49.46%；2007 年专利申请总数和发明专利申请数只分别增长 21.25% 和 26.47%，授权专利总数和授权发明专利数分别增长 15.49% 和 28.21%。在这几个指标上，2008 年的增长速度比 2007 年均高出 10 个以上的百分点。

尤其可喜的是，在各类专利申请和授权量中，发明专利所占比重均在显著提升（附图 4）。2006 ~ 2008 年，发明专利申请量占专利申请总量的比重由 72.52% 提高 77.34%，提高了 4.82 个百分点；发明专利授权量占授权专利总量的比重由 52.80% 提高到 62.19%，大幅度提升了 9.39 个百分点。

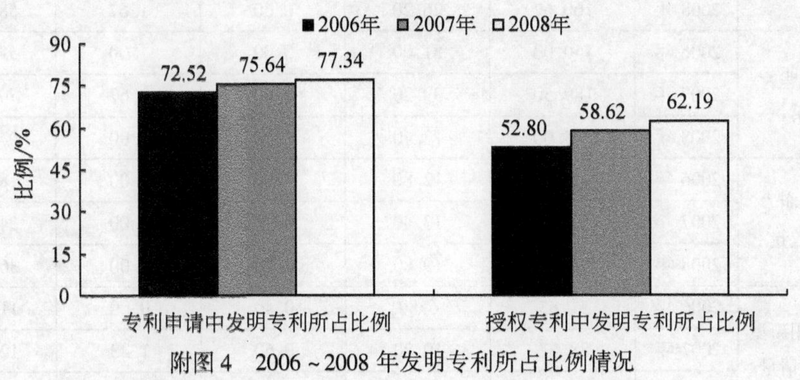

附图 4　2006 ~ 2008 年发明专利所占比例情况

2. 各类高校校均专利申请和授权情况

近几年各类高校的各种专利申请和授权量均快速增长（附表 11）。部属高校和省属 I 类高校尤其如此。2006 ~ 2008 年，部属高校校均专利申请总量、发明专利和实用新型专利申请量年平均分别增长 24.30%、27.80% 和 21.08%，专利授权总量、发明专利和实用新型专利授权量分别增长 28.37%、40.82% 和 33.82%，各个指标的增长速度均超过 20%。同时，省属 I 类高校校均专利申请总量、发明专利和实用新型专利申请量年平均分别增长 47.20%、52.82% 和 8.47%，专利授权总量、发明专利和实用新型专利授权量分别增长 19.98%、24.37% 和 7.15%，也以比较高的速度增长。特别值得注意的是，省属 I 类高校发明专利申请量表现出了非常强劲的增长势头，增长速度超过 50%，比部属高校高出 25 个百分点，反映省属高校在科技创新上有很大的潜力。

附表 11　2006 ~ 2008 年各类高校校均专利申请和授权情况　　（单位：件）

指标		部属高校	省属高校 I 类	省属高校 II 类	职业技术学院	总平均
校均专利申请总量	2006 年	211.33	37.20	0.40	1.00	76.79
	2007 年	251.33	49.80	1.20	2.00	93.11
	2008 年	326.50	80.60	1.80	4.00	125.42

续表

指标		部属高校	省属高校 I 类	省属高校 II 类	职业技术学院	总平均
校均授权专利总量	2006 年	97. 50	18. 20	0. 40	0. 00	35. 68
	2007 年	108. 83	24. 60	0. 60	1. 33	41. 21
	2008 年	160. 67	26. 20	0. 60	1. 67	58. 05
校均发明专利申请量	2006 年	150. 00	31. 00	0. 00	1. 00	55. 68
	2007 年	189. 50	39. 20	0. 60	0. 67	70. 42
	2008 年	245. 00	72. 40	1. 00	2. 00	97. 00
校均发明专利授权量	2006 年	49. 00	12. 80	0. 00	0. 00	18. 84
	2007 年	62. 00	17. 40	0. 00	0. 00	24. 16
	2008 年	97. 17	19. 80	0. 20	1. 00	36. 11
校均实用新型专利申请量	2006 年	31. 83	6. 80	0. 40	0. 00	11. 95
	2007 年	28. 67	10. 20	0. 60	1. 33	12. 11
	2008 年	46. 67	8. 00	0. 80	2. 00	17. 37
校均实用新型专利授权量	2006 年	21. 50	5. 40	0. 40	0. 00	8. 32
	2007 年	30. 33	7. 00	0. 60	1. 33	11. 79
	2008 年	38. 50	6. 20	0. 40	0. 67	14. 00

将部属高校与省属 I 类高校之间横向比较发现，不管是在专利申请还是在授权专利上，两者之间的差距均比较大。以 2008 年为例，部属高校校均专利申请总量是省属 I 类高校的 4. 05 倍，发明专利和实用新型专利分别是 3. 38 倍和 5. 83 倍；授权量分别是 6. 13 倍、4. 91 倍和 6. 21 倍。由于省属 I 类高校发明专利申请的增长速度非常快，与部属高校的差距在明显缩小，由 2006 年相差 4. 84 倍降低为 2008 年的 3. 38 倍。

从各个学校申请和授权专利的情况看，东南大学和南京大学无论是在专利申请和授权总量上，还是在发明专利申请和授权上，均明显领先（附表 12）。在省属 I 类高校中，南京工业大学也表现出了比较高的水平。实际上，与全国高校比较，这几所在宁高校的各类专利申请和授权量在全国高校中也名列前茅。仅以 2008 年的发明专利授权数为例，东南大学和南京大学在教育部直属 72 所高校中，均列前 10 名。全国多所著名高校的发明专利授权数明显少于在宁高校。

附表 12　在宁 5 所申请和授权专利比较多的高校　　（单位：件）

	专利申请总量	授权专利总量	发明专利申请量	授权发明专利量
东南大学	918	496	533	187
南京大学	325	189	320	186
南京航天航空大学	288	125	255	102
南京工业大学	282	85	262	71
南京理工大学	221	84	197	66

3. 各类高校人均专利申请和授权情况

2006～2008 年，部属高校百人专利申请和授权量年平均分别增长 24.31% 和 28.36%，发明专利申请和授权分别增长 27.77% 和 40.94%；省属 I 类高校百人专利申请和授权量年平均分别增长 47.27% 和 19.96%；发明专利申请和授权分别增长 52.85% 和 24.15%，均呈现高速增长态势（附表 13）。

通过对不同类别高校之间的横向比较发现，人均专利申请和授权数的差距还相当大。仅以 2008 年为例，部属高校人均专利申请和授权量分别是省属 I 类高校的 2.39 倍和 3.61 倍，发明专利申请和授权量分别是 2.00 倍和 2.90 倍，实用新型专利分别是 3.43 倍和 3.67 倍。

附表 13　专任教师人均专利申请和授权情况　　（单位：件/百人）

指标		部属高校	省属高校 I 类	省属高校 II 类	职业技术学院	总平均
专任教师百人专利申请总量	2006 年	12.91	3.85	0.07	0.22	7.65
	2007 年	15.36	5.16	0.20	0.44	9.28
	2008 年	19.95	8.35	0.29	0.88	12.50
专任教师百人授权专利总量	2006 年	5.96	1.89	0.07	0.00	3.56
	2007 年	6.65	2.55	0.10	0.29	4.11
	2008 年	9.82	2.72	0.10	0.37	5.79
专任教师百人发明专利申请量	2006 年	9.17	3.21	0.00	0.22	5.55
	2007 年	11.58	4.06	0.10	0.15	7.02
	2008 年	14.97	7.50	0.16	0.44	9.67
专任教师百人发明专利授权量	2006 年	2.99	1.33	0.00	0.00	1.88
	2007 年	3.79	1.80	0.00	0.00	2.41
	2008 年	5.94	2.05	0.03	0.22	3.60

续表

指标		部属高校	省属高校Ⅰ类	省属高校Ⅱ类	职业技术学院	总平均
专任教师百人实用新型专利申请量	2006年	1.95	0.70	0.07	0.00	1.19
	2007年	1.75	1.06	0.10	0.29	1.21
	2008年	2.85	0.83	0.13	0.44	1.73
专任教师百人实用新型专利授权量	2006年	1.31	0.56	0.07	0.00	0.83
	2007年	1.85	0.73	0.10	0.29	1.18
	2008年	2.35	0.64	0.07	0.15	1.40

为更好地评价各类高校科研工作上的投入产出效益，可以把科研经费和专任教师人数作为投入，各类专利申请和授权量作为产出，计算科技投入产出效益。这样会发现省属Ⅰ类高校和部属高校在投入产出效益上的差距实际上比较小。例如，2008年部属高校人均科研经费是省属Ⅰ类高校的2.42倍。如果把人力和资金作为投入，专利申请和授权量作为产出，计算出的效益系数见附表14。显然，这种计算方式下，省属Ⅰ类高校与部属高校之间的差距很小，甚至个别指标上部属高校还低于省属Ⅰ类高校，由此进一步说明省属高校在科技创新方面有比较大的潜力可以挖掘。

附表14　部属高校与省属Ⅰ类高校投入产出比

	专利总量	发明专利	实用新型专利
专利申请	0.99	0.83	1.42
专利授权	1.49	1.20	1.52

注：这种投入产出效益计算方法非常粗糙，只是想借此简单说明问题

附录1.3　在宁高校向企业技术转移情况

关于技术转移，本次重点调查了在宁高校专任教师和已有科技成果服务于企业、在宁高校与企业间科技人才流动、在宁高校与企业联合申报项目和共建合作基地等几种情况。

附录1.3.1　在宁高校专任教师和已有科技成果服务于企业情况

一般而言，高校专任教师和已有科技成果服务于企业的方式主要有：已有科

技成果和专利向企业转让的技术转让方式，企业提出技术创新需求后高校专任教师服务于企业进行技术开发、技术咨询和服务等方式，还有高校帮助企业进行人才培训等其他方式。不同方式下科研经费、科研项目所占比例，实际上反映了各种方式的运用情况。

1. 横向科研经费构成情况

1）横向科研经费组成情况

分析高校横向科研经费的构成（附表15）可以发现，2006～2008年，技术开发经费在横向科研经费中所占比例分别为39.60%、45.01%和45.59%，技术咨询和服务经费所占比例分别是41.89%、33.24%和32.46%，两者相加，几乎占据了约80%的经费额（附图5）。而技术转让经费所占份额非常小，三年中均没有超过7%。由此说明从经费角度看，目前常见的这几种产学研合作方式中，企业提出技术创新需求，高校通过技术开发、技术咨询和服务，为企业技术创新服务处于绝对主导地位。技术转让和其他服务方式处于相对次要的位置。这样的技术转移方式分布与欧美等发达国家的情况比较相似。据调查，英国和美国高校在向企业技术转移的过程中，使用已有技术转让方式所占的比例也一般不超过10%。

附表15　高校横向科研总经费情况

项目	2006年	2007年	2008年	年均增长率/%
横向科研总经费/万元	94 208.17	102 816.61	128 932.11	16.99
技术开发经费/万元	37 304.03	46 272.95	58 784.60	25.53
技术转让经费/万元	5 330.17	6 402.74	8 755.93	28.17
技术咨询和服务经费/万元	39 460.45	34 172.62	41 855.03	2.99
其他经费/万元	12 113.52	15 968.32	19 536.58	27.00

再分析各类产学研合作经费增长情况，技术开发、技术转让和其他经费都以比较高的速度增长，增速均超过25%，技术咨询和服务的增长速度比较慢，只有2.99%。

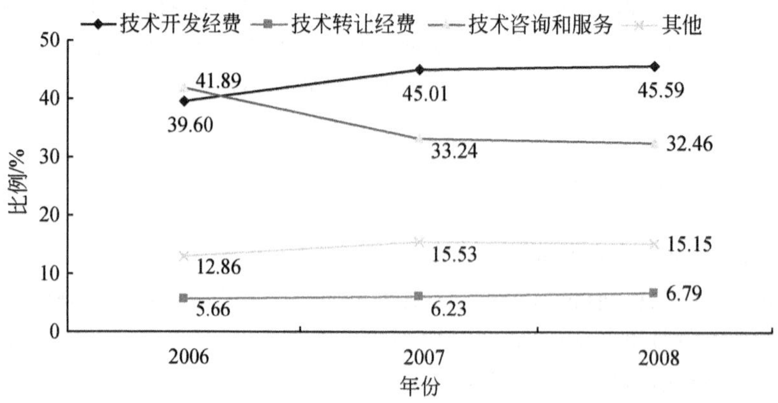

附图 5　横向科研经费中各类经费所占比例变化情况

2）不同类型高校横向经费构成上的差异情况

再分析各类不同高校产学研合作方式上的差别。总体而言，在各种产学研合作方式中，各类高校都呈现出技术开发、技术咨询和服务处于主导地位，技术转让和其他处于比较次要的位置的基本格局（附表 16）。

附表 16　各类高校横向科研经费中各类经费所占比例　（单位:%）

指标		部属高校	省属高校 I 类	省属高校 II 类	职业技术学院
技术开发经费所占比例	2006 年	42. 66	21. 99	26. 35	82. 94
	2007 年	48. 90	25. 68	27. 15	92. 56
	2008 年	50. 09	29. 55	35. 27	95. 31
技术转让所占比例	2006 年	5. 83	4. 09	22. 43	0. 00
	2007 年	6. 55	4. 04	20. 24	1. 86
	2008 年	7. 71	3. 02	19. 02	0. 00
技术咨询和服务经费所占比例	2006 年	40. 43	51. 04	28. 79	5. 29
	2007 年	31. 11	44. 24	31. 32	5. 58
	2008 年	28. 69	46. 43	26. 69	4. 69
其他经费所占比例	2006 年	11. 08	22. 87	22. 43	11. 76
	2007 年	13. 43	26. 03	21. 29	0. 00
	2008 年	13. 51	20. 99	19. 02	0. 00

然而，在部属高校和省属 I 类高校之间细致比较，发现它们在横向经费构成上既有共同点，也存在差异。具体而言，两者技术转让经费所占比例非常接近。

但是，部属高校运用技术开发方式更多，省属I类高校运用技术咨询和服务方式更多。例如，2008年部属高校和省属I类高校技术转让经费分别占横向总经费的7.71%和3.02%，比例均非常低，也比较接近。然而，部属高校技术开发、技术咨询和服务经费所占比例分别为50.09%和28.69%，省属I类高校所占比例分别为29.55%和46.43%。部属高校技术开发经费所占比例比省属I类高校高20个百分点，省属I类高校技术咨询和服务经费所占比例比部属高校高出17个百分点，相差比较大。

2. 横向科研项目来源及专利转让情况

1）横向科研项目来源情况

2006~2008年，19所高校获得的横向科研项目及平均每个项目的经费额均在稳步增长（附表17），年平均分别增长7.71%和8.59%。2008年，获得的横向科研项目数达到4791项，平均每个项目的经费额达到26.91万元。

附表17　19所高校横向科研项目总体情况

	2006年	2007年	2008年
横向科研项目总数/项	4129	4378	4791
校均横向科研项目总数/项	217.32	230.42	252.16
平均每个横向项目科研经费/(万元/项)	22.82	23.48	26.91

比较分析各类高校承担横向科研项目情况（附表18）。显然，部属高校承担的横向科研项目比较多，一直是省属I类高校的两倍以上。同时，部属高校平均每个横向项目的经费额明显比省属I类高校大。但是，由于省属I类高校校均科研项目数和平均每个项目的科研经费相比部属高校增长更快，这两个方面的差距均呈明显缩小的趋势。2006~2008年，部属高校校均项目相比省属I类高校由2.97倍下降为2.73倍，部属高校平均每个项目经费额相比省属I类高校由1.63倍下降为1.10倍。2008年，部属高校与省属I类高校平均项目经费额已非常接近。

附表18　各类高校承担横向科研项目情况

指标		部属高校	省属高校I类	省属高校II类	职业技术学院
校均横向科研项目数/项	2006年	528.67	178.00	11.40	3.33
	2007年	552.33	188.20	22.00	4.33
	2008年	594.00	217.60	23.80	6.67

续表

指标		部属高校	省属高校 I 类	省属高校 II 类	职业技术学院
每个横向项目平均科研经费/(万元/项)	2006 年	25.19	15.45	8.27	8.50
	2007 年	25.71	17.88	6.24	8.27
	2008 年	28.06	25.49	9.07	6.40

2）高校专利转让情况

专利技术转让是技术转移的重要方式之一，在宁高校每年均能向企业转移一批专利技术，而且 2006 ~ 2008 年，专利转让数量还在增加，年均增长 8.53%。同时，调查结果还表明，在宁高校转让专利占当年授权专利的比例在 20% 左右（附表 19）。据调查，发达国家如美国、英国等国的高校专利转让比例也不高，一般在 10% 左右。因此，20% 左右的专利转让比例并不算低。之所以专利转让比例不是人们期望的那么高，一方面因为专利技术主要反映的是技术先进性，先进技术形成的产品并不一定有市场，或者要形成市场还需要在考虑市场需求特点的基础上大量进行技术改进和完善，这使得专利技术的转让和转化率不一定高；另一方面还因为高新技术的基本特点是具有高风险，这也导致其转让和转化率不可能太高。

附表 19　高校专利转让总体情况

指标	2006 年	2007 年	2008 年
高校向企业转让专利数/件	180	189	212
转让专利占当年授权专利比例/%	26.55	24.14	19.22

比较分析各类高校的专利转让情况。部属高校校均转让专利数量和转让专利占当年授权专利比例均明显高于省属高校。以 2008 年为例，部属高校校均转让专利数量是省属 I 类高校的 8.98 倍，转让专利占当年授权专利比例高出 6.38 百分点，这两个方面省属高校与部属高校之间还有明显的差距（附表 20）。

附表 20　各类高校专利转让情况

指标		部属高校	省属高校 I 类	省属高校 II 类	职业技术学院
校均向企业转让专利数/件	2006 年	27.67	2.80	0.00	0.00
	2007 年	29.00	3.00	0.00	0.00
	2008 年	32.33	3.60	0.00	0.00

续表

指标		部属高校	省属高校 I 类	省属高校 II 类	职业技术学院
转让专利占当年授权专利比例/%	2006 年	28.38	15.38	0.00	0.00
	2007 年	26.65	12.20	0.00	0.00
	2008 年	20.12	13.74	0.00	0.00

对附表 19 和附表 20 中的数据无论是从总体分析，还是分别对部属高校和省属 I 类高校进行分析，都会发现高校转让专利占当年授权专利的比重在明显下降。2006 ~2008 年，高校转让专利所占比例由 26.55% 下降为 19.22%，部属高校由 28.38% 下降为 20.12%，省属 I 类高校由 15.38% 下降为 13.74%。部属高校下降明显。

之所以近几年专利转让比例明显下降，实际上是由我们的专利政策造成的。目前，各级政府和各类高校为了形成更多的自主知识产权，出台了一系列的政策鼓励和奖励专利申请和授权。这些政策的出台一方面加速了专利申请和授权的数量，另一方面也造成部分科技人员为了申请专利而申请专利，形成了部分“垃圾专利”。这实际上提出，如何科学地制定有效的政策鼓励科技创新，是目前我国大力实施自主创新战略和建设创新型国家必须研究的重大问题。

3. 专任教师担任横向项目负责人情况

在高校专任教师中，目前一批教师积极投身产学研合作和技术转移工作，积极争取横向科研项目，担任横向项目负责人（附表 21）。目前在宁高校专任教师中担任横向科研项目负责人的比例逐年提高，由 2006 年的 12.49% 提高到 2008 年的 15.16%。同时，平均每个项目负责人获得的科研经费也从 44.13 万元增长到 50.15 万元，年均增长 6.60%。调查结果还表明，近几年每个项目负责人平均承担的横向项目数保持稳定，在 1.9 项上下。

附表 21　19 所高校专任教师担任横向科研项目负责人情况

指标	2006 年	2007 年	2008 年
项目负责人占专任教师比例/%	12.49	13.79	15.16
项目负责人人均科研经费/(万元/人)	44.13	44.00	50.15
项目负责人人均科研项目数/(项/人)	1.92	1.85	1.85

比较分析不同类别高校专任教师担任横向项目负责人的情况（附表22）。显

然，部属高校不管是校均横向项目负责人数，还是项目负责人人均经费和项目数，均明显高于省属Ⅰ类高校，存在显著的差距。以2008年为例，部属高校校均横向项目负责人数是省属Ⅰ类高校的1.36倍，项目负责人人均经费和项目数分别是1.62倍和1.51倍。

附表22　各类高校横向科研项目及负责人情况

指标		部属高校	省属高校Ⅰ类	省属高校Ⅱ类	职业技术学院
校均项目负责人数/人	2006年	215.67	147.75	15.50	2.67
	2007年	232.83	164.50	29.00	3.33
	2008年	251.33	185.00	36.50	4.67
项目负责人数占专任教师比例/%	2006年	15.94	14.16	1.77	0.59
	2007年	17.21	15.76	3.31	0.74
	2008年	18.58	17.73	4.16	1.03
项目负责人人均科研经费/(万元/人)	2006年	55.16	22.03	13.89	10.63
	2007年	54.56	25.02	10.71	10.75
	2008年	59.06	36.36	13.90	9.14
项目负责人人均科研项目数/(项/人)	2006年	2.15	1.42	1.71	1.25
	2007年	2.10	1.34	1.76	1.30
	2008年	2.10	1.39	1.47	1.43

进一步分析，2008年在宁高校专任教师中只有15.16%担任横向科研项目负责人，即使对科技创新能力比较强的部属高校，也只有18.58%的专任教师担任横向项目负责人，从直觉上判断，这个比例似乎比较低，鼓励高校科技人员服务企业技术创新还有比较大的潜力可以挖掘利用。同时，部属高校专任教师担任横向项目负责人的比例与省属Ⅰ类高校非常接近，仅高出0.85个百分点，这说明省属高校已经在产学研合作和将技术向企业转移上发挥了比较大的作用①。

---

① 虽然部属高校专任教师担任横向项目负责人的比例与省属Ⅰ类高校非常接近，但是由于部属高校专任教师担任纵向项目负责人的比例比较高，所以部属高校专任教师担任项目负责人的比例还是要明显高于省属Ⅰ类高校

附录1.3.2　在宁高校与企业间科技人才流动情况

高校与企业间科技人才流动是技术转移的主要方式之一。实际上，科技人才流动不仅是传统产业和企业增强自主创新能力、提升技术水平的需要，而且是培育和发展新产品、新企业和新产业的必由之路；不仅是转移显性技术的需要，而且是转移隐性技术的必然要求。

本次调查高校与企业间科技人才流动方式，主要包括这样几种类型：在岗教师创办企业、教师保留高校教师身份离岗创业或到企业任职、调离高校创办企业或到企业工作、接受企业专业技术人员调入担任专任教师等四种。

调查结果表明，目前高校与企业之间科技人才的流动率极低（附表23）。19所高校中，在岗教师创办企业的只有59人，平均每个高校3.11人，占专任教师的比例仅为0.31%；近三年内保留高校身份离岗创业或到企业任职的只有3人，平均每个高校0.16人，占专任教师的比例仅为0.02%；近三年内调离高校创办企业或到企业工作的有23人，平均每个高校1.21人，占专任教师的比例为0.12%；近三年内接受企业调入并担任专任教师的有43人，平均每个高校2.26人，只占专任教师的0.23%。即使把各种科技人才流动方式累加，其流动人数占专任教师的比例仅有0.68%，还不到1%。

附表23　在宁高校与企业间人才流动情况

指标		部属高校	省属I类高校	省属II类高校	职业技术学院	合计
目前在岗教师创办企业	总量/家	45.00	14.00	0.00	0.00	59.00
	校均量/家	7.50	2.80	0.00	0.00	3.11
	占专任教师比例/%	0.46	0.29	0.00	0.00	0.31
目前保留高校身份离岗创业或到企业任职	总量/家	0.00	1.00	1.00	1.00	3.00
	校均量/家	0.00	0.20	0.20	0.33	0.16
	占专任教师比例/%	0.00	0.02	0.03	0.07	0.02
近三年内调离高校创办企业或到企业工作	总量/家	22.00	1.00	0.00	0.00	23.00
	校均量/家	3.67	0.20	0.00	0.00	1.21
	占专任教师比例/%	0.22	0.02	0.00	0.00	0.12
近三年接受企业调入担任专任教师	总量/家	11.00	0.00	12.00	20.00	43.00
	校均量/家	1.83	0.00	2.40	6.67	2.26
	占专任教师比例/%	0.11	0.00	0.39	1.47	0.23

对高校与企业间科技人才的各种流动方式进行比较，目前发生比较多的是在岗创办企业，其次是接受企业调入并担任专任教师，能够保留高校身份离岗创业或到企业任职以及调离高校创办企业或到企业工作的都非常少。

再对不同类别间的高校进行比较发现，部属高校中在岗教师创办企业数以及近三年内调离高校创办企业或到企业工作人数占据了绝大多数，分别占总量的76.27%和95.65%，近三年接受企业调入并担任专任教师比较多的是职业技术学院，占46.51%；目前能够保留高校身份离岗创业或到企业任职的，各类学校都非常少，几乎可以忽略不计。

附录1.3.3　在宁高校与企业联合申报项目和共建合作基地情况

高校向企业技术转移，还可以通过联合申报各级政府的各类科技计划项目和共建产学研合作基地来实现。

1. 与企业联合申报项目情况

调查结果表明（附表24），2006～2008年，在宁高校与企业联合申报项目数量快速增长，平均每个学校由2006年联合申请成功8.37项迅速增长到2008年的14.47项，年平均增长31.51%，大大高出同期高校横向项目年平均7.71%的增长速度。

附表24　高校与企业联合申报纵向项目情况　（单位：项）

指标	2006年	2007年	2008年
高校和企业联合申报纵向项目数	159	230	275
平均每个学校申报项数	8.37	12.11	14.47

对不同类别高校与企业联合申报纵向项目的情况进行比较分析（附表25）。2006～2008年，部属高校联合申报纵向项目所占比例分别为91.19%、89.13%和88.36%，所占比例极高，省属高校和职业技术学院所占比例很低。比较发现，2008年部属高校校均横向项目数只是省属Ⅰ类高校的2.73倍，联合申报纵向项目数竟达81倍，这说明部属高校具有很强的实力，能够争取到更多的纵向项目。但是，这也说明目前我国各级政府的科技计划项目实施还存在一定的问题，往往更注重利用部分名牌高校的科技资源，还未能充分考虑调动广大高校支

持企业技术创新的积极性，往往更关注宣传效应、轰动效应、政绩效应，对如何使财政科技投入能产生更大、更好的实效，还考虑得不够。

附表 25　各类高校与企业联合申报纵向项目情况　　（单位：项）

高校类别	2006 年	2007 年	2008 年
部属高校	145	205	243
省属 I 类高校	3	2	3
省属 II 类高校	9	18	23
职业技术学院	2	5	6
合计	159	230	275

2. 与企业联合建立产学研合作基地情况

目前在宁 19 所高校普遍与企业、政府部门建立了各种形式的产学研合作基地（附表 26）。其中，与企业联合共建的产学研合作基地达到 1188 家，平均每个学校 62.53 家；与政府、企业联合共建产学研合作基地 143 家，平均每个学校 7.53 家。联合共建产学研合作基地，已经成为产学研合作的重要方式之一。

通过对不同类别高校之间的比较可以发现，部属高校建立的产学研合作基地占据了绝大多数。在高校与企业联合建立的产学研合作基地中，部属高校占 83.50%，省属 I 类、II 类高校和职业技术学院分别占 11.45%、1.85% 和 3.20%；在高校与地方政府、企业共建的产学研合作基地中，部属高校占 93.01%，省属 I 类、II 类高校和职业技术学院分别占 4.20%、0.70% 和 2.10%。

附表 26　高校与政府、企业联合建立产学研合作基地情况（单位：家）

基地类型		部属高校	省属 I 类高校	省属 II 类高校	职业技术学院	高校
高校与企业联合建立产学研合作基地	总量	992	136	22	38	1188
	校均量	165.33	27.20	4.40	12.67	62.53
高校与地方政府、企业共建产学研合作基地	总量	133	6	1	3	143
	校均量	22.17	1.20	0.20	1.00	7.53

调查结果还表明，部属高校与政府建立产学研合作基地所占比例相比与企业建立合作基地所占比例要高出约 10 个百分点。这在一定程度上说明，政府更希望与名牌高校建立产学研合作基地，更希望发挥产学研合作基地建立过程中的宣传和引导作用；企业更考虑自己需要与什么样的高校建立产学研合作基地，更希望通过建立产学研合作基地以比较高的投入产出比解决自己的技术问题。